多元智能教育理論與實務

王為國　著

作者簡介

王為國

現職

- 國立新竹教育大學師資培育中心、教育與學習科技學系合聘副教授

學歷

- 國立台灣師範大學教育學系博士

經歷

- 哈佛大學教育學院訪問學者
- 朝陽科技大學師資培育中心專任副教授、助理教授
- 國立台中教育大學兼任副教授
- 新竹縣立文化中心組員、館長
- 台中市國安國小教師
- 桃園縣新明、信義國小教師

自　序

本書是筆者多年來研究多元智能之心得，從博士論文選擇以多元智能為研究題材開始，到朝陽科技大學師資培育中心擔任教職時，曾經開過多元智能教育一科，透過教學相長，思考了多元智能之應用，期間曾在期刊及研討會上發表相關論文，也曾受邀至國小及幼稚園演講相關內容。

二〇〇三年七月至二〇〇四年六月，筆者有幸在「多元智能之父」Gardner 博士的推薦下，親赴美國哈佛大學教育學院擔任訪問學者，並蒙 Gardner 博士安排在 Larsen Hall 二樓和他的研究室同一層樓擁有一間研究室，得以和 Gardner 博士有機會當面交換多元智能的理念，使我受益良多，在此特別感謝 Gardner 博士的協助與啟發。

在一次會談中，我曾問 Gardner 博士為何他能著作等身，撰寫許多書籍？他告訴我，閱讀與寫書是他的興趣，而且每天有固定寫作的習慣。我想對學術保持熱忱，及持續不間斷的努力，是他成為「大師」的祕訣吧！他還特別提醒我：絕對沒有一所叫作 Gardner 的學校。意思是說多元智能是學校中眾多教育理論之一，不是教育唯一的方法，因此他不希望有人以「多元智能」或"Gardner"當作學校的招牌，他希望教育工作者能真正了解多元智能的精神，因地制宜，發展出各校不同的風貌。

目前國內有多本談論多元智能之書籍，但大部分是翻譯自外國，缺乏本土性的資料，本書乃由台灣的教育場景思索多元智能之運用，希望對台灣教育有所幫助。本書介紹多元智能在教育各方面的應用，絕非希望讀者按照食譜的方式，照單全收，而是希望讀者能夠依自己

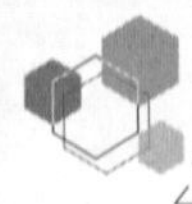

的實際需要，加以選擇及改編。

全書共分為十六章，內容包括從多元智能觀點探討：增進理解的教育、教學、課程發展、班級經營與學校領導、學習區、評量、教學科技、高層思考、美國契學習社區、在台灣推展之概況、光譜計畫、教師專業發展、適性教學等。再來，探討多元智能實踐的反思與展望；最後是國民小學應用多元智能理論之研究。本書部分內容，曾經發表於期刊及研討會上，或者曾經在國小、幼兒園演講過的內容，讓筆者在本書完成之前，有機會檢視理論之應用性，特此致上謝意。

本書之寫作特別感謝博士論文指導教授李咏吟博士，由於她的鼓勵與指導，筆者才得持續以多元智能為研究主題。再者，朝陽科技大學優良的教學與研究環境，敦促筆者繼續從事發表與著作；而曾經參與課堂的學生們，更讓我對多元智能進一步思考其在學校之運用。感謝心理出版社林敬堯總編輯慨允出版，以及工作群費心規畫與設計。感謝在此無法一一列名之許多曾經協助筆者完成研究及著作的朋友們。最後，謝謝家人的包容與體諒，使本書能如期完成。

本書之撰寫力求謹慎，但個人才疏學淺，缺漏之處在所難免，尚祈各方不吝指教。

王為國

於台中

2006 年 3 月

目　次

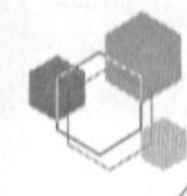

▶圖次

▶表次

第1章 多元智能理論

第一節 前言

在中國傳統思想中，莊子的思想強調個體的殊異性，認為個體必須依照本身的殊異性來適性發展。在《莊子・齊物論》中寫道：

> 齧缺問乎王倪曰：「子知物之所同是乎？」曰：「吾惡乎知之！」……且吾嘗試問乎女：民溼寢則腰疾偏死，鰍然乎哉？木處則惴慄恂懼，猿猴然乎哉？三者孰知正處？民食芻豢，麋鹿食薦，蝍蛆甘帶，鴟鴉耆鼠，四者孰知正味？猿猵狙以為雌，麋與鹿交，鰍與魚游。毛嬙麗姬，人之所美也；魚見之深入，鳥見之高飛，麋鹿見之決驟，四者孰知天下之正色哉？（《莊子・齊物論》）

而至聖先師孔子主張因材施教，教師要針對學生個別差異，而予以不同的教育。

> 子曰：「中人以上，可以語上也；中人以下，不可以語上也。」（《論語・雍也》）

此外，孔子之弟子問孝、問仁、問政，孔子會因弟子不同的特

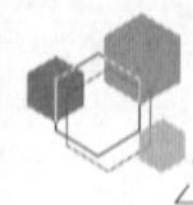

性，而有不同的答覆。

> 子路問：「聞斯行諸？」子曰：「有父兄在，如之何其聞斯行之？」冉有問：「聞斯行諸？」子曰：「聞斯行之。」公西華曰：「由也問聞斯行諸，子曰『有父兄在』；求也問聞斯行諸，子曰『聞斯行之』。赤也惑，敢問。」子曰：「子也退，故進之；由也兼人，故退人。」（《論語‧先進》）

每個人都有與生俱來的創造性才能，要在文化整體「包羅萬象」的認識上，認定行行出狀元，人人可成材，天生我材必有用，發揮潛能，到達極致，才可時常創新（賈馥茗，1997）。

教育改革中，根據認知理論的課程內容、教學方法以及配合的師資培育方式，直接影響對學生的學習形態。過去我們的教育內容、教學方法與評量方式偏重於語文與邏輯數學方面的發展，對於音樂、美術、體育、人際關係與內省等方面較為忽視。為了使全人教育與適性教學能予落實，有必要重新檢討目前的教學形態。此外，教育系統的設計應該讓所有的學生皆有成功的機會，並持續檢視如何才能有效地符合學生之個別需求（Teele, 2004）。

哈佛大學心理學家 Howard Gardner 所提出的多元智能理論，正符應了我們全人教育及因材施教的想法，其理念並被廣泛的應用於世界各國學校的課室教學中，藉由多元智能的架構來思考目前的教育問題，可從中得到許多教育改革的明確引導方針。

哈佛零方案研究小組（Project Zero, 1999）曾於一九九七年起，進行為期三年的多元智能理論在學校應用之研究（The project on school using multiple intelligences theory, SUMIT），調查了四十一所學校，結果發現：多元智能理論對提高測驗分數、提升紀律、增進家長參與、改善學習障礙的學生有顯著的影響。可見多元智能理論的應用，形成教育革新的另一出路。多數的研究均認為多元智能的教學對學生之學習動機、學習情況、問題解決、提升自尊、減少行為問題等方面有正面的效果（封四維，1999；張世忠，1999；張景媛，1999；Beltzman, 1994; Carson, 1995; Cluck & Hess, 2003; Highland, McNally, & Peart, 1999; Kanter, 1994; Radford, 1994; Rosenthal, 1998）。實施多元智能教學可以創造以學生為中心的教育環境，促成學生和真實生活的連結（Raffin, 1996; Teele, 1994）。多元智能理論也影響了教師的教學實務（Leeper, 1996），使教師採用更多的教學技巧（Roesh, 1997），更能察覺學生的需求（Fisher, 1997），增進教師的教學表現（Vangilder, 1995）。

從以上可知，在學校教育中融入多元智能的理念，可以改善許多教育的作為，提升教育的品質。

第二節　智能之定義

國內在翻譯 multiple intelligences 時，有的翻譯為多元智力或者多元智能（陳瓊森譯，1997）、多元智慧（如，洪蘭審訂，李平譯，1997；郭俊賢、陳淑惠譯，1998），翻譯名稱頗不一致。

Gardner 於一九八三年將智能（intelligences）定義為「在某種文化情境的價值標準下，個體解決問題和創造產品的能力」，這個定義強調智能的社會文化性，不同的社會文化有不同價值觀，因而人們對智能的理解及其表現形式的要求也有所不同。Gardner 後來將智能視

為一種處理訊息的身心潛力（biopsychological potential），這種潛力是在某種文化情境下能主動地解決問題或創造具有文化價值的產品（Gardner, 1999a），這種智能的定義，注重個人的主動性以及文化價值。

Gardner（1983）認為智慧（wisdom）是一個人在做判斷或在決定行動的過程時，所考慮的廣度，它是更普遍性的智能形式，其本身包羅廣泛，如果只是集中於某一特定領域，則不能稱之為智慧，智慧這個詞應該是各種能力的組合，而這種組合成分，例如，常識（common sense）、原創力（originality）、類比能力（metaphorical capacity）。一個能夠適當地同時應用數種智能的人比較可能是一位有智慧的人，因為他同時可以琢磨許多能力與因素（Gardner, 1983）。從Gardner本人的看法可知，智慧和智能各具有不同的定義，智慧是指各種能力的組合，multiple intelligences 指的是多元化的智能，因此本書進行探討時，用多元智能一詞來代表 multiple intelligences。

第三節　興起原因與背景

壹、Gardner 的生平與著作

Gardner 於一九四三年出生在美國賓州的 Scranton。他的父母和三歲的哥哥 Eric 在一九三八年為了躲避大屠殺從德國 Nürnberg 逃出來，但他哥哥 Eric 卻不幸在一次雪橇意外中喪生。這些事情在 Gardner 的童年並沒有被父母提起，但對他的思想和發展有非常重要的影響（Gardner, 2005）。父母限制他從事具有冒險性的身體活動，但鼓勵他從事具有創意及智力的活動。當 Gardner 開始發現家庭的「祕密」以及猶太人的身分時，他開始認識到他和他的父母以及同儕都不相同。一九六一年進入哈佛大學研讀歷史，很幸運地遇到心理學家 Eric Erikson 作為他的導師，使他對臨床心理學感到興趣。同一時期 Gardner 曾短暫地參與過 Jerome Bruner 主持之著名的 MACOS 專案（人的研究），受到 Bruner 所著之《教育的過程》（*The Process of Education*）（Bruner, 1960）一書之啟發，影響了 Gardner 後來的興趣。一九六六年他開始就讀哈佛的博士班，接著他成為藝術教育研究小組哈佛零方案（Harvard Project Zero）之成員（到目前為止他仍然參與其中）。他在一九七一年得到博士學位，之後他留在哈佛大學零方案中繼續從事他的研究，其間他擔任哈佛大學講師（1971–1986），後來成為教育學院認知與教育學教授（1986 迄今）。零方案之目的在於探討人類潛能的本質與實現，這裡提供了一個良好的環境可以讓 Gardner 去探索人類的認知。一九七〇年代後期由 Bernard van Leer 基金會提供經費贊助從事人類潛能的研究專案，其後 Gardner 在《心智的架構》（*Frames of Mind,* 1983）一書中，提出他所創立的多元智能理論。他以多元智能論榮獲路易斯維里大學葛羅威麥耶獎（University of Louisville Grawemeyer Award），同時獲得麥克阿瑟基金會的天才獎。近年來，他和學者們成立 Good Work 方案，企圖探討職業倫理之議題。

Gardner 是一位勤於研究與創作之學者，他的著作豐富，如：《藝術和人類發展》（*The Arts and Human Development*, 1973a）、《心智的探索》（*The Quest for Mind: Jean Piaget, Claude Levi-Strauss, and the Structuralist Movement*, 1973b）、《破碎的心智》（*The Shattered Mind*, 1975）、《發展心理學導論》（*Developmental Psychology: AnIntroduction*,1978）、《巧妙的塗鴉》（*Artful Scribbles: The Significance of Children's Drawings*, 1980）、《藝術、心智與大腦》（*Art, Mind, and Brain: A Cognitive Approach to Creativity*, 1982）、《心智的架構》（*Frames of Mind: The Theory of Multiple Intelligences*,1983）、《心智的新科學》（*The Mind's New Science: A History of the Cognitive Revolution*,1985）、《開放的心智》（*To Open Minds: Chinese Clues to the-Dilemma of Contemporary Education*, 1989）、《藝術教育和人類發展》（*Art Education and Human Development*, 1990）、《超越教化的心靈》（*The Unschooled Mind: How Children Think and How Schools Should Teach*, 1991）、《創造的心智》（*Creating Minds: An Anatomy of Creativity Seen Through the Lives of Freud, Einstein, Picasso, Stravinsky, Eliot, Graham, and Gandhi*, 1993a）、《多元智能》（*Multiple Intelligences: The Theory in Practice*, 1993b）、《領導心智》（*Leading Minds*, 1995）、《卓越的心智》（*Extraordinary Minds: Portraits of Exceptional Individuals and an Examination of Our Extraordinariness*, 1997）、《二十一世紀的多元智能》（*Intelligence Reframed*：*Multiple Intelligences for the 21st Century*, 1999a）、《學科的心智》（*The Disciplined-Mind: What All Students Should Understand*, 1999b）、《改變的心智》（*Changing Minds*, 2004）、《未來的心智》（*Five Minds for the Future*）（Gardner, 2007），以及和 Kornhaber 與 Wake 等人合著之《智力的多元觀點》（*Intelligence: Multiple Perspectives*, 1996），和 Williams、Blythe、 White、Li 與 Sternberg 等合著之《學校之實務智力》（*Practical Intelligence for School*, 1996），和 Csikszentmihalyi 及 Damon 合著之《良業》（*Good Work*, 2001）。

從上述著作中可發現，Gardner 之學術發展路線，早期關注於發展心理學及藝術的思考、發展與教育，後來又關心腦傷病人與大腦認知結構的關係，這些研究主題都是要探討人類的心智是如何組成的，繼而形成多元智能理論之架構；至一九九〇年後，他逐漸重視多元智能理論在教育上的應用，而也關注卓越表現人士與領導者（如，Margarer Mead、Robert Maynard Hutchins、J. Robert Oppenheimer、Eleanor Roosevelt、Martin Luther King Jr.、Margaret Thatcher……等人）如何改變他人的心智，例如，領導者會運用理由（reason）、研究（research）、共鳴（resonance）、表徵性地再描述（representation redescriptions）、資源和獎賞（resources and rewards）、真實世界事件（real world events）、抵制（resistance）等方式說服別人（Gardner, 2004），這些研究乃從心理的觀點解釋領導的要素。此外，他也提出，未來我們需要注重倫理的心智。

貳、興起的原因及背景

多元智能理論的出現代表認知和教育心理學重要的進展，過去西方社會及科學對於智力的想法非常狹窄，直到 Gardner 提出智力觀點的新架構（Kincheloe, 1999）。多元智能理論的提出，為何會引起教育界的重視，有其興起的原因及背景，茲分述如下：

一、多元智能理論對傳統智力觀點提出挑戰

自從一九〇五年法國心理學家比奈（A. Binet）及西蒙（T. Simon）等人發展出世界第一個智力測驗以來，對於智力的概念、評量與運用有很大的影響，而以語言、數學、空間推理等為首的能力，被認為是決定一個人智力高下的標準。之後學者發展出各種不同取向之智力理論，包括：C. Spearman 認為智力表現有兩個層面，G 或一般能力，及 S 或特殊能力。L. Thurstone 認為有七種基本心智能力：空間能力、知覺速度、數字推理、語文意義、文字流暢性、記憶及歸納推

理。J. P. Guilford之智力結構模式認為有一百八十種基本心智能力。R. Cattel和J. Horn認為智力包含兩個向度：流動智力（fluid intelligence）和固定智力（crystallized intelligence）。 J. Carroll則提出智力三階層理論（three-stratum theory of intelligence）。而R. Sternberg則提出智力三元論（triarchic theory of intelligence），認為智力包括了：肆應智力（contextual intelligence）、 經驗智力（experiential intelligence）、組合智力（componential intelligence）等（Shaffer, 1999）。

Gardner（1983）認為過去的智力理論各有其缺失，因素分析論中之G因素窄化了智力的範疇，依此理論編製的智力測驗只能預測學校學習，無法預測成功生活所需能力；多因素理論則由多種測驗因素分析而成，基礎來源太過局限或無法證明其因素之間的獨立性，有其缺失。至於訊息處理與認知發展論則是評量與研究智力的素材太過同質且與生活脫節，因此仍無法有效詮釋人的智力。此外，以心理計量觀點為基礎的測驗排除簡答題所不能測量的能力。多元智能理論認為，教育的角色並非扮演被動地等待認知本身的發展，而是安排許多豐富的環境，以催化、促使、幫助各種智力領域的發展。

總之，依過去智力理論所編製之智力測驗，其測驗方式常僅使用紙筆測驗，或者只使用到多元智能裡的兩項智力：邏輯數學及語文能力，這種工具僅有利於某一類的個人，以及某一種智能認知形態，對於不具備此種智能類型的人，只有在情境化中的評量才能顯現出他的長處。Gardner 的多元智能論除了挑戰單一智能的傳統智能觀念外，並對強調客觀且去情境化之標準化正式測驗的智能評量方式提出挑戰，強調在情境中評量（assessment in context）。

二、多元智能的理念明確易懂且具親和性

兒童具有八種智能，而非只有一種智能的觀念，對教育人員而言明確而易懂（Torff, 1997），雖然Gardner的多元智能論被批評學術理論的嚴謹性較為不足，不可當作是心理學本質的理論（Sternberg, 1994），但大多數人可以在多元智能的內涵中發現自己的多項長處，且 Gardner 及其同事特別強調多元智能在學校教育與家庭中的應用，其所論述的內容，比較貼近生活的內容，其理論較為具體，同時他們自己也規畫或參與多元智能課程設計、教學與評量的研究，並引用眾多的研究成果及經驗的事例，讓人覺得頗具親和性。此外，多元智能的理論不像過去的教學革新措施是以新的方法取代舊的方法，造成教育人員對每一次的教學革新就產生了懷疑與厭煩，多元智能的教學並不是要取代舊有的教學方式，亦即打破以往取代循環式（replacement cycle）的教育改革（Kagan & Kagan, 1998），而是兼容並蓄的。

Kornhaber（2004）則認為多元智能理論可以和教師現有的教育哲學和理念互相連結，例如，和主張兒童是經由主動學習和教育完整兒童的建構主義及進步主義相連結。而多元智能理論的理念和教師現在已經使用的一些實際措施很相近，如方案課程、藝術統整課程、主題課程、學習區、動手操作等。所以多元智能理論能持續地受到教育界的採用，影響教育的實踐。

三、和學生為中心的理念相符

多元智能理論強調尊重個別差異，認為每位學生都有其與眾不同的智能分布與組合，因此在設計課程、安排教學與進行評量時要以學生為中心。以智能之評量為例，多元智能不像其他智能模式，將焦點

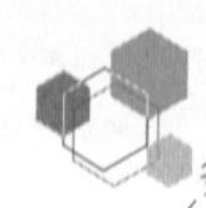

擺在測驗而非學生本身（Torff, 1997）。多元智能主張每位學生均有其優勢智能，教育人員必須發掘學生的個別潛能，並設計符合個別學生的課程、教學與評量，以學生之優勢智能為媒介，提升其弱勢智能。由此可發現，多元智能理論和學生中心的理念相符。

四、和多元文化的理念不謀而合

目前多元文化受到重視，強調各個文化均應受到相同的尊重，試圖想減低或消除課程、教學、評量對學生所造成的負面影響，特別是對一些文化不利或少數族群者。多元智能和多元文化的理念不謀而合，世界上不同的文化所注重的智能不同，反對以西方社會為主的偏見（Torff, 1997）。同時，反對 Piaget 認為認知發展階段具有普遍性的說法，傾向於Vygotsky的觀點，認為不同文化背景的人具有不同的認知發展階段（Kincheloe, 1999）。例如，在以農業為主的文化之中，耕種作物是每日的工作，因此自然智能就顯得很重要，但語文及邏輯數學就不是那麼重要；而在航海的文化中，人們必須精於在海洋上辨認方位，因此空間智能就顯得很重要了。

五、對過分重視標準化測驗提出反省

標準化測驗脫離生活情境，應考方式只利於語文和邏輯智能較強的學生，對於這兩項智能領域較弱的學生，相對地在標準化測驗上顯得較為吃虧，而且標準化測驗忽視生態效度，然而多元智能理論認為評量應在學習的情境之中，賦與評量真實的意義，並允許學生以多元的方式來接受評量，如做專題報告、繪畫、錄音……等。多元智能理論及其真實性評量觀念的提出，有助於課程及教學理論學者與教育實務工作者進一步認識與發展每個學生的潛能；同時也可以透過在情境中評量來展現學生的學習結果。

六、受到認知心理學理論的影響

認知心理學於二十世紀初期，逐漸開始發展，大約在一九一〇至一九三〇年間，完形心理學（Gestalt psychology）在歐洲成為一股勢力，隨後 Piaget 的認知發展論、有意義的語文學習、Bruner 的認知發展與發現學習、電腦科學的人工智慧、訊息處理理論等，均是認知心理學發展中期的代表理論，而建構主義和多元智能則為代表認知心理學後期的理論（李咏吟，1998）。而 Gardner（1985）於《心智的新科學》一書中提到，他本人於一九七〇年代中期開始接觸認知科學，並開始針對認知科學的各個理論加以分析評述，而奠定了多元智能的認知科學基礎。

七、腦神經研究的影響

由於科技的進步，神經心理學家可以運用先進的方法，如正電子發射X射線層析照相術、腦動電流描記術、腦動磁電描記術等，來了解人類從事不同活動時大腦的活動圖像。人類大腦心理學的研究，最近的發展已經使用磁振影像（MRI）來測量大腦的功能。相同的方法被用在以特殊的方式去辨識大腦血流量相關的改變，連接這些當參與特殊作業時而較活躍的大腦區域。功能性的MRI（fMRI）在測量這種表現時，不需要使用放射線或注射任何的化合物到體內，個人表現語言、記憶、視覺及其他行為狀態的作業時，處理這些作業的大腦區域會被顯示出來（Mazziotta, 2004）。

現在大腦「功能位置」已經是神經科學上廣為接受的事實，可以指出大腦處理物體形狀和顏色的部位，了解和製造語言的部位、想像

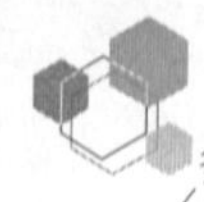

一個物體的部位、察覺憤怒、尋找食物……等等的大腦位置（洪蘭譯，2001）。在腦神經病變和認知行為的關係研究中，腦傷病人在心智破碎之後行為異常的現象，是特定能力的缺陷，並非認知能力的全面受損，而是選擇性的保留某些特定能力，這些沒有被破壞的認知島嶼（spared islands of cognition），絕不是零散隨機，而是隱約指出人類智能的多元性質（曾志朗，1995）。由上可知，腦神經的研究支持了多元智能理論的形成。

第四節 候選智能之標準

Gardner（1983）認為一項智能之所以會被選入多元智能的範圍之內，最主要有八項標準，而這些標準分別有其學術上的根源，以生物科學為基礎的標準為：腦部受損時，隔離出的潛能；進化史和進化的可能性。以邏輯分析而產生的標準為：一種或一組可以辨識的核心作業系統；能用符號系統來編碼。根據發展心理學而產生的標準：個體特殊的發展歷史以及專家的最佳表現；白癡學者、神童和其他特殊個人的存在。依據傳統心理學研究的標準：實驗心理學所提供的證據；心理計量學的發現（Gardner, 1999a）。以下就分別介紹這八項標準：

壹、腦部受損時，隔離出的潛能

在腦部受損時，特定能力可能遭受破壞，也可能因受到隔離而免於破壞，特定能力和其他人類能力互相隔離，且具有自主性。這種腦部傷害證明了，人類智力核心獨特的能力或運算。例如：語文智能位於左顳葉（left temporal）及額葉（frontal lobes），邏輯數學智能位於左額葉（left frontal lobes）及右頂葉（right parietal lobes），空間智能位於枕葉（occipital）及顳頂區域（特別是右半腦），肢體運作智能位於小腦、基底神經節（basal ganglia）、動作皮質，音樂智能位於右側葉，人際智能位於額葉、顳葉（特別是右半腦）、邊緣系統，內省智能則位於額葉、頂葉、邊緣系統。自然觀察智能則位於左頂葉（區別生物與非生物）（Armstrong, 2002）及顳回下側的中間（middle portion of the inferior temporal gyri）——動物命名之區域（Gazzaniga, Ivry, & Mangun, 2002）。

貳、進化史和進化的可能性

Gardner 認為在多元智能中的每一項智能的根源，可以追溯至和某些物種所具有的能力有淵源。這些特定智能包括人類和其他動物共有（如鳥類鳴唱或靈長類社會組織）的能力，有些能力在其他物種身上獨立作業，但在人類身上卻互相結合在一起，例如，音樂智能的不同層面可能在好幾個物種身上發現，但卻只在人類身上結合在一起。

參、一種或一組可以辨識的核心作業系統

Gardner 認為每一項智能都有一或多種基本的資訊處理作業或機制存在。人類智能可定義成神經機制或計算系統，可由某些內在或外在資訊來驅動。例如，音樂智能的核心包括對聲調關係的敏感，身體智能的核心則為模仿其他人動作的能力。

肆、能用符號系統來編碼

人類以符號系統來表達、傳播訊息。語言、圖像、數學這三種符號系統是舉世公認對人類生存和生產很重要的系統。多元智能中的每一項智能，必然是與人類的符號系統有某種關係。例如，語文智能其

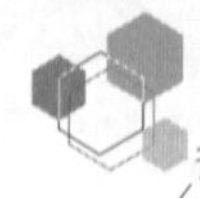

符號系統為英文、法文等，邏輯數學智能其符號系統為數字、電腦語言等。

伍、個體獨特的發展軌跡以及專家的最佳表現

每一項智能應該具有清楚的發展軌跡，每一項智能都有其本身從生手到專家的發展歷程，而在智能的發展軌跡上，有特別的關鍵期以及可以分辨的里程碑，這些是來自於學習或者生理的成熟。

陸、白癡學者、神童和其他特殊個人的存在

神童（prodigies）是在一個（或一個以上）的才能領域極度早熟的個人；而白癡學者（idiot savants）（以及其他智障或特殊的個人，包括自閉症兒童），則是表現平凡的個人，在某一領域卻有特別的能力。這些人的存在使我們得以注意到人類智能的分離。神童或白癡學者的情況可能和遺傳因素相關，或是（經由非侵略性調查方法）和特定的神經區域相關，這更加強了特定智能的說法。同時，選擇性缺乏某一些智能技巧，如自閉症或學習障礙學童表現出的特性，也以其他的方式肯定某種智能的存在。

柒、實驗心理學所提供的證據

Gardner 認為透過觀察某些實驗心理學的研究，可以看出每項智能獨立運作的情形。例如，受試者在研究中專精一種特殊認知技能（如閱讀），但是這項技能卻不能轉換成其他技能（如數學），也就是語文智能不能轉換成邏輯數學智能。

捌、心理計量學的發現

心理實驗的結果提供了智力資料的來源，標準測驗（如智力測驗）的結果，則提供了另一個線索。其實智力測驗並不能測出它們號稱能測試之物，因此許多作業實際上使用的能力比其他目標能力更多，即使如此，我們也可以藉由現存的心理測驗中，找到支持多元智能的標準化測驗。例如，魏氏兒童智力量表（Wechsler Intelligence Scale for Children, WISE）的子測驗中，需要運用語文智能（如算術）、空間智能（如圖畫排列），以及低程度的肢體運作智能（如組裝物體）；還有了解個人智能的測驗〔如文蘭社會成熟量表（Vineland Society Maturity Scale）及考伯史密斯自尊測驗（Coopersmith Self-Esteem Inventory）〕（洪蘭審訂，李平譯，1997）。

第五節 八項多元智能

Gardner 認為過去我們對於智能的定義太過狹窄，在他一九八三年所著《心智的架構》一書中，提出人類至少有七種智能，分別是：語文智能（linguistic intelligence）、空間智能（spatial intelligence）、邏輯數學智能（logical-mathematical intelligence）、肢體運作智能（bodily-kinesthetic intelligence）、音樂智能（musical intelligence）、人際智能（interpersonal intelligence）、內省智能（intrapersonal intelligence），之後又增加了第八項智能：自然觀察者智能（naturalist intelligence）。以下就分別介紹這八種智能的意義（田耐青，1999；Gardner, 1983; Gardner, 1995; Gardner, 1999a）：

壹、語文智能

能有效地運用口頭語言，例如，講故事者、演說家、政治家就具有這種能力；或者具有書寫文字的能力的人，例如，詩人、劇作家、編輯或記者。李白、莎士比亞就是語文智能優異的代表人物。這項智能包括把語音、語義、語法、語用結合並運用自如的能力。對語文智能強的人而言，他們喜歡玩文字遊戲，喜歡閱讀、討論及寫作。這一類的人在學習時是用語言及文字來思考；對他們而言，理想的學習環境必須提供下列的教學材料及活動：閱讀材料、錄音帶、寫作工具、對話、討論、辯論及說故事等。

貳、邏輯數學智能

有效運用數字和推理的能力，如數學家、稅務人員、會計人員、統計學家、科學家、電腦工程師等職業，特別需要這種智能。李遠哲、愛因斯坦就是邏輯數學智能優異的代表人物。對邏輯數學智能強的人來說，他們在學校特別喜歡數學或科學類的課程；喜歡提出問題並執行實驗以尋求答案；喜歡尋找事物的規律及邏輯順序；對科學的新發展有興趣，喜歡在他人的言談及行為中尋找邏輯缺陷，對可被測量、歸類、分析的事物比較容易接受。這一類的人在學習時是靠推理來進行思考。理想的學習環境必須提供下列的教學活動：提供計算、實驗、比較、數字方面的遊戲，並引導學生使用證據、形成及考驗假設、歸納及演繹的理性思考。

參、空間智能

能準確地感受空間關係，並把所知覺到的表現出來，獵人、偵查員、嚮導、室內裝潢師、建築師、藝術家或發明家等職業特別需要這種能力。藝術家朱銘、畫家畢卡索就是空間智能優異的代表人物。空間智能強的人對色彩、線條、形狀、形式、空間及它們之間關係的敏感性很高，他們喜歡玩拼圖、走迷宮之類的視覺遊戲；喜歡想像、設計及隨手塗鴉，喜歡看書中的插圖，學幾何比學代數容易。這一類的人在學習時是用意象及圖像來思考；對他們而言，理想的學習環境必須提供下列的教學材料及活動：藝術、樂高積木、錄影帶、幻燈片、想像遊戲、視覺遊戲、圖畫書與參觀美術館、畫廊等藝術方面的社教機構。

肆、肢體運作智能

善於運用整個身體來表達想法和感覺，以及運用雙手靈巧地生產或改造事物的能力。演員、運動員、舞者、工匠、雕塑家、機械師、外科醫師等職業特別需要肢體運作智能。棒球好手王建民、演員湯姆克魯斯就是肢體運作智能優異的代表人物。這一類的人很難常時間坐著不動；他們喜歡動手建造東西，如縫紉、編織、雕刻或木工，或是跑跑跳跳、觸摸環境中的物品。他們喜歡在戶外活動，與人談話時，常用手勢或其他肢體語言，喜歡驚險的娛樂活動並且定期從事體育活動。這一類的人在學習時是透過身體感覺來思考；對他們而言，理想的學習環境必須提供下列的教學材料及活動：演戲、動手操作、建造成品、體育和肢體遊戲、觸覺經驗等。

伍、音樂智能

能察覺、辨別、改變和表達音樂的能力，音樂愛好者、音樂評論家、作曲家、音樂演奏家等，需要對節奏、音調、旋律或音色較具敏

感性。大提琴家馬友友、作曲家貝多芬就是音樂智能優異的代表人物。音樂智能強的人在學習時是透過節奏旋律來思考；對他們而言，理想的學習環境必須提供下列的教學材料及活動：樂器、音樂錄音帶、CD、唱遊時間、聽音樂會、彈奏樂器等。

陸、人際智能

能察覺並區分他人的情緒、意向、動機及感覺的能力。人際智能強的人對人的臉部表情、聲音和動作較具敏感性，通常比較喜歡參與團體性質的運動或遊戲，如籃球、橋牌，而較不喜歡個人性質的運動及遊戲，如跑步、玩電動玩具；當他們遭遇問題時，他們比較願意找別人幫忙；喜歡教別人如何做某件事。他們在人群中感覺很舒服自在，通常是團體中的領導者，他們適合從事的職業有政治、心理輔導、公關、推銷及行政等需要組織、聯繫、協調、領導、聚會等的工作。例如：黑人人權領袖 Martin Luther King, Jr. 就是人際智能優異的代表人物。這一類的人靠他人回饋來思考；對他們而言，理想的學習環境必須提供下列的教學材料及活動：小組作業、結交朋友、團體遊戲、社交聚會、社團活動、社區參與等。

柒、內省智能

有自知之明，並據此做出適當行為的能力。內省智能強的人能自我了解，意識到自己內在情緒、意向、動機、脾氣和欲求，以及自律、自知和自尊的能力，他們常能夠維持寫日記或睡前反省的習慣；常試圖由各種回饋管道了解自己的優缺點；經常靜思以規畫自己的人生目標；喜歡獨處。內省智能通常較難以直接觀察，需要觀察個人之語文、音樂或其他的表達方式，才能察覺個人之內省運作。他們適合從事的職業有心理輔導、神職人員、須自我反省的工作……等。證嚴法師及天主教教宗就是內省智能優異的代表人物。這一類的人以深入自我的方式來思考；對他們而言，理想的學習環境必須提供他們祕密的處所、獨處的時間及自我選擇的機會等。

捌、自然觀察者智能

能認識植物、動物和其他自然環境（如雲和石頭）的能力；自然智能強的人，在打獵、耕作、生物科學上的表現較為突出。有些兒童對恐龍的分辨能力特別強，或者對汽車的廠牌能正確分辨，通常是具有較高的自然智能。他們適合從事的職業有植物學家、科學家、園藝工作者、海洋學家、國家公園巡邏員、地質學者、動物園管理員等。自然觀察家徐仁修與達爾文就是自然觀察者智能優異的代表人物。理想的學習環境是為學生安排野外或戶外的旅行，並安排學生至戶外的花園種植花卉或蔬菜，也可讓學生飼養班級寵物。

綜合以上各智能領域，表 1-1 羅列了在各項領域中表現優秀的人，他們表現優異之處，以及他們喜歡從事的活動、合適的學習方法、適合從事的工作（Nicholson-Nelson, 1998）。

第六節 多元智能之特色

自 Gardner 提出多元智能理論後，引發各界對多元智能的討論，而教育人員更積極地將理論應用於學校教育，為了更深入了解多元智能之理論與實踐，以下介紹多元智能論應用於教育情境之特色：

表 1-1　多元智能表

智能領域	優異之處	喜歡的事	合適的學習方法	適合從事的工作
語文	閱讀、寫作、說故事、記憶資料、思考文字	閱讀、寫作、說故事、記憶、做謎題	閱讀、聽和看句子、演講、寫作、討論和質疑	詩人、作家、編輯、記者、演說家、政治家
邏輯數學	數學、推理、問題解決、分類	問題解決、發問、從事和數字有關的工作、實驗	分類、抽象運作、找出類型和關係、分類	數學家、稅務人員、會計人員、統計學家、科學家、電腦工程師
空間	看地圖、看圖表、畫圖、想像事物、視覺化	設計、畫圖、建築、創造、白日夢、看圖	做有關圖片和顏色的事、視覺化、使用心眼、繪畫	獵人、偵查員、嚮導、室內裝潢師、外科醫師、建築師、藝術家或發明家
肢體運作	運動、舞蹈、演戲、技藝、使用工具	移動、肢體語言、接觸和談話	接觸、移動、經由身體感覺獲得知識	演員、運動員、舞者、工匠、雕塑家、機械師、外科醫師
音樂	唱歌、捕捉聲音、回憶旋律、節奏感	唱歌、演奏、聽音樂	旋律、節奏、唱歌、聽音樂	作曲家、音樂演奏家
人際	了解人們、領導、組織、溝通、解決衝突、推銷	交朋友、和他人談話、參加團體	分享、比較、關係、訪談、合作	政治家、心理輔導師、宗教家、公關、推銷及行政人員
內省	了解自己、明瞭自己的優缺點、設定目標	獨自工作、反省、追求興趣	獨自工作、自我設定計畫，擁有空間、反省	心理輔導師、宗教家、能自我反省的人
自然觀察者	理解自然、區分和辨別動植物	接近大自然、做分類的活動	在大自然中工作、探索生活中的事物、學習有關的植物及自然事件	生物學家、科學家、園藝工作者、海洋學家、國家公園巡邏員、地質學者、動物園管理員、獸醫

資料來源：改自 Nicholson-Nelson（1998: 13）

壹、每個人都至少有八種智能

Gardner的多元智能論認為八種智能代表每個人八種不同的潛能，這些潛能只有在適當的情境中才能充分發展出來。由於此八種智能被發現普遍存在於人群當中，因此多元智能的理論已廣為心理及教育學界所接受。Gardner 進一步指出，每個人都具備所有八項智能，而且大多數人的智能可以發展到適當的水準。這些智能是經由參與某種相關活動而被激發出來的，雖然智能的成長隨著智能類別的不同而不同，但卻大致遵循一定的軌跡，即年幼時期開始發展，經過不同的顛峰發展階段，到了老年時期發展活力迅速或逐漸的下降。如語文智能從兒童早期即開始發展，直到老年時期仍可持續緩慢發展；邏輯數學智能在青少年及成長早期達到發展高峰；空間思考在兒童時期就已發展成熟，藝術眼光則持續發展到老年期；肢體運作智能隨著生理發展的日趨成熟而發展；音樂智能的發展關鍵在兒童早期；人際及內省智能的發展取決於幼兒時期。

貳、智能是統整運作

每一種智能代表著獨特思考模式，然而它們卻非獨立運作的，而是同時並存、相互補充與統整運作（Gardner, 1993a）。例如，一位優秀的舞蹈家必須同時具備良好的音樂智能，以便了解音樂的節奏與變化，具有良好的肢體運作智能，以便靈活而協調地完成身體的動作，也具有良好的人際智能，以便透過身體動作來鼓舞或感動觀眾。

參、打破取代的循環

Kagan 和 Kagan（1998）認為當教育界出現了創新的措施，就會

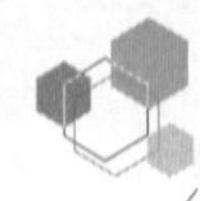

面臨到一再發生的取代的循環（replacement cycle）之現象，新的方法往往會取代舊的方法，因此使教育人員面對每一次的教學革新，就產生了懷疑與厭煩。多元智能的理論並不是要取代原有的教學方式，它能兼容並蓄各種不同的教學方式，在具有多元智能理念的教室中，教師會使用直接教學法、建構教學法、合作教學法……等等方式，所以多元智能理論將會持續被教師們採用，而非只是一時教育的風潮。

肆、多元智能理論對智能的看法是描述性而不是規範性

Gardner 運用八種智能來描述一個人的智能組合，他並不區分個體間智能的高低，因為每個人在八種智能的組合都不同，很難加以比較；而 IQ 測驗則傾向於區別個體間智能的差異的比較，因此個體間有智能高和智能低的區別。Gardner 對智能的看法是屬於描述性，而 IQ 測驗則屬於規範性的概念（Gribble, 1998）。

伍、擴展教育的視野

多元智能理論是幫助教育工作者去認識以及注重所有學生的能力及興趣，它不是去窄化教育，而是一種擴大、擴展、增加知識的有效方法（Jasmine, 1996）。Armstrong（1994）認為 Gardner 之多元智能理論對教育有很大的貢獻，因為教師必須擴展他的教學技術、工具及策略，以超越傳統典型的語文及邏輯的教學方法。因此，多元智能論給教育人員的啟示是要擴大教育的視野，尋求更多增進學生學習的方法，而非只局限培養學生某些能力而已。Donovan、Bransford 和 Pellegrino（1999）認為多元策略已經增進了兒童對學習的理解，也影響了教育的方法。多元智能的發展原本是一個心理學理論，但它激起許多教育工作者的興趣。

陸、以多種學科作為理論基礎

多元智能論測量低層的能力與生物基礎，作為多元智能的理論基礎。此外，多元智能論找出成人的優異表現以及跨文化的研究，致力於高層次的議題，如知識、判斷和環境的適應。此外也超越了一般理論往往是經由智力測驗或因素分析建構而來的，多元智能論更廣泛地參考其他學科，如結合了生物進化論、人類學哲學、發展心理學、神經心理學、生物學等成果，形成了多元智能理論（Dai, 2001; Gardner, Kornhaber, & Wake, 1996）。

柒、兼具真、善、美的理論

多元智能理論是一個真善美的理論，在真方面，它能夠真實地反映一個人的心理潛能，不像G因素理論或傳統的智力理論，只注重人類的部分能力而已，多元智能理論架構完整，能真實地說明人類潛能的組合。在善方面，多元智能理論相信每個人都有獨特的智能組合，每個人都具有八種智能的成分，若能充分發揮個人的優勢智能，將為個人帶來成功與自信，所謂「天生我材必有用」、「行行出狀元」，即是這個道理，因此多元智能理論是一個善良的理論，從積極面看待每個人存在的價值性。在美的方面，多元智能理論認為人生是多元的，人生之美在於多人共榮，彩虹之美在於多色共存。由於我們的社會上，各種智能的人能夠充分發揮，帶給我們豐富的社會，音樂家為我們譜奏優美的樂章，建築師為我們建設宏偉的建築物，作家及詩人為我們撰寫精彩的小說與動人的詩篇……這些都是多元智能的精神。

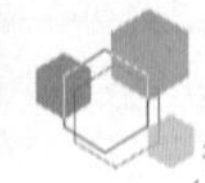

第七節　多元智能在教育上之應用

教育工作者在運用多元智能理論時，可以分成五種方式，分別是：探索管道（exploration pathway）、架橋管道（bridging pathway）、理解管道（understanding pathway）、真實問題管道（authentic problem pathway）與才能發展管道（talent development pathway）（Baum, Viens, & Slatin, 2005）。

壹、探索管道

探索管道在於提供豐富班級的環境，給學生跨越不同領域的經驗，給教師觀察學生的脈絡，並且給教師提供一個脈絡可用行動的方式觀察學生，並且非正式地評估他們的優點及興趣。因此運用豐富的環境，引發教師用多元的觀點去了解他們的學生。在安排個別化教育經驗時，第一步驟是要熟悉學生的能力和興趣，了解學生的學習方式。在本書中的第七章多元智能的學習區即是這種理念。

貳、架橋管道

架橋管道強調學生優勢的領域，以支持讀寫能力的發展及技能的精熟。這個策略建議運用多元智能為工具，配合學生容易成功及喜愛的領域作為學習之切入點，讓學生投入學習。這種管道也是基於使用不同的切入點來進入主題的假定，促進不同學習者來投入內容。教師針對學習困難的學生應該找到他們的優勢，並藉此來達成教育的目標。也就是教師要能發現學生能夠勝任的工作，提供學生課內外豐富的經驗，當學生能夠增進自己的優勢能力，即使對功課不感興趣的學生，也會漸漸接受學校的功課（Ciaccio, 2004）。在本書的第四章所談的多元教學法之運用即是此種管道。

參、理解管道

在理解管道中，多元智能理論是以多樣化的方式來了解主題及概念，學生有機會可以接近及了解教材，並且能夠展現出他們的理解，運用他們的優勢領域及興趣來進行學習。

從多元智能的觀點，單靠語文取向並不能使所有的學生對課程產生意義。理解管道支持學習切入點的設計以及多元評量的方法。在本書中之第二章提到此觀點。

肆、真實問題管道

這種管道將多元智能理論當作是一種架構，可以用來指引具有真實性及問題解決情境的學習經驗，在本質上，這種管道嘗試經由提供真實及實際的問題解決來刺激智能的真實經驗。在這種學習情境之下，學生將自己視為參與專業的角色，並且運用真實的方法去解決問題及發展作品。在教室中，學生是成長中的工程師、雕刻家、演員及詩人。學習和真實的脈絡具有相關性，基本技能應在真實的情境中發展，如學徒制，見本書第五章。

伍、才能發展管道

才能發展管道的重點在於發展及確認培育學生才能的方案，協助學生在某一特別領域能夠從生手發展到專家，學生可以共同組織俱樂部或特殊的班級，教師可以安排目的性的經驗，如經由實習來培育他們的能力。學生在學校裡會有愉悅及成功的經驗。這種管道幫助學生

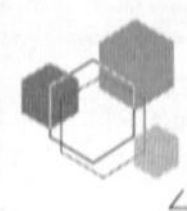

定義及讚揚他們的才能，甚至幫助學生做有關生涯及進一步學習的決定。如本書第十二章之豆莢小組即是此種管道。

以上所述，乃是運用多元智能理論幫助教育工作者，運用最適當的方式實踐多元智能理論，用最恰當的方式來開始多元智能的旅程；它也可以跨越不同管道的界線，在不同的目標中移動。

表 1-2　多元智能之運用

管道	內容	本書之章
探索管道	提供豐富班級的環境	第七章
架橋管道	配合學生容易成功及喜愛的領域作為學習之切入點	第四章
理解管道	以多樣化的方式來了解主題及概念	第二章
真實問題管道	具有真實性及問題解決情境的學習經驗	第五章
才能發展管道	協助學生在某一特別領域之發展	第十二章

第八節　多元智能理論之用途

壹、以多元智能理論認識學生的個別差異

教師可以運用多元智能之八個向度來認識學生，有的學生可能語文智能較優勢，但音樂智能較弱勢，有的學生肢體運作智能較為優勢，但是數學智能較為弱勢。多元智能提供了一個良好的架構，讓老師可以很清楚地以它描繪學生的表現及行為，並進而安排適合學生的學習方式。當然，老師也可以將學生之個別差異做清楚之描述，以作為和家長溝通之題材；更要以接納和欣賞的眼光去面對學生，找出適合的學習方式，教導如何學習。

貳、以多元智能理論了解本身與同事之專長

從多元智能的觀點，不僅可以了解自己也可以了解別人，亦即知己知彼。教師可以運用多元智能來了解自己的專長，檢視自己的教學，同時也可以借助多元智能來了解同事的優勢智能，藉由協同教學來截長補短。

參、以多元智能理論檢核課程目標是否完備

傳統上，我們習慣以認知、情意與技能等三方面來檢視課程目標是否完備，我們同樣可以從多元智能的觀點來檢視課程目標是否具有多種智能領域。

肆、以多元智能理論檢核學習活動是否多元

我們希望學校的學習活動能夠盡量多元化，最好能夠讓不同優勢智能的孩子都能接受到適合他們的學習方式。例如，肢體運作優勢的學生，在課堂上是否能有動手操作或體驗式的學習方法，讓這一類孩子採用適合他們學習的方式來學習，將會學得更好。

第2章 多元智能與增進理解的教育

第一節 前言

自二〇〇一年起，台灣國中與國小開始實施九年一貫課程，雖然已逐漸打破過去僵化的教學方式與課程內容，但也有人批評，教學內容及活動熱鬧有餘而深度不足，學生並未充分理解學科之內容。所謂理解（understanding）指的是對事理的內涵及變化知曉的歷程（張春興，1991）。舉例來說，學生若只是死記物理學的牛頓運動定律公式，卻不知如何利用此定律解釋將飽滿的氣球放開後，氣球會像火箭般衝出去的現象，如此就是對該主題未有真正的理解。

第二節 理解教育的方法

Gardner（1999a）認為學校教育的重要目的之一，是要學生能夠理解學科內容，教師可以運用觀察法、面質法、系統法及多元智能取向來促進學生理解，此一看法，對我國當前的教育改革，深具啟示之意義，茲分別敘述如下：

壹、觀察法

運用觀察法進行學習及在可以促成成功理解的機構實習，可使學生更加深入理解內容。傳統的學徒制（apprenticeship）就是一個很好的例子，年輕的學徒花很多時間和師傅一起工作，以近距離的方式觀

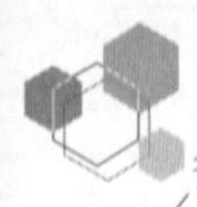

察師傅工作，並且逐漸地投入解決每天所遭遇的問題以及製作產品。現在的兒童博物館或科學博物館等機構，是促成兒童理解的良好場所。

貳、面質法

面質法（confrontational approach）是指直接質疑學生可能發生錯誤的部分，這一種取向是直接面對會造成理解的障礙，直接掌握住學生的迷思概念。

採取多元觀點或者挑戰迷思概念仍然是不足的，教師需要去鼓勵理解，經由指出不適當的概念及要求學生反省結果，學生逐漸學到去監控他們自己直覺的理論，也因而養成理解的習慣。

參、系統法

教師要進行理解的教學，必須要設定明確的理解目標，規定理解的相關表現，並且和學生分享這些觀點。這些理解的架構包括了強化一般性的主題，確認思考線及評鑑學生的理解。

促進理解的有效教學，可以運用表 2-1 的規準作為參考（Wiske, 1998；引自封四維，2004），其規準可以分為五大類，分別是：研究主題是否具有價值且具有吸引力？什麼是學生確實可理解的？學生如何培養並展示理解？如何評量理解？師生如何共同工作、合作學習？

第三節 多元智能與理解教育

Gardner（1999a）認為多元智能理論可以喚起兩種教育目標，第一是幫助學生達成重要的成人角色或目的狀態。若我們希望每個人都

表 2-1　理解教學的五要素及其規準

1. 研究主題是否具有價值且具有吸引力？具有生產性的主題是： ・學科教材或跨學科教學內容必須聯結重要理念。 ・對學生而言，它是真實的，可達成的，且有趣的。 ・對教師而言，它具有信服性論點，且具有吸引力。 ・它能透過多元路徑管道、不同教材內容與科技媒材學習。 ・它是無止境可持續探究的。
2. 什麼是學生確實可理解的？理解的目標是： ・它是清楚的，且公開認定的。 ・它關注於重要理念，而非事實知識與日常規律技能的習得。 ・它強化多元面向的學習，如探究方法、推理邏輯、表意方式等。 ・它重視學習的連貫性與銜接性，如小單元至長時段教學、概括性目標的貫穿性。
3. 學生如何培養並展示理解？理解性的實作表現是： ・培養並展示焦點目標的理解。 ・需要主動學習、創意思考以開展學習者的心智。 ・藉一系列學習活動，由準備活動→產生能力的活動→至最高潮的整合性活動，學生習得知識與技能建構自己的理解模式。 ・採用多元智能策略、多元路徑與豐富多樣的思考性活動來學習。
4. 如何評量理解？持續性動態的評量是： ・它依據外顯的、共同的規準執行。 ・從不同行動衍生出許多建議或想法，以改進實作表現。 ・它是涵蓋非正式與正式評量的方法與結果。 ・包含多樣的回饋資源，如自己、同儕、教師或他人等。
5. 師生如何共同工作、合作學習？建構反省性的協同社群是： ・支持性對話與分享性共同語言的反省。 ・注入不同觀點的論述。 ・無論個別實作成果或共同成就均要保有尊重、互動合作與協同一致性態度。

資料來源：引自封四維（2004：43）

能夠進行藝術方面的活動，我們就應該幫助學生發展語文智能（成為詩人）、空間智能（成為美術家或雕塑家）、肢體運作智能（舞蹈家）和音樂智能（成為音樂表演者或作曲家）。第二是要幫助學生精熟重要的課程或學科內容。從多元智能的角度而言，我們應該思考重要的課程內容如何運用各種不同的方式去教導及評量。

Gardner（1999a）認為在教學過程中，多元智能理論可以成為教育工作者的助力，提升教學效果。多元智能的觀念可以在三個方面以增加學生對某一教學主題理解的深度：⑴提供生動多元的切入點：包括敘述式（narrational）、量化／數字式（quantitative/numerical）、邏輯式（logical）、基礎／存在式（foundational/existential）、美學式（aesthetic）、動手操作式（hands on）、社交式（social）等，以多元之切入點可以引發學生對教學主題之興趣；⑵提出適當的比喻：引起學生之學習動機之後，要展開實際之教學行動，善用類比與暗喻的方式，用學生比較熟悉的領域、主題或說法來解釋或引導學生認識不熟悉的事物之核心概念；⑶用不同的方式呈現核心概念：在了解核心概念之後，應該用多元的呈現方式及模式語言（model language）來傳達該主題、概念或現象之重要內涵，而多元的呈現方式可包括：圖形、數字、邏輯形式、語言、樂譜、電影、錄影帶……等。每一個教學主題，教師都可以根據其直覺及教學藝術來選擇該採用何種切入點、類比及模式語言。

壹、多元切入點

Gardner 認為學生能夠死背、記誦或重複述說書中內容，並不算是真正的理解，若學生能夠彈性地運用這些想法並且適當地進行分析、說明、比較或批評學習到的新內容，這樣才算是表現真正的理解

（Gardner, 1999a）。

Gardner（1999a）定義了至少七種不同的切入點（entry points），大體上和多元智能之各項智能相配合，這些切入點是發展課程的工具。每一個課程單元都可以有許多不同切入點，任何一個切入點都可以讓學習者接觸到學科的知識、概念與技能。運用多元切入點，可以讓學生獲得對同一主題的不同見解，進而深化學生的理解，更能夠將主題知識遷移至不同的情境之中。教師可以使用這些切入點來幫助架構課程，茲敘述如下：

一、敘述式：學生運用故事來學習主題，這些語文或影片故事中有主角、有衝突、需要解決的問題、欲達到的目的、緊張的狀態、緩和的狀態等。

二、量化／數字式：運用數字和數字形成的模式來進行學習。

三、邏輯式：運用邏輯式的思考，推論的思考。

四、基礎／存在式：思考基本的問題或生存的問題。

五、美學式：從欣賞藝術作品中得到啟發。

六、動手操作式：學生透過實際參與活動及動手操作來進行學習。

七、社交式：學生透過和同儕之合作，可以獲得不同的觀點。

在美國麥克里瑞學校（McCleary School）二、三年級的課程：河流研究，教師採用了以下的切入點（Kornhaber, Fierros, & Veenema, 2004: 60）：

一、敘述式：學生閱讀和和河流相關的故事，書寫班級參觀河流的遊記，思考河流對他們自己以及家庭的影響。

二、美學式：學生創作河流的素描及壁畫，研究表現河流的藝術作品，閱讀並書寫以河流為主題的詩。

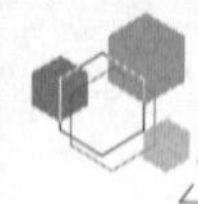

三、量化／數字式：在溪流模擬桌的活動中，學生對於在不同條件下河流會發生的變化提出假說並驗證。當學生在建造積木模型時有比率、刻度尺、容積、面積以及周長的概念，同時也使用了更嚴謹的量化切入點。

四、動手操作式：學生拜訪河流，做第一手的觀察與紀錄。

五、存在式：學生思考河流如何形成，河流的水從哪裡來，以及河流如何影響人們的生活。

六、社交式：學生以多樣的小組活動一起工作，如創造河流與鄉村模型、積木建造與壁畫等活動。

董秀蘭（2003）將多元智能理論應用在社會學習領域，茲說明如下：

一、敘述式：以「台灣原住民文化」為例，可以用影片（例如，《蕃人、高砂族、山胞或原住民》、《兩個油漆匠》、《蘭嶼觀點》）或文學作品（例如，《馬赫坡不死的英魂：霧社事件》、《最後的獵人》、《山豬、飛鼠、撒可努》、《冷海情深》）中所呈現的人物、原住民社會與不同文化間的衝突，以及現代化的衝擊等，來學習台灣原住民社會與文化變遷的問題。

二、量化／數字式：教師可以讓學生探討原住民分布、人口變遷和土地消長情形，藉此讓學生了解原住民社會結構和文化變遷的因素。例如，原住民的人口總數、出生率和死亡率為何？原住民和非原住民的人口比例如何？原住民所有土地的消長情形如何？台灣原住民與其他國家的原住民（如美國印地安人）相較，人口和所有土地的比例情形如何？這些數據和事實對原住民文化可能產生哪些影響？

三、邏輯式：教師可以讓學生思考原住民的遷徙和人口變遷對其文明發展或保存的影響。例如，原住民被稱為「黃昏的民族」與人口的多寡或增加速度有無關係？原住民傳統居住地被劃入國家公園範圍中，對原住民文化可能產生哪些影響？

四、基礎／存在式：例如，討論原住民對自然、神靈和生命的基本看法，這些看法和平地的人有何異同？原住民的祭典儀式（例如，祖靈祭、狩獵季、河川祭等）隱含哪些意義與價值？原住民文化在人類歷史上有何意義與貢獻？

五、美學式：讓學生透過欣賞原住民的音樂、舞蹈及其他藝術，學習原住民文化資產的價值和保存的迫切性。賽夏族的矮靈祭之歌、布農族的祈禱、魯凱族的婚禮中新娘祝福歌、鄒族凱旋祭的迎神曲、送神曲、勇士頌等，都是很好的教材。

六、動手操作式：參觀原住民博物館（如台北市的順益原住民博物館、凱達格蘭文化館、屏東縣瑪家鄉的台灣原住民文化園區），學習原住民石雕、陶藝、木雕、編織或傳統生活方式。

七、社交式：讓學生參與角色扮演或戲劇演出等，想像如果他是決策官員，他會對台灣原住民文化的保存有何作為？如果他是原住民的長老，他對政府的文化政策有何評價？

從以上的例子可知，切入點架構可以作為檢視課程並幫助多元學習者理解的工具，透過多樣化的切入點來切入主題，幫助學生發展對主題多面向的了解。

即使 Gardner 為求促進學生之理解而提出切入點的方式，但 Klein（2003）提出對切入點的批評，其認為切入點和多元智能的關係是模糊且矛盾的，有一些切入點並不是多元智能的智能類別，如存在性、美學的。其他的切入點則似乎和某一智能相符合或結合好幾方面的智能，使得理論的應用變得更複雜。例如，動手操作式包括了肢體運作智能及空間智能。針對這一點，筆者認為切入點的方式，主要用於架

構課程及豐富教學方法，比較像是一種教學的指引，多元智能理論則主要用於對學生學習特性的了解。

貳、類比

切入點讓學生直接進入學科的中心，能喚醒他們的興趣及獲得進一步探索的認知承諾（cognitive commitment）（Gardner, 1999a）。例如，多元智能理論可用人生的彩虹有七種顏色來加以譬喻；五歲小孩問車子為何要加油，大人可以用車子和人一樣都要吃飯、喝水，所以車子也要加油來類比。

類比可以將新經驗和舊經驗做連結，Hirsh（2004）舉了一個例子做說明，在幼兒園的積木角中，一群幼兒正在爭論著積木的擺放位置，教師嘗試協助解決紛爭，遊戲時間結束後，教師說故事給幼兒聽，幼兒對於河狸的故事很感興趣，因為他們最近才參觀過動物園。

> 有一天，有三隻河狸，它們正在忙著建造一間房屋。暴風雨即將來襲，它們必須在暴風雨來臨之前將房屋完工，它們擔心不能即時將房屋搭建完成。其中一隻河狸說：「你在做什麼，你做的方式不對，那一根樹枝應該放在那兒！」另外一隻河狸說：「為何你不安靜一點，我要以我的方式來蓋房屋。」第三隻河狸踢著房屋說：「你們兩個都做錯了，我討厭和你們一起工作！」三隻河狸吵得比剛才更激烈了。一隻河狸拿起樹枝往另一隻河狸身上丟。忽然間，天空出現閃電，並開始下起大雨，但房屋尚未完成，雨水漸漸地淹到河狸房屋周遭的土地。許多住在地面的動物紛紛爬到樹上，以躲避暴風

雨。它們的房子被大水沖毀了。在暴風雨過後，河狸們感到非常傷心，它們彼此互相道歉並盡快地完成它們的房屋。它們決定幫助其他動物建造新的房屋，在工作中，它們一直都沒有吵架。

教師讀完故事之後，幼兒們彼此看著對方，一位幼兒說：「那就像我們一樣，我們想去建房子，但我們不能建好，因為我們吵架。」教師問：「明天你們可以怎麼做？」幼兒回答：「假如有人吵架，我就提醒他們這個故事。」

幼兒可以將故事內容連結到他們的生活經驗，故事提供了引導幼兒建立人際關係之類比。

Klein（2003）認為雖然 Gardner 提到類比很有用，但是多元智能理論並沒有提供理論性的解釋或教學上的建議，以幫助教師了解哪一種類比是有利於哪一種主題。筆者認為，這有待專家學者進一步研究探討，協助教師針對不同主題採用適當的類比。

參、運用多元方式接近核心概念

切入點開啟了對話，採用類比可以傳達概念中具有啟發的部分。我們首先必須承認並沒有一個所謂公式化的方式。接著，我們必須承認主題並不是單獨存在的，它們是來自既有及浮現的學科組合，亦即主題是統整各學科而成的。再來，我們必須知道描述及解釋概念的方式，通常是使用有用的例子來幫助學生理解。最後，教師必須確認學生可以用不同方式來表達出這個概念的核心，這個概念才算是真正地被理解（Gardner, 1999a）。

教室裡的學生各有不同的智能優勢領域，運用一種方式來呈現核

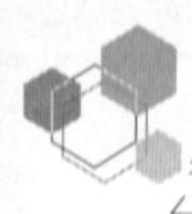

心概念，並不能讓每位兒童都受到良好的對待，核心概念的多元呈現，可以符合個別的優勢智能並且使概念更容易地被兒童所了解。概念的多元呈現可有不同的作法，敘述如下（Hirsh, 2004）：

一、教師能夠用多元的方式呈現概念

活動應該符合兒童的興趣、需要及發展。教師可以運用不同的活動來呈現概念不同的面向。切入點的方式用多元的方式呈現核心概念。運用許多智能領域來呈現內容，是一種很有用的課程工具。

二、教師可以建立探索站或遊戲區，幫助兒童用多元的方式了解概念

通常探索站的設置應該在課程內容呈現之後。兒童可以經由使用探索站及遊戲區來建構他們自己的知識，教師可以運用多種方式來協助兒童探索內容。例如，以「測量」為主題，為七歲兒童設置三個遊戲區。第一站是運用語文智能來學習測量概念，發給兒童一把尺、一大張紙、毛毛蟲的故事（如下所述）。

> 有一隻毛毛蟲正在尋找一個地方建造它的蛹，它往左走三公分，然後朝北走六公分，然後往右走四公分，接著往南走十公分。突然間，它看到左邊有一棵很棒的樹，它往左走七公分停下來，並決定在那裡建造它的蛹。

第二站是運用積木來學測量，給兒童一些積木，並要求兒童搭建一個房子，它的高度是底部寬度的兩倍。第三站要提供藝術材料，要求兒童創造一件對稱的作品。

第四節 結語

學校教育最重要的目的在於使學生能夠理解學科內容，教師可以運用觀察法、面質法、系統法和多元智能取向來加深學生理解，而運用切入點、類比等方式，可使學生真正到達概念核心而達成理解。

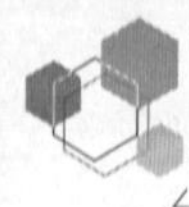

第3章 多元智能與教師專業發展

第一節 教師專業發展

壹、前言

任何教育改革和教學創新，學校教師是成功的關鍵，也是帶動改變的源頭，一項新的教育措施或教學方法的革新，若要能順利推展，和教師的專業發展或者師資的養成有絕對密切的關係，多元智能理論的推展與應用也是如此。因此本章從教師專業發展的角度來分析多元智能理論的應用如何可能，探討如何培養知己知彼的專業教師，這些教師不僅要能了解多元智能的理念，而且可以運用多元智能的理念來了解自己與學生，以及善用多元化教育方式。本節首先探討教師專業發展之意義，接著，探討職前教師專業發展，再來說明在職教師的專業發展。

貳、教師專業發展之意義

一九七〇年代後半至八〇年代初葉，歐洲經濟合作暨發展組織（The Organization for Economic Cooperation and Development, OECD）進行了在職進修的實踐調查研究，提出以學校為本位（school based），將教師視為研究者（teachers as researchers），以提升教師素質的在職進修教育的理念，引起了學界的廣泛討論。自一九八〇年代以後，師資教育（teacher education）的研究典範（paradigm）產生了巨大的轉換，其重要的內涵包含下列三項（楊思偉，1996）：

一、師資培育和在職進修的統合

為了回應一九七〇年代以後，對於學校教育及教師的強烈批判，乃有統合職前教育（preservice）、初任實習（induction），以及在職進修（inservice），成為一連續性及統整性概念的理論。加上一九六〇年代以後，「終生教育」及「終生學習」的思想開始受到重視，所以在師資培育的領域中，如何以教師個人的生涯發展及成長作為在職進修的重點，更受到學界的重視。

二、導向專業成長的在職進修

在職進修的理論，自一九八〇年代以後，由傳統的「在職教育」（inservice education）走向「專業發展」（professional development）的方向，美國的Sergiovanni等人強調「所謂專業發展，是指從事學校教育的人員，為有效地提升其職業的能力，而有計畫地進行提升個人及團體職業能力的各種自發性的活動或過程」，這表示在職教育的本質已從改正缺點及定型的介入，走向以成長為目標，並以非定型的介入為其重要方法的專業發展概念。因此揚棄過去以培養技術者為主的「技術者訓練模式」，轉換成「專業者培養模式」，已是現代在職進修的重要概念。

三、「教育改善模式」的在職進修

所謂「教育改善模式」是指，改善教師與學生關係的活動，及提升以教學為核心的學校教育，在此理念下，在職進修變成最重要的一環。教育改善模式透過教育實踐，在和兒童、各色各樣人交流中，產生新的知識和技術，且不斷提升獲得知識與技術水準的「實踐研究能力」與「態度」，並成為專業能力的核心。新的在職進修的概念，強調教師必須以其服務的學校為根據地，不斷地實踐研究，透過和同僚間的合作，及和大學等研究機關的聯繫，促使自己成為一個「實踐研究者的教師」。

從以上探討可知，各國的師資培育與在職進修的典範已經轉移到教師專業發展的角度，重視教師、學校本位。而饒見維（1997）認為「教師在職教育」、「教師在職進修」、「教師在職訓練」這三個非常類似的概念，有以下三個缺陷：第一，把教師視為被教育或被訓練的對象；第二，誤導教師認為學校或行政單位有義務提供進修、訓練或再教育的機會；第三，誤導教師認為進修與再教育屬於個人專業成長的點滴或點綴。因此以「教師專業發展」一詞來取代「教師在職教育」、「教師在職進修」、「教師在職訓練」等名詞，較符合現今的教育革新趨勢。所謂教師專業發展是指，教師工作乃是一種專業工作，而教師則是持續發展的個體，可以透過持續的學習與探究歷程來提升其專業水準與表現。教師專業發展是傳統的「師範教育」與「教師在職進修」的整合與延伸，此核心理念隱含著對教師的三個基本看法：教師即專業人員、教師即發展中的個體、教師即學習者與研究者（饒見維，1996）。所以教師專業發展階段應包含職前教師、在職教師等培育過程，以下就以職前教師與在職教師階段說明具有多元智能理念之師資如何養成。

參、職前教師的專業發展

教師是一持續發展的個體，在教師專業發展時，我們到底要教師發展哪些內容？這些教師所須具備的各種知能條件，我們稱為「專業

內涵」。教師為了勝任其教學工作，必須具備許多專業內涵，而此專業內涵具有持續發展的特性。饒見維（1996）認為教師的專業發展內涵包括：教師通用知能、學科知能、教育專業知能、教育專業精神。

㈠教師通用知能

適用在各種情境的一般性知識與能力。

1. 通用知識。
2. 通用能力：⑴人際關係與溝通表達能力。⑵問題解決與個案研究能力。⑶創造思考能力。⑷批判思考能力。

㈡學科知能

教師任教某一學科時，對該學科內容所具備的知識與技能，並能整體掌握學科的精髓，以便深入淺出地幫助學生發展出相關的知識與技能。

㈢教育專業知能

1. 教育目標與教育價值的知識。
2. 課程與教學知能：⑴一般課程知能。⑵一般教學知能。⑶學科教學知能。
3. 心理輔導知能。
4. 班級經營知能。
5. 教育環境脈絡知識。

㈣教育專業精神

教師對於教育工作產生認同與承諾之後，在工作中表現出認真敬業、主動負責、熱忱服務、精進研究的精神。

以上這些內涵可透過師資培育機構為職前教師（或稱為師資生）所安排之正式課程、非正式課程和潛在課程來達成，並建構一套多元智能的教師專業發展體系（如圖3-1），以培育具有多元智能之師資。

以下分成正式課程、非正式課程和潛在課程來加以說明（如表3-1）。

一、正式課程

㈠學分課程

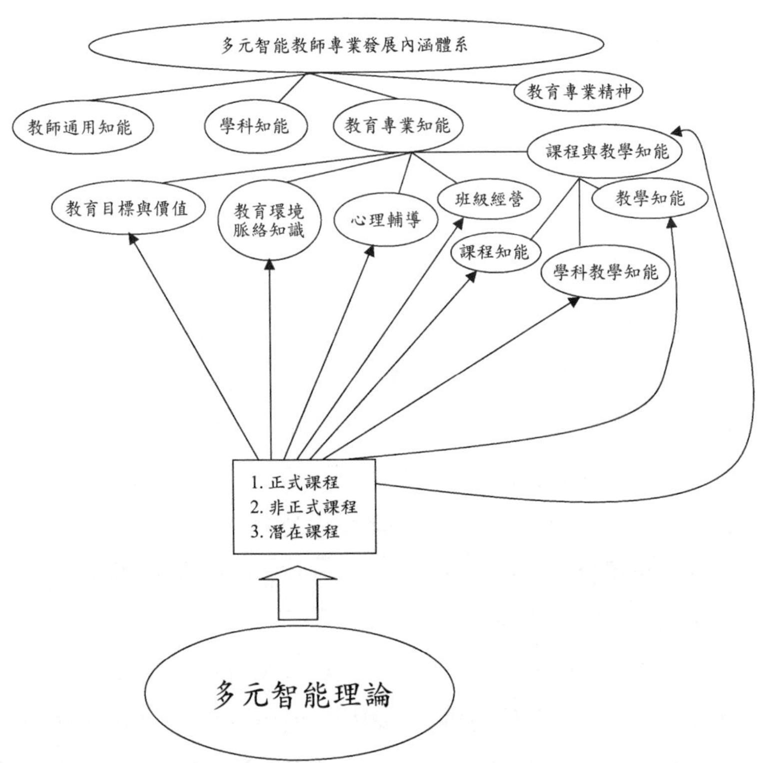

圖 3-1　多元智能教師專業發展體系

表 3-1　職前教師專業發展活動類別表

方式	類別
正式課程	學分課程
	教育實習
	參觀與觀摩
非正式課程	社團活動
	引導式自我探索
	專題研究
	研討
	個人導向式學習
潛在課程	教室情境
	課堂氣氛與教學方法

在職前教師的師資培育方面，一九九四年公布了師資培育法之後，師資的養成，除了原有的師範院校之外，也開放一般大學進行師資培育，有志於從事教育工作的學生，在大學選讀教育學程，經由初檢、實習、複檢而成為合格教師。新制的師資培育法於二〇〇二年公布，師資培育包括師資職前教育及教師資格檢定。師資職前教育課程包括普通課程、專門課程、教育專業課程及教育實習課程。中等學校教師、國民小學教師以及幼兒園教師的師資職前教育專業課程分別為二十六、四十及四十八學分（如表 3-2）。

在教育專業知能方面，多元智能論可以藉由五方面來獲得，分別是：教育目標與教育價值的知識、課程與教學知能、心理輔導知能、班級經營知能、教育環境脈絡知識。有關多元智能教育目標與教育價值的知識，可藉由教育哲學課程來提供反思多元智能本質的架構。而多元智能課程與教學知能，可由課程設計、教學原理、教育測驗與評

表 3-2 教育專業課程

	中等學校教師： 至少二十六學分	國民小學教師： 至少四十學分	幼兒園教師： 至少四十八學分
必修課程	至少十八學分 ㈠教育基礎課程 教育概論 教育哲學 教育心理學 教育社會學 ㈡教育方法課程 教學原理 課程發展與設計 學習評量 輔導原理與實務 班級經營 教學媒體與運用 ㈢教材教法與教學實習課程 分科／分領域（群科）教材教法 分科／分領域（群科）教學實習	至少三十四學分 ㈠教學基本學科課程 國音及說話 寫字及書法 寫作 兒童文學 兒童英語 本土語言 普通數學 自然科學概論 生活科技概論 社會學習領域概論 健康與體育 健康教育 民俗體育 藝術概論 表演藝術 音樂 鍵盤樂 美勞 童軍 ㈡教育基礎課程 教育概論 教育心理學 教育哲學 教育社會學 ㈢教育方法課程 教學原理 課程發展與設計 學習評量 輔導原理與實務 班級經營 教學媒體與運用 ㈣教材教法與教學實習課程 教學實習	至少四十八學分 ㈠教學基本學科課程 幼兒文學 幼兒藝術 幼兒體能與律動 幼兒音樂 幼兒數學與科學之探索與遊戲 幼兒戲劇 幼兒社會探究與情緒表達 ㈡教育基礎課程 教育概論 教育心理學 教育哲學 教育社會學 ㈢教育方法課程 教學原理 幼兒園課程發展 幼兒輔導 幼兒學習環境設計 幼兒遊戲 幼兒多元文化教育 幼兒園行政 ㈣教學實習課程 幼兒園教學實習 ㈤教保專業知能課程 依「幼兒教育幼兒保育相關系所科與輔系及學位學程學分學程認定標準」規定辦理，應修至少三十二學分

（續下表）

（承上表）

		國民小學語文教材教法
		國民小學數學教材教法
		國民小學自然與生活科技教材教法
		國民小學社會教材教法
		國民小學藝術與人文教材教法
		國民小學健康與體育教材教法
		國民小學綜合活動教材教法
選修課程	至少十二學分	至少六學分
	教育議題專題	教育議題專題
	教育史	教育史
	發展心理學	發展心理學
	青少年心理學	兒童心理學
	特殊教育導論（特殊需求學生教育）	特殊教育導論（特殊需求學生教育）
	教育行政	教育行政
	學校行政	學校行政
	教育法規	教育法規
	教師專業發展（含教師專業倫理）	教師專業發展（含教師專業倫理）
	教育研究法	教育研究法
	教育統計學	教育統計學
	心理與教育測驗	心理與教育測驗
	比較教育	比較教育
	人際關係與溝通	人際關係與溝通
	行為改變技術	行為改變技術
	補救教學	補救教學
	適性教學（含分組合作學習、差異化教學）	適性教學（含分組合作學習、差異化教學）
	科學教育	科學教育
	資訊教育	資訊教育
	親職教育	親職教育
	多元文化教育	多元文化教育
	性別教育	性別教育
	閱讀教育	閱讀教育

資料來源：修改自師資職前教育課程教育專業課程科目及學分對照表實施要點（2013 年 6 月 17 日）。

量各科教材教法的課程裡，發現課程、教學與評量實踐的可能性。有關多元智能心理輔導知能，則可由教育心理學、特殊兒童心理與教育，了解學生的智能發展及心理特性。多元智能班級經營知能，則可由班級經營課程中，了解如何營造多元智能的班級氣氛。多元智能教育環境脈絡知識則可由教育社會學、學校行政等課程來獲得，以了解校內外的組織文化與人際網絡。多元智能專業精神之培育，則融入各科課程之教學中來達成。

㈡教育實習

教育實習課程旨在讓師資生透過接觸教育現場，得到理論與實際獲得相互印證的機會，師資生在修習過教育課程，獲得有關多元智能理念後，應該實際至教室中透過實習課程獲得印證。

㈢參觀與觀摩

透過參觀或觀摩具有多元智能精神的學校或班級，以了解多元智能的實施作法，加深對多元智能理念的認知。

二、非正式課程

㈠社團活動

包含加入社團、成立讀書會與舉辦集會。修習教育學程的學生加入以師資生為主的社團，其宗旨在增進師資生交流與溝通，而學生參與社團活動，可以培養其人際智能。鼓勵師資生成立讀書會，研討多元智能相關書籍，使師資生明瞭多元智能的理念。此外，師資培育機構可以定期舉辦集會、座談會、新生聯誼會、結業典禮、成師典禮等，說明師資培育機構各項措施，並建立與學生的溝通管道，解決學生所反應的問題，並可傳達教師的專業態度與精神，如多元智能的教育精神。

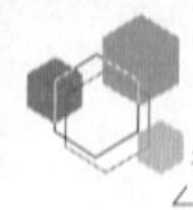

㈡引導式自我探索

包含引導式省思札記、學生歷程檔案等。鼓勵學生透過自我省思，加強自己的內省智能，了解自己的優勢智能與弱勢智能，並利用在學時間充實自己的弱勢智能。

㈢專題研究

鼓勵師資生進行專題研究，例如，參與國科會大專生的專題研究，師資生可以針對多元智能之實際應用加以研究。

㈣研討

舉辦研討會與專題演講，讓師資生了解最新的教育知能。為了促進對多元智能的了解，可以舉辦多元智能的研習會。

㈤個人導向式學習

包含個人閱讀與寫作、手冊式自我發展等。

三、潛在課程

㈠教室情境

要培養一位具有多元智能理念的教師，在教室情境方面，應讓其潛移默化地受到教育的薰陶，讓師資生感受到自己的多元智能受到重視，不論是何種智能優勢的學生，都能感覺到在教室中能因為發揮其專長，而具有自信心與成就感，使其更堅定走向教師專業。

㈡課堂氣氛與教學方式

師資培育課堂的氣氛，應在多元化的教學下，讓師資生能體會多元智能教學之精髓，以便應用於未來的教學。在教師的教法方面，應以身作則採用多元化的教學法，示範如何在課程上應用多元智能的教學方法。張世忠（1999a）在大學教育學程「教學原理」課程中，運用多元智能理念的教學方式，其教學主要包括下列四種：第一，講述教學原理和方法：包含運用語文、邏輯數學、肢體運作等智能。第二，分組討論重要主題：包含運用語文、人際、內省、音樂等智能。第三，教學觀摩與教學評論：包含運用語文、空間、音樂等智能。第四，各組示範教學與展覽：包含運用語文、人際、肢體運作、空間等智能。其研究結果發現：大部分學生對該課程採用多元智能的教學方式是正面且積極的。他們認為課程的設計多樣化，內容豐富且實用，讓整個課程顯得多采多姿；他們獲得多元智能的啟發並建構了多元化的教學方式，藉此幫助他們思考未來該如何教才是更好的方式。

肆、在職教師的專業發展

一、教師專業發展活動之原則

有效的專業發展活動必須遵循「知行思交融原理」，也就是說在任何專業發展活動中，專業理論、專業實務與省思活動三方面應盡量互相配合、交融並進，不能有所偏廢，以下將上述基本原理分成六個原則來說明（饒見維，1996）：

㈠已備原則：規畫教師專業發展活動時，必須配合教師已經具備的專業經驗與專業內涵。

㈡預備原則：在教師專業發展活動中必須提供教師預備知識架構，或協助教師研擬預備行動架構，以便進一步在工作情境中獲得實務經驗。

㈢經驗原則：教師專業發展活動必須提供教師實務經驗，並以此經驗為基礎來協助教師發展其專業內涵。

㈣省思原則：在教師專業發展活動中，必須引導或協助教師針對所獲得的經驗進行愈來愈高層次的省思。

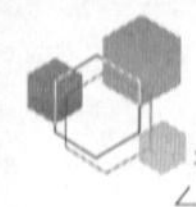

㈤建構原則：在教師專業發展活動中，必須協助教師主動建構個人的專業內涵。

㈥協同原則：教師專業發展活動必須在各方面相關人員的協助下，以多面向的溝通、互動、對話來共同進行。

二、推動教師專業發展活動的基本理念

目前教師專業發展的重心逐漸轉移至學校與教師，學校或教師是推動教師專業發展活動的主角，此即學校本位或教師本位之專業發展的理念，饒見維（1996）將這種理念稱為「學校教師主體化理念」，以下分別介紹其原則：

㈠學校本位原則：教師專業發展應盡量配合學校的需要，並盡量以學校作為專業發展活動的場所，在學校的實務情境脈絡中來推動。

㈡教師本位原則：推動教師專業發展活動時，應該尊重教師的感受、需要與自主性，並讓教師主導教師專業發展的方式、內容與過程。

㈢時間與資源管理：推動教師專業發展活動時，應提供學校與教師必要的時間資源。

㈣多元化原則：教師專業發展活動的方式、內容、目標、資源應盡量多元化。

㈤漸進與持續原則：推動教師專業發展活動時，應逐漸增進教師的專業內涵，並有計畫、有系統的持續進行。

㈥自信原則：推動教師專業發展活動時，應逐步建立教師的自信，並以自信為基礎邁向更高的發展階段。

㈦環境原則：推動教師專業發展活動時，應盡量配合學校環境或社會情境因素。

總而言之，教師的在職進修已逐漸轉換成教師專業發展的理念，將教師專業發展視為一連續發展的歷程，同時也愈來愈重視以學校教師為本位的教師專業發展，這些都足以提供多元智能教師專業發展活動規畫的依據。

三、在職教師階段的專業發展活動形態

專業發展的活動形態決定了活動的品質與成效，不同的活動可以促成不同的互動方式，獲得不同的經驗，達成不同的功能。依饒見維（1996）的看法，在職教師階段的專業發展活動形態可以分為兩大類：第一為被動發展類，進修研習課程、實習輔導。第二類為省思探究類：在此類活動中，教師乃專業發展的主導者，充分體現了教師即研究者的精神，此類活動可以細分為：㈠參觀與觀摩；㈡協同成長團體；㈢協同行動研究；㈣引導式自我探索；㈤一般專案研究；㈥個人導向式學習。表 3-3 即顯示出在職教師專業發展的類別。

在探討較適合台灣的多元智能教師專業發展模式之前，先以「主題中心式成長團體」與「讀書會式成長團體」為例，說明如下：

㈠多元智能主題中心式成長團體：教師們可以針對「多元智能的教學」主題，輪流分享自己對此主題的心得與經驗，並討論彼此想法上的同與異。教師們可以針對此一主題持續一段時間，再換成「多元智能的評量」、「多元智能的班級經營」的主題，或是就同一個主題一直持續下去，但是探討的層面則愈來愈廣、愈來愈深入。參與的成員可以根據不同的主題來搭配，最好是由情況類似的教師共同組成（同質團體），如同一學年的教師。

㈡多元智能讀書會成長團體：一群教師約定好每週在固定的時間聚會，彼此輪流做讀書報告，分享閱讀心得，並進行簡單的討論。選

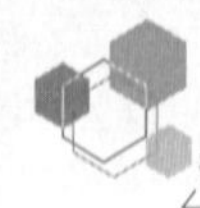

表 3-3　在職教師專業發展活動類別表

<table>
<tr><th>類別</th><th>活動形態</th><th>類別</th><th>活動形態</th></tr>
<tr><td rowspan="6">進修研習課程</td><td>專題演講</td><td rowspan="4">協同行動研究</td><td>課程研發式行動研究</td></tr>
<tr><td>收看電視節目或錄影帶</td><td>改進實務式行動研究</td></tr>
<tr><td>短期密集研習課程或講習</td><td>改革情境式行動研究</td></tr>
<tr><td>系列研習課程或講習</td><td>增進理解式行動研究</td></tr>
<tr><td>研討會</td><td rowspan="5">引導式自我探索</td><td>引導式省思札記</td></tr>
<tr><td>學分學位課程</td><td>引導式行動研究</td></tr>
<tr><td rowspan="4">實習輔導</td><td>隔空式實習輔導</td><td>個案建立法</td></tr>
<tr><td>巡迴式實習輔導</td><td>個案討論法</td></tr>
<tr><td>臨床式實習輔導</td><td>建構個人專業理論</td></tr>
<tr><td>省思探究式實習輔導</td><td rowspan="2">一般專案研究</td><td>參與式專案研究</td></tr>
<tr><td rowspan="3">參觀與觀摩</td><td>校內外教學觀摩</td><td>協同式專案研究</td></tr>
<tr><td>相互教學觀摩與討論</td><td rowspan="5">個人導向式學習</td><td rowspan="2">個人閱讀與寫作</td></tr>
<tr><td>校外參觀訪問或考察</td></tr>
<tr><td rowspan="3">協同成長團體</td><td>讀書會式成長團體</td><td rowspan="3">手冊式自我發展</td></tr>
<tr><td>問題導向式成長團體</td></tr>
<tr><td>主題中心式成長團體</td></tr>
</table>

資料來源：改自饒見維（1996：317）

讀的書目，例如：《經營多元智慧》、《多元智慧的教與學》、《開啟多元智能新世紀》、《心智解構：發現你的天才》……等等，教師們可針對同一本書，每週分配一部分章節，於聚會前各自利用課餘的時間閱讀。聚會時間則輪流發表心得與感想，並進行討論。按照這個方式持續一段時間，直到一本書讀完再換另外一本書。教師也可能各自選擇有興趣的書於課餘時間閱讀，並事先排好輪流報告的時間，每週由一位教師報告，然後進行討論。

四、多元智能之教師專業發展活動原則

要推展多元智能理論，必須有規畫周詳的教師培訓措施，以免重蹈歷次新課程標準研習偏重於一般化理論的講解與觀念宣導之弊，也應避免課程實驗變成一種儀式，變質成「為實驗而實驗，為試用而試用」，成為合法化的藉口（歐用生，1999）。因此，以下說明進行多元智能之教師專業發展活動原則：

㈠協助教師發覺自己本身的多元智能

教師應用多元智能理論的重要步驟，在於辨認屬於自己的多元智能本質和品質，以及在生活中尋求發展它們的方法。Armstrong（1998）強調我們要幫助教師去發掘其個人的多元智能，以便在教學生涯中，重新點燃已熄滅的火花，從事多元智能還須共同發掘多元智能的資源，互補所需，共同經營多元智能的學校（張稚美，1998）。

㈡協助教師了解理論的推論性

新興的教學觀和教學法，常常是少數學者自己做了一些小範圍、小樣本、短時期的研究，便依據不具普遍有效性的結果推論出新教學的正面價值，隨後向外宣揚並責求中小學教師要改革（楊龍立，1998）。推廣多元智能教學，應注意其推論性，此外新教學法的理論基礎應該無爭議，不僅理論自身內在要一致，不同理論間亦應較少爭議。

㈢師資培育者應以身作則

推廣新教學理論的過程不能違反自身的理念，亦即應避免如同建構教學推廣時，假手於社會上的權威與權力，而與建構教學所提倡的方式相反（楊龍立，1998）。因此在做多元智能理念的推廣時，師資培育者應該以身作則，在教學過程中應注意研習者的個別差異，運用

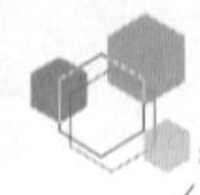

多元的介紹方式，配合研習者的興趣採用不同的活動，宣揚者若本身做好示範，將更具說服力。

㈣鼓勵教師之間的合作

Baney（1998）認為欲將多元智能應用於教育上，有幾個關鍵因素必須注意，其中一個因素是教師之間的合作。學校應成立課程計畫小組，或由包含代表八項智能的組員所組成的小組，避免由個人單獨進行，以小組方式共同研究將可發揮互相激勵、集思廣益之效。

㈤促進反省與實踐

提供教師在實際參與實作的經驗中，對理論以及個人的教學決定進行批判與反省，使教學專業知識能和學科內容知識相互對話，並轉化為課堂中的實際教學行為，以建立自己的教學理念。

綜言之，規畫多元智能教學專業成長活動時，首先要考慮教師之專業背景，甚至教師本身的智能的分析。接著，引導教師認識多元智能的理論，並且提供教師多元智能之實施範例，以擴充其經驗，光是停留在經驗層次、方法層次是不足的，必須再引導教師以高層次的思考來反省自己所接收的教學理論及經驗，然後建構出屬於自己的多元智能教學形態。當然，在實際現場實踐時，仍須獲得同事及專家的支持與回饋。

五、多元智能之教師專業發展活動方式

目前在國內外，Gardner 的多元智能理論被廣泛應用於中小學的教室教學中，也有許多學者及學校教師投入應用多元智能教學而努力，其成果豐碩。目前我國在多元智能的推廣仍缺乏有系統性的研習活動，可以讓老師更深入地了解，並透過互動對話的方式，使老師能得到教學上的支持；而外國則成立了多元智能的教師工作坊，對教師

進行教學理念、方法的介紹。茲將多元智能教師專業發展活動方式分述如下：

㈠ Lazear 之四階段模式

Cromwell 和 Croskery（1994）對小學至高中階段的教師進行多元智能理論及應用的教學與課程之研習，在研習中，教師必須經驗參與、計畫及反省他們日常生活以及在課堂中所使用的智能。該研習採用 Lazear 所發展的四階段模式，包括：喚醒（awakening）、擴展（amplifying）、教學（teaching）、智能遷移（transferring intelligences）。在喚醒階段，喚醒每個人對自己智能的了解；擴展階段，強化自己的智能；在教學階段，教師能夠運用多元智能的方式來進行教學與學習活動；在遷移階段，能使教師了解自己的智能，了解如何統整及利用每日的學習及活動。

因此教師研習的課程安排方面，也要讓教師去探索自己的優勢智能或弱勢智能在哪裡，研習活動的安排也要朝向多元智能，以使得各項優勢智能不同的教師皆能獲得適合的學習方式。

㈡ IRI/SkyLight 公司相關課程內容

美國 IRI/SkyLight 公司致力於推廣多元智能理論在教育上的應用，該公司除了出版應用多元智能理論的相關書籍之外，也舉辦教師的工作坊，以下簡介美國 IRI/SkyLight 公司於一九九八年所舉辦之有關多元智能的教師進修：

1. 經由多元智能來看學生的需求（Meeting Learners' Needs through Multiple Intelligences）

以《如何在教室發展多元智能》這本書為教材，這個課程是教導學員如何運用 Gardner 的八項智能來設計課程，使得學生能表現學習工作及有效地解決問題。學員要學習經由發展多元智能課程及方案來

確認及提升學生的多元智能，並且可以教他們學校以及學區內的教師。

2. 多元智能：教學領導系列

這是兩天的專業成長研習，特別為教育行政人員所設計的，由Phi Delta Kappa、全美小學校長協會與全美成員發展協會主辦。在這研習中，參與者將要學習使用、探索、教育及促進 Gardner 所謂的八種智能；經由八種智能提升學習，發現兒童的優勢與弱勢智能；在班級中發展和使用多元智能，在課程中統整各項智能，運用八項智能來評鑑學生的學習成果。

3. 在多元智能教室中的學習區和專題（Using Centers and Projects in the Multiple Intelligences Classroom）

此為研究所層級的課程，為期六天，主要內容在學習如何發展探索的學習區、創造專題、管理學習區和專題，評鑑學生的成長。學員在所有的課程中運用八種智能來發展學習區及專題的計畫。

4. 數學教室中使用多元智能（Multiple Intelligences in the Mathematics Classroom）

依據全美數學教師協會（National Council of Teachers of Mathematics, NCTM）的標準，本課程顯示如何結合多元智能和數學教學，使學生樂於親近數學。參與學員將學習如何使用操作物、學習經驗及方案，以幫助學生將數學視為解決問題的工具，讓他們感覺到有自信有能力可以做數學，溝通和推理數學觀念。

㈢聖沙勿略（Saint Xavier）大學之多元智能教師進修活動

美國聖沙勿略大學於二〇〇四年所舉辦之有關多元智能的教師進修活動如下（Saint Xavier University, 2004）：

1. 數學教學：多元智能與真實評量之間的連結，研習者要去探討如何以多元智能作為工具去設計數學的真實評量。

2. 促使學生投入之多元智能主動學習策略：探討如何運用多元智能的理念創造互動、以學生為中心的教室。

㈣台北市永建國小

台北市永建國小是一所以多元智能進行補救教學的示範學校。該校教師在指導教授的帶領下，從事多元智能教師專業發展，他們從進行閱讀多元智能書籍之讀書會開始，教師專業發展之項目有（單小琳，2002）：閱讀多元智能新書、上網找多元智能有關資料、閱讀教育期刊並且養成習慣、成立讀書會分享閱讀心得與經驗、運用多元管道蒐集相關資料、經常到圖書館找資料、建立多元智能相關資料庫等。經過一個學期的努力之後，指導教授用五項指標（落實共同參與和創作、發展各科語文及素養、強調與現實生活聯結、教導高層次思考技巧、提供對話式之教與學）檢視該校教師的專業發展情況，如表 3-4。

伍、結語

為了培育具有多元智能理念、態度及精神的教師，職前教師階段，可透過以下三種課程來達成：第一，正式課程：學分課程、教育實習、參觀與觀摩。第二，非正式課程：社團活動、引導式自我探索、專題研究、研討、個人導向式學習。第三，潛在課程：教室情境、課堂氣氛與教學方法。

而在職階段教師可透過多元智能教學之教師專業發展，使教師確實了解多元智能之意義，並能正確掌握其精神，我們可以下列專業發展方式來培訓教師：第一，讓教師能了解自己的智能：讓教師能明瞭自己的智能組合，哪些是屬於自己的優勢智能，哪些是弱勢智能。教師可針對自己優勢的智能來安排教學，對於弱勢的智能，教師可尋求

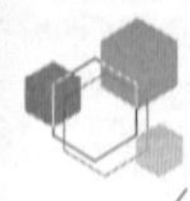

表 3-4　永建國小教師專業發展現況

五項標準	基層教師在「專業成長」情境：顧問／研究群和教師之互動
落實共同參與和創作	策畫專業成長清單、擬定三個月讀書計畫、共同完成讀書心得報告八篇、彙整中西多元智能資料及論文。指導教授率先認養書籍，試讀，提供範例，同時教授每週依約前往，因此教師們都不找藉口缺席。
發展各科語文及素養	老師口頭報告及流暢陳述觀念，激烈的討論引發反思，老師澄清自己意見的能力。
強調與現實生活聯結	了解國外老師所使用的教學目標、素材與方式，選擇自己所適用的一些典範模式，於自己的班級中嘗試進行。
教導高層次思考技巧	以書面回應或口頭回饋促進老師自我評鑑，尊重參與教師的獨立想法與自我反省，教授只是旁觀者，提供讚美與鼓掌。
提供對話式之教與學	以共同參與、相互對話的方式建立互信，對許多的多元智能相關專業名詞及研究有共識，心情倦怠時彼此鼓勵，使人人都可以成為該主題的領導者，偶有進度延宕的老師，會因團體的持續成長壓力，自動地追上進度，主動完成分配工作。指導教授除了贈送檔案夾之外，也會提供點心讓老師放鬆心情，不時打氣加油，結果老師們都會輪流提供點心，營造一個舒適輕鬆的學習情境。

資料來源：出自單小琳（2002：23）

同事之支援以彌補自己之不足，也可針對自己不足之處，參加相關進修課程以彌補。總之，教師在參與專業發展前，若能明瞭自己的智能分布情形，將有助於日後專業成長的進行。第二，專業對話：讓教師有機會和具有多元智能理論之專家共同探討。第三，小組研習：集合對多元智能有興趣之教師，利用每週固定的時間聚會，共同研討此一主題，提出多元智能之實務與經驗，並分享實施的心得，也可藉此機會向他人請教疑難之處。第四，同儕教導：教師們相互指導對方有關多元智能的課程與教學。第五，反省與回饋：反省之方式可以透過個人撰寫反省性札記，並進而將反省性札記與他人分享、討論。

第二節 多元智能教師專業發展建議模式

本節先說明多元智能教師專業發展的必要性，其次說明多元智能教師專業發展建議模式，最後說明多元智能教師專業發展模式之參與成員及角色。

壹、多元智能教師專業發展的必要性

多元智能理論層面，要落實於教育實際的現場，和教師對理論的接受程度及其轉化有深刻的關係，而理論要為教師所接受，進而轉化為課程，然後透過教學活動，以達成學生的學習成效，有賴教師能確實理解並應用多元智能理論，透過多元智能之師資培訓過程，以教師的專業成長為主軸，達成教師心智模式的改變，逐漸達成教學創新與課程改革的目的。而Gardner（1991）認為，當前教育改革能否成功，師資教育為其中重要的一環，有了好的評量與課程，唯有教師能夠接受這些課程，不僅能相信這個課程的好處，而且能在教學中具體呈現課程的精神，否則再好的課程與評量方法也沒有什麼價值。再如成虹飛和黃志順（1999）研究三位教師參與課程改革的經驗歷程，得到的啟示是：若要邀請教師參與課程改革，應該盡可能使其從中獲得正面的成長經驗，而盡量避免造成負面的成長經驗。課程改革若不能給教師帶來正面的成長經驗，此種改革很難延續。因此，應把教師的成長置於優先，並且將課程改革視為教師成長的延伸，而非倒過來，將課程改革的成功當作目的，再把教師看作執行的手段。在我們探討「怎麼讓課程改革成功？」之前，我們必須先回答「怎麼讓教師成長？」這個更基本的問題。因此，師資的訓練與發展是所有教育改革實質上

不可或缺的一環。教師一定要先相信自己所教的內容，並且知道如何去評量學生理解力的進展，才能成為教育歷程中優秀、不可或缺的領導者（陳瓊森、汪益譯，1995）。

貳、多元智能教師專業發展建議模式

圖 3-2 乃依據文獻探討與個案研究的發現（王為國，2000），所提出的多元智能教師專業發展實施建議模式，為使多元智能順利推行，必須有理想的多元智能教師專業發展配套措施，才能克竟其功。本模式可以分為四個階段：預備階段、實施階段、強化階段與評鑑階段。

一、預備階段

在實地進行多元智能教學專案前，校長、主任與教師能共同參與工作坊，凝聚彼此的共識，有助於工作的推展。在預備階段最主要目標是透過多元智能工作坊，讓教師能了解多元智能理論及其應用，然而一次的工作坊可能無法達成最佳效果，因此可採連續式或漸進式的工作坊（張景媛，1999）。為使工作順利推行，學校校長、主任、教師應共同參與規畫，以符合民主程序，並建立共識與願景。至於實施的方式，應加強運用小團體、個案研討、觀摩教學、微型教學與試教等，來增進教師對多元智能實務的了解。在此參考 Lazear（1999）所發展的多元智能教學模式，將此階段細分為以下四個小階段：

(一)喚醒階段

教師的優勢智能將被喚醒，同時也明瞭自己的弱勢智能，了解到如何和他人互補與互動。此階段可以運用小團體的方式來進行。

(二)了解階段

教師必須熟悉多元智能的理論，藉由理論來對自己的行為進行反

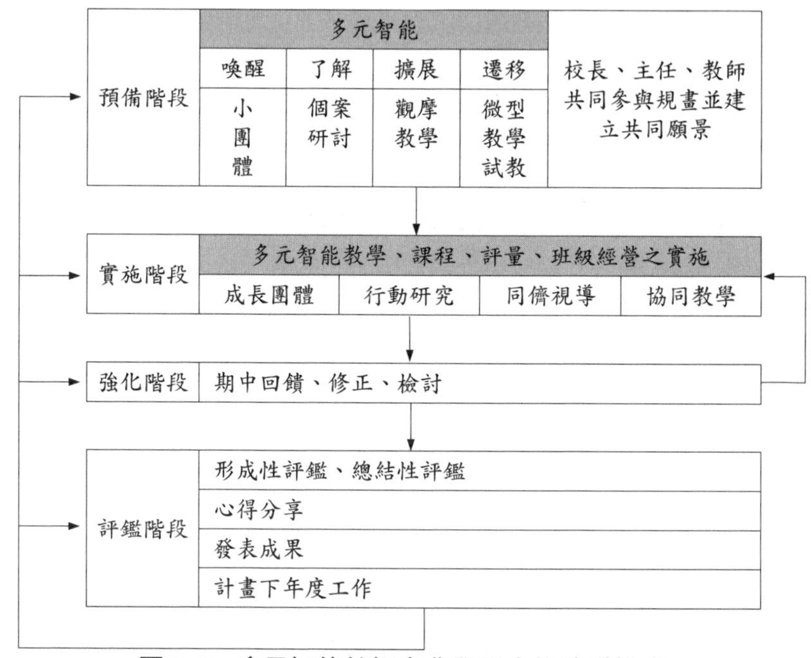

圖 3-2　多元智能教師專業發展實施建議模式

資料來源：出自王為國（2000：251）

省、分析，產生新而寬廣的教學實踐。教學案例蘊涵專業理論知識以及這種專業知識在教學情境中的運用情形，可以讓教師進行理論與實務的辯證，進而發展教師教學決定、應用與轉換通則的能力（簡紅珠，1998）。因此，在本階段可用個案研討的方式進行。

㈢擴展階段

教師的優勢智能獲得強化，並能夠運用智能來學習教材教法，此階段可以運用相互研討與觀摩他人教學等方式進行。

㈣遷移階段

使教師知道如何統整及利用所學的理論、方法、策略應用於教學

上，此階段可透過微型教學與試教來提升師資專業訓練的效果（李咏吟，1997）。

二、實施階段

教師參與多元智能工作坊之後，回到學校實際運用，並表現出新的教學行為。此時，學校應提供教師有利的實施情境，妥善地分配資源，校長應主動支持專業成長的活動，而教師之間應組成成長團體、進行行動研究、同儕視導、協同教學，讓教師能透過反省教學獲得理論與實際的交融。

教師即研究者的觀念已漸受重視，教師不只是別人研究的對象或研究成果的消費者，教師應有能力對於自己的教育行動加以省思、研究、改進，教師應有能力對自己的實務情境加以批判改進，或是提出最貼切的改進建議，由教師來研究改進自己的專業實務以及實務情境，乃是最適切的方式（饒見維，1999）。教師從多元智能的行動研究中，精進了教學與課程設計的能力，擴展了教師的專業知識基礎，找出教學的困境並尋求解決之道。因此，在實施階段，鼓勵教師針對多元智能進行行動研究有其必要。

過去的教師常有「維持高度的專業隱私」的現象，避免與他人進行觀摩、合作或協商等專業上的互動；或將專業自主等同於「憑自己高興教學」，以自己覺得最舒服的方式進行教學，且不容外人質疑；並以此規避來自行政體系對教學活動的干涉，或其他專業者對本身教學行為的挑戰與質疑；更有的人將專業權力誤用為教學上的「個人主義」，以此正當化專業上的各種孤立行為，助長專業獨斷，拒絕與教育社群人員進行合作式的專業成長（陳美玉，1997）。某些教師對於教學觀摩仍持防衛的態度，而學校行政體系為避免教師反彈過大，也未徹底實施。但也有教師能透過教師同儕觀察教學中，反省自己的教學行為，而獲得教學能力的提升，促成教師專業的成長。因此在多元智能教學實施階段若能進行同儕視導、協同教學，將可促進多元智能理論的應用與實踐。

三、強化階段

教師專業成長應該是一連續不斷的過程。教師能在學期中參與工作坊，和他校教師與專家共同分享實施心得，精進自己的教學實務，促成校際之間良性的競爭。此外，教師應提出實施多元智能理論一個學期後的心得與感想，以促進本身的反省，教師之間能相互回饋，並與專家進行專業對話，而來自學生的回饋也可作為教師改進教學的依據。此階段應繼續檢討、修正多元智能的實施計畫，並擬定下一階段實施方案，藉此強化教師運用多元智能理論的能力。

四、評鑑階段

當一學年結束之後，應重視專業發展活動的評鑑，包括形成性與總結性的評鑑，事先以周詳的計畫，選擇適當的方法，並針對預備、實施、強化等部分加以評鑑。因此在評鑑階段，除了適切的評鑑工作外，教師應提出成果，相互觀摩與分享心得，並擬定下一年度之實施計畫。

參、多元智能教師專業發展模式之參與成員及角色

多元智能教師專業發展中的參與成員，包括了學校教育人員、家長、校外諮詢人員、政府人員等，而其所扮演的角色有支持、諮詢、討論、決策等四種類型，依多元智能教師專業發展實施步驟而有不同

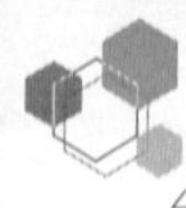

的職責與角色，見表 3-5。

表 3-5　多元智能教師專業發展模式之參與成員及角色

步驟	參與成員	角色
預備階段	1. 教師、主任、校長 2. 家長 3. 校外諮詢人員（教育行政機關、大學、研究機構、他校人員） 4. 學校行政人員 5. 政府各部門	1. 決策、討論 2. 討論、參與 3. 諮詢 4. 支持 5. 支持
實施階段	1. 教師、主任、校長 2. 家長 3. 校外諮詢人員（教育行政機關、大學、研究機構、他校人員） 4. 學校行政人員	1. 決策、討論 2. 討論、參與 3. 諮詢 4. 支持
強化階段	1. 教師、主任、校長 2. 校外諮詢人員（教育行政機關、大學、研究機構、他校人員）	1. 決策、討論 2. 諮詢
評鑑階段	1. 教師、主任、校長 2. 家長 3. 校外諮詢人員（教育行政機關、大學、研究機構、他校人員） 4. 學校行政人員 5. 政府各部門	1. 討論 2. 討論、參與 3. 諮詢 4. 支持 5. 支持

資料來源：出自王為國（2000：254）

第4章 多元智能取向的教學

第一節 多元智能教學

多元智能理論，提醒各教育階段的教師在安排教學活動時，要綜合運用多樣化的教學方法（如批判思考、操作、合作學習、獨立學習等），同時提供有利於八種智能發展的學習情境，讓每個人的八種潛能都有獲得充分發展的機會。以下從多元智能的觀點說明教學應如何進行：

壹、S. Kagan 及 M. Kagan 的觀點

多元智能的理論可說是一種簡單的理念並刺激了教室內的改變，Kagan 及 Kagan（1998）認為教師在實行多元智能理論時可以採取三種觀點：第一是教師的教學方式配合（match）學生的學習方式；第二是擴展（stretching）所有的智能；第三是讚揚（celebrating）學生的智能。

在教師的教學方式配合（match）學生的學習方式下，多元智能的理論提醒教師有許多教學策略可以使用，如果教師使用更多不同的教學策略，將會更吸引學生的注意力與提升學生的學習動機。多元智能理論給與教師一個簡易的架構，讓教師可以根據此一架構設計教學活動，並據以分析自己教學活動是否包含了不同智能類型的活動。

在擴展（stretching）學生所有的智能目標下，學生不僅要能運用自己的優勢智能來學習各項材料，而且要能強化學生弱勢的智能。

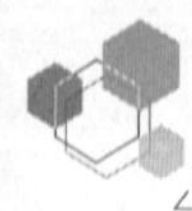

在讚揚（celebrating）學生的智能的學習方式下，學生可藉由多元智能來了解自己和他人，並產生對多元事物及他人的尊重。

假如我們能夠做到以配合、擴展、讚揚多元智能的方式，並和既有的班級教學進行統整，而不是要取代既有的班級教學，那麼這種教學才有可能成功地繼續下去。

貳、Lazear的三種多元智能應用方式

Lazear（1999）認為多元智能論在教室的應用有三種方式：

一、以智能本身為教學主題：為多元智能而實施教學（teaching for multiple intelligences），每一項智能都可以當作是一門科目來教學，例如，音樂技巧、語言、藝術也可當作是一個正式的科目，這些科目的教學必須配合每個智能的發展階段。

二、以智能為手段去獲取知識：利用多元智能實施教學（teaching with multiple intelligences），每一項智能都可以視作是獲得知識的方法，例如，運用肢體的運動來學習字彙，用音樂教數學概念等。

三、後設智能（metaintelligence）：研討智能本身，讓學生認識多元智能而實施教學（teaching about multiple intelligences），教導後設智能的過程中，注重教導學生如何了解自己的智能、如何強化智能，以及如何使用它們來進行每日的學習。

Lazear（1999）亦提出多元智能教學階段的概念，其所發展的四階段模式，包括：喚醒（awaken）、擴展（amplify）、教學（teach）、智能遷移（transfer）。

在喚醒階段，每一項智能都有五種感官知覺，一般說來，一個特定的智能可以用視覺、聽覺、味覺、觸覺、嗅覺、言語及與他人溝通等感官知覺基礎，以及直覺、後設認知及心靈頓悟等內在感覺，經由

適當的活動與練習來引發。我們可以用多種技術和方法來喚醒智能。

在擴展階段，我們的智能如同各項能力，一旦被引發之後，還要學習智能是如何運作的，為什麼會有這些能力和技巧，如何獲得這些能力和技巧，以及如何運用及了解不同的智能形式，這樣才可使智能獲得強化。

在教學階段，教師必須運用多元的方法來教學生，促進學生具有較多的智能；教師也必須依學生的智能來達成學習的目的。

在遷移階段，讓學生能運用智能去增進處理問題的能力，以及解決日常生活中所遭遇的問題。

參、運用多元智能來強化教師的教學

Nicholson-Nelson（1998）認為教師在教學中最常使用的教學方法，通常是這位教師的優勢智能，教師要能夠察覺自己經常使用何種教學方式。教師可以使用教師反省量表（如表 4-1），將自己所設計之教學計畫做進一步之檢視，若沒有做教學計畫，可於事後回憶自己所做的教學活動，並將其寫下。之後，教師可針對教學計畫加以分析，在教學計畫中，有哪些智能是被忽略的或者有哪些智能使用太多，若教師已經察覺到自己教學活動出現不均衡的現象時，可以使用以下幾種方式來彌補：第一，協同教學（team teaching）：發現其他教師的優勢智能，並且和這些教師一起做計畫，運用教師的優勢智能來進行交換教學或共同教學，例如，甲教師的音樂智能較強，乙教師的語文智能較強，二者可以針對相同的單元一起設計教學，並共同教學。第二，專家協助：請周遭的專家來協助教學，例如，圖書館員、電腦教師或資源專家。第三，訪客：請校外的社區人士或訪客，支援教師的教學。第四，補強自己智能的弱勢部分：利用在職進修的時

間，加強自己的弱勢智能。第五，向同事求助：向具有專長的同事請求協助。

表 4-1　教師反省量表

教師反省量表
這一份量表是用來幫助您反省自己的個人教學風格，在完成量表之後，請您再一次地檢視哪一項智能是您的優勢領域？哪一項智能對您而言是一種挑戰？並請注意您教學時所忽視的智能。最後，您可和同事一起討論您的智能，並且問對方他對您的優勢智能有何看法。
1. 我認為自己在哪些智能領域較強？
2. 在教學時，我最常使用哪一種智能？
3. 我最喜歡學生擁有哪一項智能？
4. 在我的教學中，我最常忽略哪些智能領域？
5. 我要怎樣才能將這些被忽視的智能領域運用到我的教學中呢？

資料來源：改自 Nicholson-Nelson（1998: 158）

綜合以上，多元智能的教學，在觀念上，教師應尊重學生的多元智能發展，而以不同的教學方式來配合學生的學習，並於教學過程中擴展和讚美學生的優勢智能。在作法上，可以智能本身作為教學主題，或以智能為手段去獲取知識，或者針對多元智能而實施教學。在教學過程方面，可以包括喚醒階段、擴展階段、教學階段、遷移階段等。教師本身則須時常反省自己的教學是否對各項智能均衡分配。

第二節　多元智能與其他教學理論之比較

多元智能理論本身是心理學中的智力理論，並非為教育所發展的理論，我們可以將多元智能之理念轉化成教學理論，而形成多元智能取向的教學理論嗎？還是如 Armstrong（1994）所言是一門教育哲學、一種有關學習的態度，或者甚至是體現Dewey對進步教育所秉持之理念的更高模式？以下將藉由一些形成教學理論的條件，來檢視多元智能取向的教學理論是否符合這些條件。

壹、教學理論之條件

教學理論所具備的條件有哪些？可以從Bruner的四條件說及張春興的二條件說來加以檢證，以下分別說明這兩種說法（張春興，1994）：

一、Bruner 的四條件說

就以一個教學理論而言，它應提供的功能是什麼？或者它的特徵是什麼？一般說來教學理論所應具備的條件，應符合Bruner於一九六六年在《教學理論的導向》（*Toward a Theory of Instruction*）一書中，所提出下列幾種說法：

㈠在教學理論中必須清楚說明，採用何種最有效的方法，將兒童的心向（mental set）引導進入準備學習的狀態。

㈡在教學理論中必須清楚說明，在使學生最容易學到知識的原則之下，採用何種方式組織和結構教材。

㈢在教學理論中必須清楚說明，在教學時宜採用何種最有效的程序呈現教材，方有利於學生學習。

㈣在教學理論中必須清楚說明，在教學活動中如何使用獎懲原則，以維持學生的學習動機。

二、張春興的二條件說

㈠教學理論應具備實用性：它不是解釋學生身心發展或學習心理

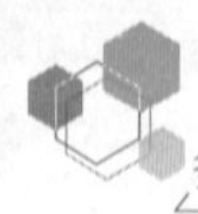

的學術性理論，而是提供教師在教學時如何安排教學情境達成學校教育目的的實用性理論。

㈡教學理論應具備概括性：它不僅限於探討某一學科教學方法的理論，而是原則上適用於所有學科的教學理論。

由上述探討可知，以多元智能取向的教學理論來說，有效的教學是教學方法要能符合學生的優勢智能，將學習的教材以特殊的結構組織，顧慮學生的個別差異與意願。此外，多元智能取向的教學理論具備實用性及概括性，它不限於某一學科，也適用於許多學科。所以，建構多元智能取向的教學理論，仍然具有可能性。

貳、多元智能與其他教學理論之比較

一般說來教學理論大略分為行為、認知和人本三種理論，茲將多元智能與這三種教學理論分就基本假設、教學理念、教學情境、教學內容、教學者、學習者、教學評量等加以比較（見表 4-2）。多元智能論強調每個人都有其獨特的智能組合，有的人語文智能強，有的人數學邏輯強，每個人都應發揮其優勢智能，以達人本論所謂之自我實現，而多元智能論學校的教學理念是發掘並引導智能的發展，這和行為論主張要精熟一套知識體系並不相同。多元智能論偏向於學習者中心的教學，教師只是協助者及引導者，而評量方式主張在情境中評量，和認知論相似。

表 4-2　多元智能與其他教學理論之比較

	行為論	認知論	人本論	多元智能論
基本假設	人的行為是刺激與反應的連結	主動建構知識	人性本善，每個人均有天賦的內在發展潛力	每個人都有其獨特的潛能
教學理念	精熟一套已被認可的知識體系	使學生成為思考者、創造者，並學習如何學習	使學生能自我實現、自我成長	發掘並引導智能的發展
教學情境	善用獎勵與懲罰來改變行為以促進學習	師生共同參與、建構	溫暖關懷安全的環境	尊重學生個別差異，因應不同的學生而有不同的教學方式
教學內容	可以被分析的知識	獲取訊息、問題解決、學習策略、記憶	知識及自我感情與意志的成長	各種學科及智能領域
教學者	運用增強原理促進學生學習	引導者，引導學習者學習	幫助學生學習	了解學生智能領域的分布，並設計適合學生的教學方式
學習者	注重學習者的個別差異及起點行為	學習者本身認知結構的重要性，學習者自己要能掌握概念或原則	以學習者為中心	學習者以其優勢智能領域來學習，最能達成效果
教學評量	重視教學與成效 以學習目標為評量標準	重視學習的過程本身 多元評量、檔案評量	多元評量、檔案評量、學生自我評量	多元管道的評量方式、真實評量、情境評量

第三節 多元智能和蒙特梭利教學的比較

壹、蒙特梭利教學

瑪莉亞・蒙特梭利（Maria Montessori）是一位義大利籍教育家，也是義大利第一位女醫生。在二十世紀初期，她透過長期對兒童的實際接觸與觀察而提出的教育方法，不僅改變了當時人們對兒童教育的看法與作法，也深深影響了後代。蒙特梭利畢業於羅馬大學醫學院後，任職於羅馬大學精神科診所，因而有機會接觸到有特殊需求的兒童。工作期間她發覺到發展智力有賴於雙手操作，此外受到伊塔（Jean Itard）及塞根（Edouard Seguin）的理論和教具的影響，逐漸地發展出她的教育理論和方法（簡楚瑛、張孝筠，2004）。一九〇七年在羅馬聖羅倫茲成立第一所兒童之家，蒙特梭利在這裡為心智正常的兒童研製更多教具，以提升幼兒的潛能。同時在觀察中體會了解導師所應扮演的角色。一九一三年蒙特梭利開始設置師資訓練課程以培育師資。蒙特梭利特別強調兒童的學習是自發的、自由的選擇、自己負責、自我成長，進而彼此相輔相成的成長。

老師的職責在於準備環境、觀察、監督與示範提示，此外，幼兒有個別差異，教師需要視幼兒之個別差異予以協助（Montessori, 1964）。在蒙特梭利教育中所進行之活動包括（林鴻瑜譯，2001；簡楚瑛、張孝筠，2004 ；Montessori, 1964; Montessori, 1995）：

一、日常生活活動：包括基本動作、社交動作、關心環境的行為、照顧自己的行為。其目的在於由具體的學習過程、老師指導下的反覆練習和從不同的活動中不斷地調整自己心智的發展，以發展秩序感、獨立及適應環境的能力。

二、感官活動：包含視覺教育、觸覺教育、聽覺教育、味覺教育、嗅覺教育。透過具體的教具與活動建立兒童的抽象概念，更要將兒童的感官經驗與真實世界結合，讓他能將已有的經驗應用落實於生活中。

三、語文活動：從豐富兒童的語彙和字彙開始，漸進至寫、讀、分析詞類句型等，旨在幫助兒童更有自信的表達自己，與外界的溝通管道更順暢。

四、數學活動：藉由簡而繁、由具體而抽象的數學教具，讓兒童循序習得 0 至 10 的概念、連續數、十進位系統、四則運算的概念、分數等。並鼓勵兒童做清楚的思考，以及解決問題。

五、文化活動（包括天文學、地質學、動物學、植物學、地理學等）：教師安排環境，讓幼兒能在環境中獲得真實的體驗，以及在環境裡穿插進行藝術表現、體能、音樂等活動，使得整體活動更豐富、更生動活潑，也更合乎兒童的需求。

貳、多元智能和蒙特梭利教學的關係

在介紹蒙特梭利教學的內涵之後，本書將探討多元智能和蒙特梭利教學的關係，劉冷琴（2002）認為蒙特梭利教育的環境與課程系統，是落實多元智能理念的最佳場所。Vardin（2003）認為多元智能和蒙特梭利教育相同的地方有以下三項：

一、兩者理論的發展都來自於每日的、第一手的觀察，以及和正常的及優秀人們一起工作的體驗。蒙特梭利首先研究智能遲緩的兒童，然後研究城市貧困的兒童。Gardner 研究具有腦傷的成人，以及正常及資優兒童。這些經驗促使他們能夠了解及欣賞人類廣泛的能

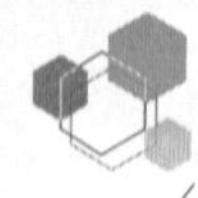

力，以挑戰嚴格及狹窄的人類潛能理念。

二、兩者都注意到每個個體的獨特性。他們注意到個別差異在生命的早期就開始顯現。個體在某一方面的優勢並不能確保在其他方面的優勢。

三、兩者都認為在人類的發展過程中，先天和教養的交互作用扮演重要的角色。

但 Gardner 和蒙特梭利的創設理論背景與內容方面，有下列不同之處（Vardin, 2003）：

一、蒙特梭利早年的生涯中，關注兒童的教育和福利，特別是貧童的教育。她對於兒童的關心及熱情，直接轉化成建立一所學校、發展教學方法、課程、教材、親職教育、師資培訓及社會行動。而 Gardner 是從事理論性的工作，他重新定義人類智能的理論，他本人並未發展明確的教育方法或是將理論應用至實際，或者將多元智能理論視為教育理論。他認為教育工作者應該自己依據教育的情境決定如何應用多元智能理論。

二、蒙特梭利的哲學、理論及方法包含人格、道德發展及心靈的成長。Gardner 則集中在探討各項智能領域中的發展，人格、道德及心靈尚未成為多元智能的一部分，因為它們並未達到智能的標準。

表 4-3 中顯示蒙特梭利課程和多元智能的關係，蒙特梭利各領域中的活動，包含至少一種智能以及好幾項核心操作能力。

表 4-3　蒙特梭利課程和多元智能的關係

領域／活動	智能	核心操作
日常生活（practical life） 倒茶壺 扣鈕釦 打掃	肢體運作 空間	操作物體 心象
感官 觸覺：幾何圖形、立方體	肢體運作 空間 邏輯數學	操作物體 心象 關係 分類 語義
視覺：立方體鑲嵌物 圓柱箱（二至三位幼兒）	肢體運作 空間 邏輯數學 語文 人際	操作物體 心象 關係 語義 察覺他人意圖
聽覺：鐘組（二至三位幼兒）	音樂 人際	音高 察覺他人感覺
味覺：味覺箱	自然	辨認 分類
語文 砂紙字母 可移式字母	肢體運作 空間 語文	操作物體 心象 語音
字卡（二至三位幼兒）	肢體運作 語文 人際	操作物體 心象 語音 語義 察覺他人意圖與期望
數學 砂紙數目字	肢體運作 空間 自然	操作物體 心象 辨識
數棒	肢體運作 空間 邏輯數學	操作物體 心象 關係
金色串珠	肢體運作 空間	操作物體 心象

（續下表）

（承上表）

金色串珠	邏輯數學	數字關係 計算 分類
自然 種植	肢體運作 空間 邏輯數學 自然 人際	身體動作 操作物體 心象 形式 辨識 分類 察覺他人期望
在教室內養動物	自然 肢體運作 語文 空間	分類 操作物體 語義
社會 土地和水	肢體運作 語文 空間	心象 辨識 分類 操作物體 語義
迷宮圖	肢體運作 自然 語文	心象 心理操作 操作物體 分類 語義
體育 行進	肢體運作 音樂	動作的控制 節奏
跳遠	肢體運作 邏輯數學 空間	動作的控制 數字 心象
藝術 黏土建構 自由畫	肢體運作 空間	操作物體 心象 心理轉換
音樂 鐘組	音樂 肢體運作	音高 操作物體
唱歌	音樂	音高 節奏

資料來源：出自 Vardin（2003: 42）

第5章 多元智能取向的課程發展

第一節 前言

目前對於智力的定義可以從生物及環境兩個層面來加以建構，生物層面的影響包括了基因、健康及大腦的功能，環境層面包括了文化、家族、社會、教材與教育的互動關係。當代教師的角色是要去了解及接受兒童的基因、健康、大腦功能、文化、家庭及社會，並且有目的地計畫及實施教育性的課程，以增進及挑戰兒童的潛能，Gardner的多元智能理論和這上述之理念相符合（Hirsh, 2004），從多元智能興起之背景可延伸至對課程發展之啟示，諸如，以學生為中心、注重多元文化、注重學習過程、強調真實的學習情境等。多元智能的課程理論，重視課程內容的多樣性、教學者的有效轉化、學習者的正確理解，因此在課程設計方面，應協助教學者將現有課程轉化成多元模式的學習機會（林進材，2000）。本章從單科多元智能統整、跨科多元智能統整、專題研究、學徒制、幼兒園單元活動課程、主題課程與繪本教學等，較具體可行且經教師實施過的課程發展模式來加以說明；多元智能理論並未建議哪一種課程發展的模式或取向是最佳的，因此本章介紹之課程發展方式，教師應彈性運用並發展適合自己的方式。

第二節 多元智能與統整課程

壹、統整課程之意義

近年來，統整課程愈來愈受到重視，促成統整課程的因素有：一、許多人士認為課程設計應該是知識的應用，而非知識的記憶和堆積。二、為大腦如何進行學習運作的研究所支持。三、知識愈能整合，愈能和大腦相容，就愈能產生學習。四、知識既非固定的，也非普遍的。五、真實而重要的問題不能靠單一學科的知識來解決。六、對進步主義教育思想有濃厚興趣的教育學者不斷出現。如全語文、主題課程、方案教學……等（林佩璇譯，2000）。通常所謂統整課程的作法如下所述（周淑卿，1999）：一、兩個以上的學習領域或學科因重疊的內容而聯結。二、在同一主題中接續引入不同領域概念來介紹主題內容。三、將數個學科融合為新的學習整體。四、以某個主題為核心，擷取各學科材料。五、以某些知識、能力貫穿各科學習內容。六、去除學科界線，完全以生活經驗或活動設計課程。

近年來愈來愈多教師採用統整課程，以下（如表 5-1）先比較傳統課程與統整課程之區別後，將會很清楚地了解統整課程的意義。

由此可知，統整課程可以讓學生統整各種生活經驗，學習是科際整合而非分離的，在情境中學習，而課程並非由教師主導編製完成，而是師生合作發展出來的。

以下就從多元智能之角度進行課程統整之設計，其方式可以分為單科多元智能統整與跨科多元智能統整。

表 5-1　傳統與統整課程取向之比較

傳統課程取向	統整課程取向
·學習由小步驟的程序組織而成	·學習強調連結與完整的情境
·學習始於最簡單的觀念漸至最複雜的觀念	·學習始於複雜的情境
·課程為模擬的活動，重視逐步漸進、步驟化控制的任務	·課程為真實情境的活動，盡可能以真實生活的任務為主
·學科是分離的	·學習是科際整合的
·觀念的發展須透過嚴謹、邏輯的順序	·觀念會依學生所獲得的意義與理解之不同而有差異
·能力以嚴謹的方式分開教授，待次能力精熟後，才教授複雜的能力	·在真實情境需要的時候，將會嚴謹地培養需要的能力
·課程初期最關注的焦點為：觀念是否依照工作分析的方式組織	·課程初期關注的焦點為：學生的發展階段、興趣與先備知識
·運用一本教科書，常常使用有限的字彙	·運用多元的資源，且使用自然情境中的字彙
	·學生主動地參與並探索意義
·學生被動地接受資訊	·課程是在小組中合力發展的產物
·課程主要的教授對象是個別的學生或全班	·課程是在討論與協商的過程中形成
·課程是由教師主導	

資料來源：出自徐世瑜（譯）（2003：7）

貳、單科多元智能統整

運用多元智能的觀點來設計某一科目的課程單元，將使教師更容易將教材內容以多種方式呈現給學生學習，使學生對於所學知識達成更深的理解。多元智能課程設計之步驟依序為（Kagan & Kagan, 1998）：

一、定義多元智能的課程目標：我們可依據學生必須學習什麼、我們想要學生學習什麼、學生想要學習什麼來設定目標。目標之敘寫方式，列舉如下（鄭博真，2000b）：

㈠語文智能：能解釋、能說出、能描述、能寫出、能創作、能發

表、能閱讀、能仿作、能分析、能評論、能應用、能傾聽……

㈡邏輯數學智能：能計算、能寫出算式、能將算式編成故事、能排序、能比較、能類推、能解決、能辨識、能操作……

㈢空間智能：能創作、能組合、能想像、能畫出、能製作、能設計、能看地圖……

㈣肢體運作智能：能表現、能從事、能扮演、能操作、能做出、能動手……

㈤音樂智能：能辨認、能模仿、能對各種聲音聯想、能發出、能抒發、能欣賞、能唱出、能創作、能用音樂表達……

㈥人際智能：能接納、能模仿、能建立良好同儕關係、能表現出、能認識、能解決、能體察、能欣賞、能和他人分享……

㈦內省智能：能表達、能體會、能展現、能明白、能控制、能投入、能專注、能反省……

㈧自然觀察者智能：能觀察、能辨識、能記住、能操作、能親自動手接觸、能調查、能參加、能照顧……

二、設計多元智能的活動：安排許多不同智能的活動來達成課程的目標，在這個階段暫時不必考慮活動的順序，盡量用腦力激盪的方式，來創造各種活動。可參考多元智能活動表（如表 5-2）進行設計。至於要設計多少活動，則要視教學目標及可用的時間而定。值得注意的是，並不是在每一節課都要完全使用到八項智能的活動。這種觀點 Checkley（1997）曾提到：若每件事物都應該用七種或八種方式來教，那是無意義的，這並不是多元智能理論的觀點，而是任何主題、任何學科要能運用超過一種以上的方式來進行教學。

三、安排多元智能活動之順序：安排活動的順序時，要考慮邏輯順序、教學的流暢性。此外，尚須注意環境、輸入、檢查理解情形、

表 5-2　多元智能活動表

智能類別	活動名稱
語文	
邏輯數學	
空間	
肢體運作	
音樂	
人際	
內省	
自然觀察者	

引導實作、學生獨自實作、學生興趣及意見、結束等要素。

四、呈現多元智能的課程：在進行教學中，教師希望學生能投入於多元智能取向的課程中，將個人的優勢智能與課程內容結合，教師隨時可依情況調整及修正計畫。

五、多元智能課程之評量：評量學生是否有學到學科內容、什麼是學生仍然必須要加強的、課程是否有達成教師的目標。

以下呈現在國小三年級國語科，「美麗的橋」單元，運用了七種智能的教學活動，在語文方面，目標是：能以口語文字表達出課文的概念，活動是：課本學習，能利用文字、語言整理橋的具體及抽象概念，並能閱讀課本相關教材；在空間方面，目標是：能畫出自己喜歡的橋，活動是：畫出「我是一座橋」；內省方面，目標是：能在活動後提出回饋、感想，活動是：教學活動後，讓學生有時間發表對活動之觀感；在人際方面，目標是：能與同組的人合作完成指定的活動，活動是：1. 造橋（肢體劇場）；2. 倫敦鐵橋垮下來；在肢體方面，目標是：能表演各種不同造型的橋，活動是：1. 倫敦鐵橋垮下來；2. 肢

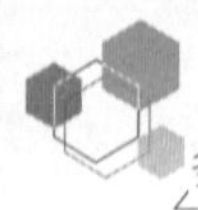

體劇場：造橋運動。在音樂方面，目標是：能唱出有關橋的歌曲，活動是：1. 倫敦鐵橋垮下來；2. 搖船歌；在自然觀察方面，目標是：能觀察路上各式各樣的橋及同學們造出的橋，活動是：1. 觀察沿路的橋；2. 觀察各組不同橋的呈現方式（王為國，2000）。

參、跨科多元智能統整

統整課程是做學習上的統整，把兩個以上不同但卻彼此相關的個別事物加以組織，成為有意義的個體，使學生的經驗連結並使其學習更具意義，如此可以取代原有學習分離的現象，跨科多元智能統整課程是以一個主題為中心，在不同學科領域中找尋與主題有關的內容，然後以多元智能為架構加以組織，以台南市成功國小二年級實施的課程為例：獨一無二的我－自我概念（鄭博真，2000a），如表 5-3，該課程包括了七個教學活動，其中統整了八種智能的教學活動，每一個教學活動，都至少達成一項以上的多元智能目標，其設計步驟如下：

一、選擇主題：良好的主題最好能夠跨越不同的科目領域及智能領域；而主題的訂定可以由學校來訂定、教師自己編製，或者由學生共同腦力激盪產生主題。

二、分析主題概念：為能讓學生對主題有整體認識，教師應分析主題之下的重要概念，及設定教育目標，並就重要概念尋找教材及設計教學活動。

三、構想教學活動：運用領域－智能矩陣表（如表 5-4），構思教學活動。也可以使用多元智能課程發展九宮格（如表 5-5），先在紙上畫出九宮格，格子的中央寫下主題，並且以腦力激盪的方式，將各個智能領域的活動與這個主題做連接。

四、篩選教學活動：將上一步驟所構想出的教學方式，考慮其活

表 5-3　課程設計表

活動名稱	教學目標	實施節數	教學資源	評量方式	多元智能教學
我真的長大了	能比較長大的生理變化 能夠幫助同學量身高與體重 能體會成長的概念	1	健康紀錄卡 身高尺 體重器 學習單	行為觀察 檔案評量	邏輯數學 空間 肢體運作 人際 自然觀察者
創意名片	能發揮創意動手設計名片 能將自己基本資料表現在名片中	1	壁報紙 學習日記 彩色筆	行為觀察 作品評量	肢體運作 空間 內省
形容我自己	能描述自己的長相 能發表自己的成長故事 能在鏡中仔細觀看自我的容貌	2	鏡子 各階段生活照 圖畫紙 學習單 學習日記	行為觀察 口頭報告 作品評量	語文 空間
我的身體	能辨識身體的器官 能製作和自己相同大小的雙胞胎 能指出自己器官的位置	2	簡易人體畫 學習單 學習日記 用壁報紙做的「雙胞胎」	行為觀察	自然觀察者 空間 肢體運作
心所愛的歌	能唱出自己最喜歡的歌 能欣賞他人的表演 能用音樂表達自己的心境	2	學習單 錄音機、錄音帶 學習日記	行為觀察	音樂 人際 內省
請幫我簽名	能建立良好的同儕關係 能認寫同學的名字 能互相認識同學的特點	1	學期單 籤及籤筒	行為觀察	人際、語文、邏輯數學、空間、肢體運作、音樂、內省、自然觀察者
我的志願	能訂定長大的目標與計畫 能討論長大可以做到的事	1	學習單	行為觀察 口頭報告	內省 自然觀察者

表 5-4　領域—智能矩陣表

年級：　　　　主題：

領域 學生活動 智能類別	語文	數學	社會	自然與科技	藝術與人文	健康與體育	綜合活動
語文							
邏輯數學							
音樂							
空間							
肢體運作							
人際							
內省							
自然觀察者							

表 5-5　多元智能課程發展九宮格

語文智能 活動名稱：	音樂智能 活動名稱：	肢體運作智能 活動名稱：
邏輯數學智能 活動名稱：	主題：	人際智能 活動名稱：
空間智能 活動名稱：	自然觀察者智能 活動名稱：	內省智能 活動名稱：

動的適切性、可行性、目標之達成性、學習與智能領域的均衡性，篩選合適的教學活動，並可藉由課程設計檢核表（如表 5-6）協助教師做統觀性的思考。

五、排列活動順序：安排各項教學活動的順序，並撰寫教學設計表（如表 5-7）。

六、實施教學活動：依據教學設計實施教學活動。

七、實施評量：教學活動完成後，評估與檢討教學活動與課程內容，作為下次實施之改進建議。

第三節 多元智能取向之專題研究

學生在從事專題研究報告（project）的過程中，可發揮他們個人的優勢智能，也可以貢獻自己的專長，更可強化高層次的思考能力，專題研究可以由學生以小組合作的方式或是學生獨自來完成，並且針對可直接研究之特定主題加以深入探討（Phipps, 1997）。例如，學生可以研究「河流的汙染」、「企鵝的一生」……等，進行深入的探討。多元智能取向之專題研究進行步驟包括（Kagan & Kagan, 1998）：第一，訂定多元智能專題研究的目標。教師在訂定目標時，要考慮到這個專題是為了發展何種智能，許多單一智能的專題並無法發展其他的智能，因此，必須使用含括不同智能的活動，以發展學生多元的智能。第二，設計多元智能的專題。運用多元智能的策略來進行設計，如寫研究報告、書的製作、模型製造、訪談或調查、編輯雜誌……等等。第三，舉行多元智能專題會議。其主要目的在幫助學生如何做專題以及呈現一個成功的專題。另外，可以幫助學生反省他們進步的情形以及幫助他們理解自己的智能形態。第四，進行多元智能

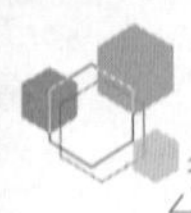

表 5-6　課程設計檢核表

活動名稱	國民教育基本能力										學習領域							多元智能							
	了解自我與發展潛能	欣賞表現與創新	生涯規畫與終身學習	表達溝通與分享	尊重關懷與團隊合作	文化學習與國際了解	規畫組織與實踐	運用科技與資訊	主動探索與研究	獨立思考與解決問題	語文	健康與體育	社會	藝術與人文	數學	自然與生活科技	綜合活動	語文智能	邏輯數學智能	空間智能	肢體運作智能	音樂智能	人際智能	內省智能	自然觀察者智能
活動一																									
活動二																									
活動三																									
活動四																									
活動五																									
活動六																									

資料來源：出自鄭博真（2000a：55）

表 5-7　教學設計表

活動名稱	教學目標	實施日期／節次	教學資源	評量方式	任課教師
1.					
2.					
3.					
4.					
5.					
6.					

資料來源：出自鄭博真（2000a：75）

專題研究的報告。學生可以運用他們的多元智能來呈現專題的內容，也可以採用圖形、視覺、影帶、音樂、運動等。第五，實施多元智能專題研究之評量。評量的方式包括了教師評量、同儕評量、自我評量等。

第四節　學徒制

學徒制（apprenticeships）課程提供學生有效的學習機會，讓學生能和在某項技藝或訓練上學有專精的學長或成人一起工作。多元智能理論強調要在情境中學習，學生可以將自己的經驗和成人世界中的職業角色做連結，尤其是經由學徒制的安排來進行學習，可以發展兒童的人際關係、協助其發展社會技巧、幫助兒童認識自己的優勢智能、獲得某特定領域的技能（Blythe & Gardner, 1990; Campbell, 1997; Chen, Krechevsky, Viens, & Isberg, 1998）。

學徒制可以兩種形式來進行，一是作為正規課程的一部分，在學校的上課期間安排固定的時段進行，例如，美國 Key School 高中部的學徒課程（apprenticeship program），由承辦此事的「服務—師傅老師」（service-mentor teacher），自地方社區中尋求志願充當「師傅」的專家，與個別學生的志願或智能特長配合，經過家長、專家及學生本人會商後，正式拜師學藝，各自履行應盡之義務。此類課程，不僅為學生提供活生生的成人典範，也激發其深厚的潛能（邱連煌，1998）。學徒制另一形式是作為課外強化充實的機會，如，華盛頓州肯特地區一所小學的PTA計畫，每週舉行一次，由家長提供全年性的課後充實課程（Campbell, Campbell, & Dickinson, 1996）。教師在規畫學徒制時，可藉由表 5-8 將多元智能的精神融入其中，盡可能讓學生能夠接觸到具有不同優勢智能領域的人士，以作為學生之良好楷模。

表 5-8　學徒制規畫表

智能類別 ＼ 師傅 ＼ 教學活動	建築師	畫家	籃球選手	小說家	雕塑家
語文					
邏輯數學					
音樂					
空間					
肢體運作					
人際					
內省					
自然觀察者					

第五節　多元智能與幼兒園單元活動課程之設計

本節介紹從多元智能的觀點來設計與發展幼兒單元活動課程，其步驟可分為：構思單元名稱、分析單元相關概念、設定目標、發展活動、以多元智能檢核活動、安排活動流程、進行活動、評量等，分別敘述如下：

壹、構思單元名稱

幼兒園不宜採分科教學，為了統整課程領域，便以單元或活動作為統整及教學的單位，單元及活動的選擇，和能否引發幼兒之興趣密切相關（盧素碧，2004），因此進行幼兒課程之設計，首要的工作在於訂定單元的名稱。單元名稱之選取可以依照時令節慶、幼兒之興趣、學科內容、園內活動、社會事件等來決定。在配合時令節慶方面，教師可以在遇到國定假日、傳統民俗節日或紀念日的時候，設計以節日為單元的課程，在中秋節時，教師以「天涼好個秋」為單元，在母親節時，以「母親真偉大」為單元。此外，也可以依照幼兒的興趣來選取單元，例如，在某一次到公園的戶外教學中，幼兒們對於公園內的水池充滿好奇心，他們一路上討論水池裡的動物與植物，教師把握住幼兒當時的學習興趣，可以安排「小池塘」的單元。在學科內容方面，不論是語文、數學、科學、社會等學科內容，教師可據以編定成單元，如科學的「昆蟲大觀園」、數學「好玩的形狀」等。而園內的特別活動，如運動會、園慶、畢業典禮等，均是很好的單元。至於社會事件即是探討當前社會上發生的事件，教師覺得有其必要讓幼兒了解，例如，綁架事件頻傳，可以教導幼兒人身的安全。

教師在選擇許多單元名稱後，要考量選定的單元是否適合做多元智能之課程設計。有些單元的內容範圍狹窄，不易衍生豐富的概念，如此就不容易設計多元化的活動，反之若能將單元擴大，其概念較多，就較為容易設計。例如，「種子」就比「豆子」要容易設計了，因為它的內涵較為豐富。

貳、分析單元相關概念

單元名稱訂好之後，要分析與單元相關的概念，其步驟如下：

一、寫下與單元相關的字詞，盡可能寫下所想到任何與單元有關的字或詞，這些字或詞可以是名詞、動詞或形容詞。

二、將這些字或詞加以分門別類，將比較類似的字詞分類在同一組中，把不同類型的放在其他組中。

三、為每一組寫下一個標題，而標題的名稱要能反應出該組字詞的特性。每一個字詞我們可將之稱為概念，而由概念組合而成的上層標題，則稱之為概念標題，概念標題比概念更具綜合性及抽象性，是用來針對具有相同特徵事物的命名。每個人會依據自己的想法，組合成許多組的概念，各組概念分別會有其概念標題。例如，「魚」是概念標題，其底下有許多概念，如「比目魚」、「鯛魚」、「小丑魚」、「獅子魚」。

四、發展概念網。將一組組的字詞，以網狀的方式加以連結，並將結果謄寫在紙上，繪製成概念網，如圖 5-1。

參、設定目標

教師繪製出來的單元概念網通常會非常龐雜，教師必須考慮幼兒發展、幼兒興趣、課程的連續性及銜接性、外在的支援條件、多元智能發展等，選取適宜的概念，以進一步發展成目標。有些概念太艱深或太抽象不適宜幼兒學習，應該加以捨棄，而過去學習過的概念，教師可以考慮教導較深的概念，以銜接概念的前後次序。此外，也要考慮幼兒園、家長等外在環境是否能支持該活動的教學，例如，在

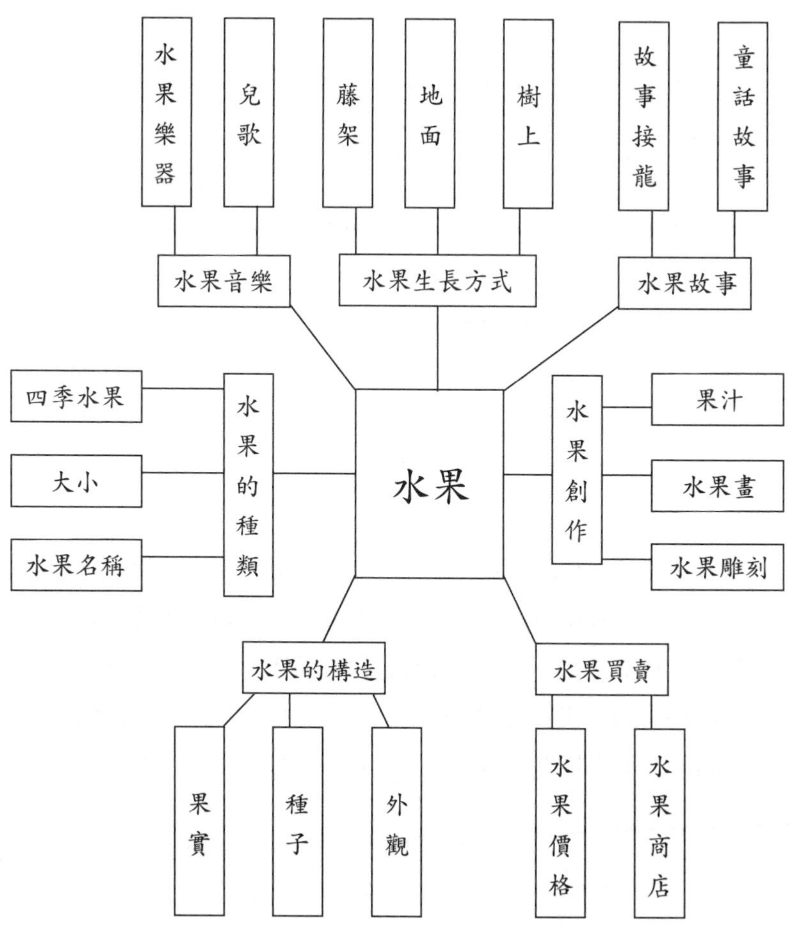

圖 5-1　概念網

資料來源：出自王為國（2005：68）

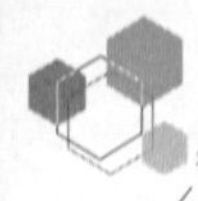

「水」的單元中，有一項概念為「水庫」，教師想要帶領幼兒前往「水庫」參觀，以讓幼兒了解水庫的功用，但因幼兒園距離水庫太遙遠，不易前往，因此，實地參觀水庫的活動必須捨棄，而以觀賞水庫之影片代替。

為了培育具有多元智能的幼兒，我們的目標要多樣化，且適合教室內不同智能類型的幼兒，教師可以參考本章第二節各項智能目標之敘寫方式，來構思多元的教學目標。

教師依據概念來設定目標，如「水庫」這個概念，在語文智能的目標為：能說出水庫的功用。而空間智能的目標為：能做出水庫的模型。教師必須留意，並非每一個概念皆要設計成八項智能目標。

肆、發展活動

教師可根據目標設計適合幼兒的教學活動，每一項目標可能由多個或一個教學活動來達成。在發展活動時，教師可以依照多元智能之教學策略，如表 5-9，設計適合幼兒的教學活動。例如，可運用語文智能之團體討論教學方式來達成「能說出水庫的功用」之目標。而可用空間智能之製作模型的教學方法來達成「能做出水庫的模型」之目標。

表 5-9　多元智能教學策略表

智能領域	教學策略
語文	講述、團體或小組討論、閱讀、寫作活動、說故事、文字遊戲、個人或全班朗讀、錄下自己的話、製作有聲書、報告
邏輯數學	比較、問題解決、分類、邏輯性拼圖與遊戲、計算、幾何圖形
空間	閱讀地圖、製作圖表、畫圖、想像事物、製作視覺化的報告、美術剪貼
肢體運作	操作教具、課堂戲劇表演、用身體寫字、運動、舞蹈、烹飪
音樂	唱歌、捕捉聲音、回憶旋律、樂器演奏
人際	同儕互動、團體遊戲
內省	設定自己的目標、自由選擇學習區、自我反省
自然觀察者	觀察自然界事物、蒐集自然界物品、飼養小動物、種植植物、製作標本

伍、以多元智能檢核活動

教師可以八個智能領域作為參考依據，檢核每一項教學活動能啟發孩子哪些智能領域，教師可將每個教學活動所含括的智能領域加以分析並製成表格，以便檢視八大智能領域的分布，如此可以使每一項智能優勢的幼兒皆能接受到他們優勢領域的學習方式。在此特別注意的是，不要牽強附會地設計多元智能教學活動，每一單元不一定要八項智能都兼顧，只要每一單元內有三、四種以上的智能領域即可。若某一智能領域的活動，在本次的單元中未能運用，教師應該在其他單元中加以運用，以求取智能領域間的平衡，最好是以一個學期或一學年為一個檢視單位，只要在一個學期或一學年中能顧及到各領域的平

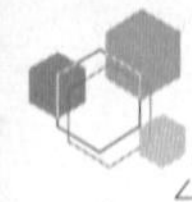

衡即可，不必要求每個單元一定要有八大智能領域。

表 5-10　多元智能活動表

單元名稱：水果饗宴　　適用班級：大班			
活動名稱	活動內容	活動目標	智能
水果最愛現	引導幼兒說出對水果的感覺及與水果相關的經驗。	能主動地表達。	語文
水果的香味	延伸「水果大不同」的活動，讓幼兒按照顏色、形狀、大小、味道做分類。	能正確地找出味道相對應的水果。	邏輯數學
水果大不同	準備各式水果，讓幼兒透過觸覺、視覺、嗅覺、味覺、聽覺的觀察，分辨不同水果的種類、特徵。	能分辨不同種的水果。	自然觀察者
水果敲一敲	延伸「水果樂器」配合水果歌的節奏，敲打樂器。	能隨著節奏敲打樂器。	音樂
榨果汁	延伸「水果好滋味」的榨果汁活動，引導幼兒進入情境，做出榨果汁的肢體活動。	能配合情境、指令做出有變化的律動。	肢體運作
水果好滋味	透過果汁的分享，和幼兒一起品嘗水果滋味。	能懂得與他人分享果汁。	人際
水果小尖兵	讓幼兒反省自己在日常生活中，是否經常食用水果以及食用水果時應注意的衛生習慣。	能反省食用水果的習慣與衛生。	內省
水果樂器	引導幼兒利用水果製作自己所喜愛的環保樂器（例如，利用龍眼籽＋鋁罐來製作沙鈴）。	能運用所提供的材料製作樂器。	肢體運作 空間

資料來源：出自王為國（2005：72）

陸、安排活動流程

教師針對一個單元可能設計十個或更多的活動，教師必須依據概念的邏輯順序、教學的流暢性，排定活動的順序。有些活動可能每天都必須進行，有些則可能只在單元之始進行而已，教師可以將活動流程繪製成流程表，以供參考。

柒、進行活動

教師之教學應具有彈性，不必拘泥於原先之計畫，實際活動進行時，教師須注意幼兒的反應，對某項活動是否能引起幼兒投入及主動學習，若幼兒不感興趣，或者無法了解內容，教師就必須分析幼兒的學習困難，找出幼兒最佳的學習方式，並轉換合適的教學方法。

捌、進行評量

詳見本書第八章之說明。

以上是用多元智能的觀點來設計與發展幼兒單元活動課程，其步驟可分為：構思單元名稱、分析單元相關概念、設定目標、發展活動、以多元智能檢核活動、安排活動流程、進行活動以及評量。表 5-11 至 5-14，以「紙真好」之單元做實例說明，而圖 5-2 則為「紙真好」之概念圖。

本節所介紹之單元課程設計，著重於教師事前的課程計畫，課程之實施往往依據事先編定好的計畫，下一節所介紹之主題課程，更具開放性，強調以幼兒為中心的課程發展，教師只編訂概略的課程計畫，實際的課程實施須依照幼兒的興趣及實施情形加以調整。

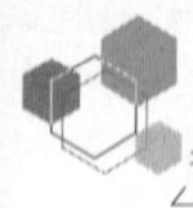

表 5-11 「紙真好」單元活動設計實例㈠

<table>
<tr><td colspan="4">單元名稱：紙真好</td></tr>
<tr><td colspan="4">活動名稱：紙球大作戰</td></tr>
<tr><td>年齡：中大班</td><td>日期：2004.12.29</td><td>設計者</td><td>洪美燕</td></tr>
<tr><td colspan="2">教學目標：
1.認識各種紙類的名稱。
2.增進大小肌肉發展。
3.培養愛護紙類的情操。</td><td colspan="2">多元智能教學策略：
語文、音樂、肢體運作、人際、空間智能</td></tr>
<tr><td colspan="2">活動內容及過程：</td><td>教學資源</td><td>教學評量</td></tr>
<tr><td colspan="2">引起動機
老師準備各種回收的廢紙。
發展活動
1. 老師介紹各種回收紙類的名稱，讓幼兒認識。
2. 問問幼兒這些東西什麼時候會使用到它？還有在什麼地方會看見它？
3. 介紹完各種回收紙類的名稱後，老師告訴幼兒我們要來玩一個遊戲喔！
4. 發給幼兒一人一張報紙，請幼兒把它揉成紙團。
5. 老師協助把揉好的報紙，用膠帶繞一圈黏好固定。
6. 請幼兒把紙球拿在手上，注意聽老師的遊戲規則。
7. 把幼兒分為兩邊，聽音樂開始把紙球丟到另一邊去，等音樂停止後，看看哪一隊的紙球最少，則獲勝。
綜合活動
1. 作品欣賞與心得分享。
2. 收拾環境：包括所有的教具與教材。
延伸活動
可以利用紙球玩各種遊戲，例如，打高爾夫球遊戲。</td><td>報紙、紙箱、書籍、衛生紙、鋁箔包、紙類碗盤

報紙、膠帶

錄音帶、錄音機CD</td><td>＊能說出兩種回收紙類的名稱。
＊能把報紙揉成紙團。
＊能完成自己的紙球。
＊能注意聽遊戲規則並遵守規則。
＊能與同伴一起玩紙球大戰。
＊能手眼協調把球推出去。</td></tr>
</table>

表 5-12 「紙真好」單元活動設計實例㈡

<table>
<tr><td colspan="4">單元名稱：紙真好</td></tr>
<tr><td colspan="4">活動名稱：剪紙花</td></tr>
<tr><td>年齡：中大班</td><td>日期：2004.12.30</td><td>設計者</td><td>洪美燕</td></tr>
<tr><td colspan="2">教學目標：
1. 培養豐富的想像力。
2. 增進小肌肉發展。
3. 養成注意使用剪刀的方法。</td><td colspan="2">多元智能教學策略：
語文、人際、空間智能</td></tr>
<tr><td colspan="2">活動內容及過程：</td><td>教學資源</td><td>教學評量</td></tr>
<tr><td colspan="2">引起動機
老師拿出一張色紙，告訴幼兒等一下我們要來變魔術喔。
發展活動
1. 老師把色紙依對角線對摺，變成一個大三角形（三明治）再對摺成小三角形。
2. 然後可以自由把角或邊，剪成自己喜歡的圖形。
3. 剪好之後，小心把色紙打開，就完成一張有創意的紙花了。
4. 老師每人發一張A4紙，請幼兒把完成的紙花貼在A4紙上。
5. 老師請幼兒把A4紙空白處，畫上漂亮的圖案。
綜合活動
1. 作品欣賞與心得分享。
2. 收拾環境：包括所有的教具與教材。
延伸活動
老師可以在紅色色紙上寫上春字，請幼兒練習剪「春」字，過年的時候可以張貼布置教室。</td><td>色紙
色紙、剪刀
A4紙、膠水
彩色筆
紅色色紙、剪刀</td><td>*能專注聆聽老師的講解。
*能安全使用剪刀。
*能完成剪紙花。
*能欣賞別人的作品。
*會試著練習完成剪春字。</td></tr>
</table>

表 5-13 「紙真好」單元活動設計實例㈢

<table>
<tr><td colspan="4">單元名稱：紙真好</td></tr>
<tr><td colspan="4">活動名稱：糖果包裝</td></tr>
<tr><td>年齡：中大班</td><td>日期：2004.1.5</td><td>設計者</td><td>洪美燕</td></tr>
<tr><td colspan="2">教學目標：
1. 認識玻璃紙的特色。
2. 增進小肌肉發展。
3. 增進用筷子夾球的技巧。</td><td colspan="2">多元智能教學策略：
語文、人際智能</td></tr>
<tr><td colspan="2">活動內容及過程：</td><td>教學資源</td><td>教學評量</td></tr>
<tr><td colspan="2">引起動機
老師說一則「皇帝愛吃糖」的故事，讓幼兒聆聽，故事敘述一個皇帝好愛吃糖喔！都不吃飯和菜，原本健康的身體，因為這樣的原因開始走下坡，臉都變得黃黃的，牙齒也蛀牙了……
發展活動
1. 老師與幼兒討論故事的內容：黃帝不吃飯會發生什麼情狀？
2. 吃完糖果要怎樣維護牙齒健康？
3. 老師複習上次介紹過的紙類名稱，今天又拿了三種顏色（紅、黃、綠）的玻璃紙。
4. 請幼兒摸摸看玻璃紙的觸感並發表心得。
5. 老師請幼兒分享自己喜歡吃的糖果口味，並介紹用廣告顏料調好的口味（紅色－草莓口味、紫色－葡萄口味、橘色－橘子口味）。
6. 老師請幼兒自製糖果，利用保利龍球當作糖果，拿筷子沾上自己喜愛的口味，再用玻璃紙包起來即完成糖果。
綜合活動
1. 作品欣賞與心得分享。
2. 收拾環境：包括所有的教具與教材。
延伸活動
可以利用包好的糖果玩數數遊戲、認識顏色遊戲。</td><td>故事繪本「皇帝愛吃糖」

各種紙類
玻璃紙

廣告顏料、水彩筆、布丁盒

保利龍球、筷子</td><td>＊能安靜的聆聽「皇帝愛吃糖」的故事。
＊會一起討論故事內容。
＊能說出不吃飯會發生的情況。
＊能說出維護牙齒健康的好方法。
＊能說出觸摸玻璃紙後的感覺。
＊能說出自己喜歡的糖果口味。
＊能利用筷子夾起保利龍球。
＊能完成自己的糖果製作。</td></tr>
</table>

表 5-14　「紙真好」單元活動設計實例㈣

<table>
<tr><td colspan="4">單元名稱：紙真好</td></tr>
<tr><td colspan="4">活動名稱：荷花朵朵開</td></tr>
<tr><td>年齡：中大班</td><td>日期：2004.1.18</td><td>設計者</td><td>洪美燕</td></tr>
<tr><td colspan="2">教學目標：
1. 培養豐富的想像力。
2. 促進大小肌肉發展。
3. 增進對摺紙的興趣。</td><td colspan="2">多元智能教學策略：
語文、音樂、肢體運作、人際智能</td></tr>
<tr><td colspan="2">活動內容及過程：</td><td>教學資源</td><td>教學評量</td></tr>
<tr><td colspan="2">引起動機
老師說一則「快樂的小青蛙」故事，內容是敘述快樂的小青蛙住在漂亮的荷花池塘，裡邊也住著好多同伴，小青蛙每天都好快樂，可是有一天，池塘裡的水變得又髒又臭……
發展活動
1. 老師與幼兒討論故事的內容：為什麼小青蛙變得不快樂了？為什麼大家都要搬家了？
2. 有沒有什麼好方法可以把池塘的水變乾淨？
3. 老師請幼兒仔細觀察故事繪本中美麗的荷花池，請幼兒一起利用色紙摺漂亮的荷花。
4. 老師先介紹摺荷花的步驟，確定幼兒都學會了之後，再發色紙給幼兒。
5. 請幼兒把摺好的荷花黏貼在紙上，並畫出池塘裡的小青蛙和荷葉……等等。
6. 老師播放音樂讓幼兒感受創作的樂趣。
綜合活動
1. 作品欣賞與心得分享。
2. 收拾環境：包括所有的教具與教材。
延伸活動
可以請幼兒戲劇扮演玩小青蛙的遊戲。</td><td>故事繪本「快樂的小青蛙」

色紙

荷花摺紙教學海報、雲彩紙、剪刀、膠帶

錄音帶、錄音機
CD</td><td>＊能安靜的聆聽「快樂小青蛙」的故事。

＊能一起討論故事內容。

＊能說出預防及改善池塘的好方法。
＊能專心聆聽摺紙步驟，並自行練習。
＊能完成兩朵荷花。

＊會幫忙收拾教室環境。</td></tr>
</table>

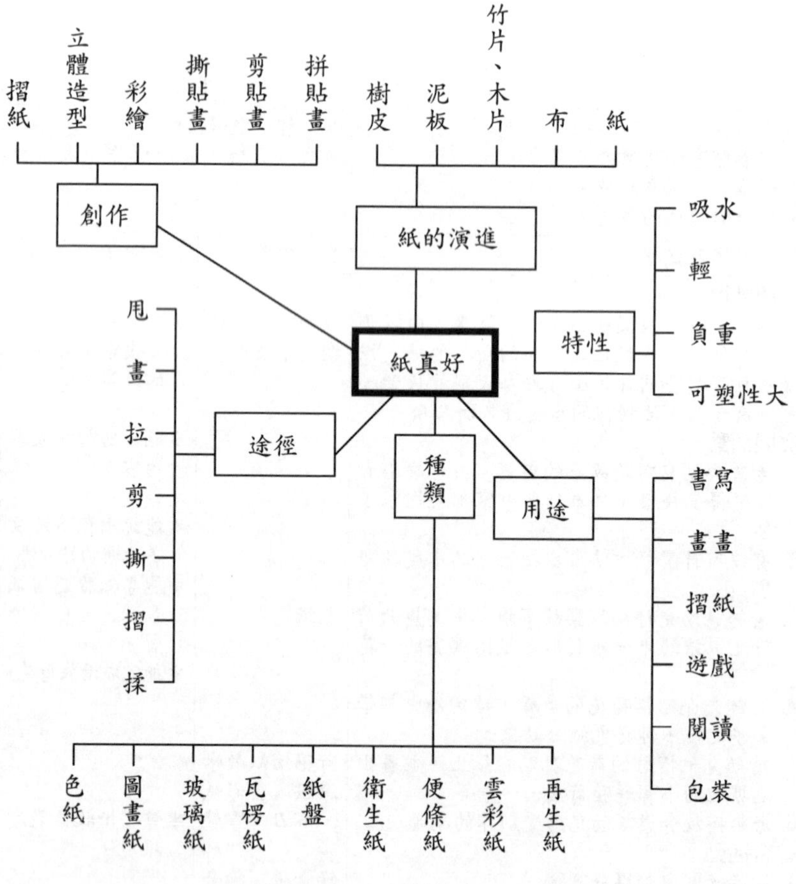

設計：洪美燕

圖 5-2　「紙真好」概念圖

第六節 多元智能與幼兒園主題課程之發展

多元智能可以和主題課程做結合，本書以陳淑琴（2004：28-32）在台中縣車籠埔國小附設幼稚園進行主題課程之發展程序為例，說明如何在主題課程中融入多元智能的理念。以下分別敘述主題課程之發展程序：

壹、主題緣起

說明為何選擇及發展出本主題之緣由。例如，「萬聖節vs.星星鬼屋」主題中，進行萬聖節主題課程的動機，是來自於小朋友中秋節賞月烤肉的經驗分享，星星鬼屋是延伸自萬聖節的鬼點子。

貳、學習目標

從幼兒的觀點描述預期或已經達成的學習目標，為了融入多元智能的精神，可以採用多元智能之目標敘寫方式，如本章第二節所述。

參、預期主題概念網與主題活動網

教師或學年同儕透過腦力激盪、分類以建構主題概念網，這是教師預期要發展的主題網絡。至於主題活動網是為了要達成幼兒的發展與學習領域的均衡，教師從多元智能的觀點，建構出主題活動網。

肆、可供探索的資源和戶外教學地點

教師必須透過相關資料之蒐集，列出可供或已經探索過的資源或戶外教學的場所，這些資源和場所與主題相關，並且可以擴展豐富幼

兒的學習經驗，引導主題延伸並擴大幼兒對於主題探索的寬廣度。包括：教師的相關用書、與主題相關的幼兒圖書、繪本與網站，以及可以提供探索之戶外教學地點。

伍、焦點活動

主題發展過程中，教師為了提供幼兒共同的學習經驗，以引導幼兒發展更深度的探索，所提供的團體活動。例如，「萬聖節vs.星星鬼屋」的團體討論中，老師以照片分享自己過去萬聖節的裝扮經驗，目的在提供幼兒共同的學習經驗，以延伸主題的廣度與深度。每一個主題課程在發展過程中，都會有數個關鍵性的焦點活動，幫助幼兒的探索活動能夠更深更廣的發展。

陸、探索問題

師生經常針對主題共同討論，我們想要發現或知道什麼？「萬聖節vs.星星鬼屋」的探索問題之一，是怎樣才知道我們所設計的星星好不好玩？或者萬一小班的小弟弟小妹妹會害怕怎麼辦？從這些探索問題，就可能衍生出許多學習活動與探索經驗。

柒、師生共同發展的主題概念網與主題活動網

教師在發展主題概念網與主題活動網時，可以盡其所能發展許多概念與活動，但在課程實際運作的過程中，幼兒的興趣、需要與能力，是決定課程走向的最大因素，因此師生共同發展的主題概念網和主題活動網，才是課程結束時真正的概念網及活動網，如圖 5-3。

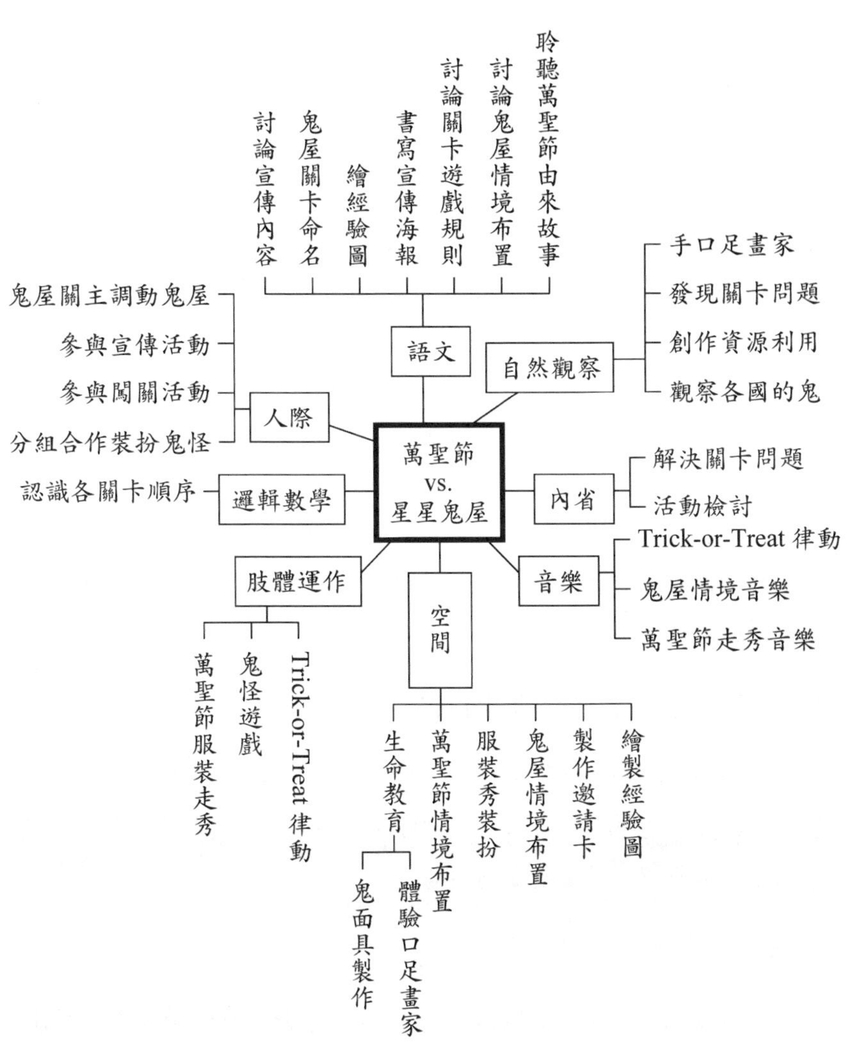

圖 5-3　主題活動網

資料來源：出自陳淑琴（2004：160）

捌、可引進之專家資源

可以提供主題相關專業協助的資源人物。

玖、探索過程

在主題發展的過程中，主題活動的探索是其主體，包含學習事件、所遭遇之問題或困難、所採取之解決方法與過程，及教師的省思。

一、學習事件：幼兒所經歷的學習活動或學習經驗。

二、遭遇之問題與困難及所採取之解決方法與過程，師生如何經由討論而獲得解決策略？

三、教師的省思：教師對於學習事件和所遭遇的難題及採取之解決方法與過程，應該不斷記錄與反省，不斷地與相關理論進行批判性的對話與辯證。

拾、幼兒可分享之高潮事件或活動

每一個主題結束時，可設計一個活動，將幼兒的經驗加以整合並呈現，以慶賀幼兒的努力。「萬聖節vs.星星鬼屋」的眾鬼服裝秀和星星鬼屋開幕典禮，是主題高潮活動。

拾壹、記錄學習評量

幼兒作品、評量檢核表、觀察紀錄、學習檔案、學習單、活動單、家長訪談紀錄、幼兒發展量表等，任何可以呈現幼兒發展與學習歷程的紀錄，都是幼兒學習評量的一部分（這一部分可以見本書第八章多元智能取向評量）。

第七節 多元智能與幼兒園繪本教學

繪本是幼兒最早接觸的文學作品，教師可以運用繪本當作設計幼教課程之媒介，引發設計之靈感，以增進幼兒的認知能力、增進語言的學習、培養閱讀的樂趣、豐富生活經驗、養成正確行為、培養創造想像能力與涵養審美的態度與能力。結合繪本教學及多元智能理論，所設計的活動要切合該繪本的主題，或者與繪本的內容相關，其設計步驟如下：分析繪本基本資料及內容、說明設計理念、進行活動設計、安排活動流程等。

以《綠豆村的綠豆》一書為例，如表 5-15 所呈現，教師希望孩子們在聽完故事後，能學習與朋友相處；遇到問題和爭執時，能自己解決與處理；進而能加深對綠豆特性的了解。而教師結合聽故事、討論、種植、測量、數物、音樂節奏、肢體活動等，使課堂變得更豐富有趣。

表 5-15　多元智能繪本教學——「綠豆村的綠豆」

<table>
<tr><td colspan="3">書名：綠豆村的綠豆</td></tr>
<tr><td colspan="2">設計者：嚴慧媛</td><td>主題：解決問題</td></tr>
<tr><td colspan="2">文字作者：李紫蓉</td><td>圖畫作者：張振松</td></tr>
<tr><td colspan="2">出版社：信誼出版社</td><td>適用對象：大班幼兒</td></tr>
<tr><td colspan="3">內容提要</td></tr>
<tr><td colspan="3">本書敘述東村的王老爹和西村的陳老爹都很喜歡吃綠豆，為了搶買綠豆，兩個老爹吵了起來。還為了比誰的綠豆多，爭得面紅耳赤。後來村民建議用甕裝綠豆數看看誰裝得多。由於甕的大小不一，出現不公平的情況，後來改以同一尺寸的水缸來測量，結果大家都服氣且欣然接受。</td></tr>
<tr><td colspan="3">設計理念</td></tr>
<tr><td colspan="3">希望透過本書，讓孩子們學習在日常生活中與朋友相處之道，遇到問題和爭執能自己解決問題、處理問題，進而進行與綠豆相關的活動，以加深對綠豆特性的了解。</td></tr>
<tr><td colspan="3">課程架構</td></tr>
<tr><td>活動名稱</td><td>運用智能</td><td>活動內容</td></tr>
<tr><td>吵什麼</td><td>語文、內省</td><td>講述故事內容、討論故事、發表想法及作法</td></tr>
<tr><td>綠豆的生長</td><td>自然觀察者、空間</td><td>種綠豆、觀察綠豆生長</td></tr>
<tr><td>數一數、量一量</td><td>邏輯數學</td><td>數綠豆、測量誰多誰少</td></tr>
<tr><td>你數我也數</td><td>音樂</td><td>配合音樂節拍進行數綠豆</td></tr>
<tr><td>螞蟻搬豆</td><td>肢體運作、人際</td><td>搬綠豆遊戲</td></tr>
</table>

資料來源：改自鄭博真（2004：4-17）

第6章 多元智能班級經營與學校領導

第一節 班級經營之功能

班級經營乃是教師或師生遵循一定的準則，適當而有效地處理班級的人、事、物等各項業務，以發揮教學效果，達成教育目標的歷程（吳清山，1990）。有效的班級經營是有效教學的必備條件，因此一位有效能的教師就必須做好班級經營工作。班級經營之功能在於：一、建構優質的學習環境，使學生樂於學習；二、提高學生學習的效果，使學習更有效率；三、促進團體規範的形成，使學生動靜得宜；四、達成全人教育的目標，使學生均衡發展；五、增進親師生情感交流，使學生樂群善群；六、提升學校行政的效益，使學生更有動力；七、促發教師教學效能，達成學習目標（吳明隆，2004）。

第二節 班級經營策略

良好之班級經營策略，可以激發學生多元智能發展，以下說明班級經營之有效策略（吳宗立，2001）：

壹、了解特質因勢利導

班級教師宜從學生的班級學習生活中，深入了解每一學生的特質，使具備各種多元智能的學生，都有機會運用其智能專長，融入學校各項學藝活動、技能競賽、表演等學習活動中。

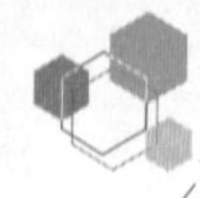

貳、激勵多元探索興趣

班級中，教師應設計多元的學習活動，激勵多元探索的興趣，運用各種獎勵措施，適時予以激勵增強，鼓勵學生廣泛地探索，達成開發多元智能，適性發展目標。

參、師生參與和諧互動

教師可依據學生的多元智能特質扮演亦師亦友的角色，從師生互動的歷程中，熟悉學生的專長、特質、次級文化，深入了解學生的生活世界與心理世界，適時主動積極關懷，增進師生互動的和諧，以助於多元智能的激發。

肆、營造開放民主氣氛

在班級經營中，教師是班級心理氣氛的製造者，對於班級氣氛的經營，教師要以教育愛真誠關懷學生，運用民主開放的領導，人性化的教室管理，適切合理的教師期望，營造尊重、開放、民主的班級風格，以激發學生多元的潛能。

伍、建立班級自主自治

教師應鼓勵學生善用內省智能、人際智能，學習民主理性的方法來面對問題，多讓學生參與決策，執行與監督，如生活公約的訂定，透過班級自主自治的規範，在人際智能與內省智能的引導下，發揮群策群力的團隊力量。

第三節 多元智能在班級經營之應用

班級經營之內涵包括：行政經營、教學經營、自治活動、常規輔導、班級環境與班級氣氛等項目（吳清山，1990）。本書則探討多元智能如何應用在常規輔導與班級環境等兩項。

壹、多元智能與班級常規輔導

多元智能在班級經營上為教師提供了新的觀點，Armstrong（2000）提出多元智能在吸引學生注意力、銜接時間、傳達班級規則、組織小組及管教學生行為方面具有啟示之作用。以下說明多元智能在班級常規輔導方面之應用。茲將其整理如表 6-1。

表 6-1 多元智能應用在班級常規輔導方面

多元智能	班級經營策略
語文	當學生吵鬧時，在黑板寫上「請安靜」三個字。 寫出班規標示注音並貼在教室裡 。 每天早自修在黑板上條列出活動安排順序。 找出名字中的第一個注音符號，大聲念出來，並找到班上和你有相同注音的人，如，姓王的學生，則念出「ㄨ」，姓陳的同學則念出「ㄔ」。 學生違反班規時，與學生談話，或為學生講相關的故事 。 學生吵鬧時，讓學生背誦唐詩、三字經。 班級指令「身體坐正，小手背後面，嘴巴閉起來，眼睛看老師」。
數學邏輯	當學生吵鬧時，拿出碼錶計算浪費的秒數，讓學生知道這是從正常教學中拿出的時間，而且要在以後補上。 老師從 1 數到 10，使學生注意並保持安靜。 在班規上標上數字，以後用數字來指明學生違反哪條班規。 在教室內放置一個可以倒數計時的數字鐘，訂出到下一個活動所剩的時間，然後讓學生在下一個活動到來之前倒數計時。 讓學生伸出一至五根手指，然後找三至四位同學一組，手指數目加

（續下表）

（承上表）

	起來是十五。 告訴學生違反班規幾次，或請學生計算自己違反班規的次數。
空間	在黑板上貼一張學生聚精會神聽講的圖畫，然後指給學生看。 運用圖解符號或圖畫來暗示另一項活動準備開始了。 在班規旁邊畫上可以做什麼和不可以做什麼的圖解符號，在學生違反班規時，以圖畫卡指明其違反哪一項規定。 找出三、四個穿相同顏色的人同一組。 放映有關適當行為或模仿適當行為的幻燈片或電影。
音樂	用手拍一小段節奏請學生重複，或用打擊樂器（如鈴鼓）吸引學生的注意力。 在一些教學活動中提供可以放鬆情緒的音樂。
肢體運作	把手指放在嘴唇上示意安靜，或者握拳高舉要學生安靜。 老師用一些動作示意學生做某些動作，如暫停的手勢。 請學生用手勢來回答老師的問題，對的手勢是用雙手做成圓圈狀，錯的手勢是將雙手交叉。
人際	班上的班長和小組長都是採用輪流的方式，每天輪流一位班長，管理上課時的秩序，觀察監督班上小朋友靜坐。小組長每週替換一次，負責收發作業，讓學生有機會發展領導能力及與其他同儕互動的機會。 把班規分配給每一組的學生，然後學生必須負責將規則弄清楚，向小組成員說明並執行這些規則。 運用分組競賽、團體制約的方式，鼓勵學生遵守班規。
內省	每節開始上課時，讓學生靜坐三分鐘，使學生在上課時緩和情緒及心情。 建立班級獎勵制度—「守護神」，以黑板上的「守護神」告知學生今天自己的表現情形，學生能反省自己的表現。學生違反班級規定時，則會被降下守護神，每個學生一天有兩次犯規機會，第三次犯規後，當天就不能在聯絡簿上蓋好寶寶印章，好寶寶印章集滿五個可兌換獎品。
自然觀察者	請學生觀察、記錄正在說話的同學。 觀察並說出模範生的優良行為。 觀察自己的「守護神」，以調整自己的行為表現。

資料來源：改自文元國小（2005a）及 Armstrong（2000: 77）

貳、多元智能在營造班級環境之應用

在探討多元智能和班級環境的關係時，我們可以參考義大利瑞吉歐學前教育系統，它是世界上最好的學前教育典範之一，Gardner（1999b）認為瑞吉歐的開放式環境，鼓勵兒童培養並發展多元表徵及多元智能，提供良好的切入點以培育社區所珍視的真理、美感和倫理標準。瑞吉歐的教育鼓勵兒童用多元有趣的方式，探索物質世界、生物世界和社會世界；學校裡準備了啟發性的教材，吸引兒童的興趣；學校和整個社區分享他們的看法；也為孩子們示範了彼此尊重的人際關係，讓他們可以將之延伸到生命中。在瑞吉歐學校中，兒童結合各種感官功能的表達能力，以及利用各種素材的表現能力，形成孩子的百種語言。此種看法，和多元智能理念不謀而合，孩子可以運用自己的各項智能表達自己的經驗，也唯有在多元化的環境下，孩子的潛能與經驗才能受到開啟與萌發。

而在美國的光譜教室（Spectrum Classroom，詳細內容可參考本書第十二章），其教育理念即建基於多元智能理論，在光譜教室中，準備了豐富的教材，以供兒童發展各方面的智能，其中包括：科學性的展出、活的動物、藝術與音樂教材、遊戲和拼圖，就好像將教室變成一座兒童博物館。在美國印地安那州契學校中，設有浮流教室，學生每週可以多次進出浮流教室，在那裡他們可以從事許多運用多元智能理念以開放、遊戲方式來設計的活動。教室裡有大量的圖板遊戲、智力遊戲、電腦軟體程式、黏土及其他學習材料，學生可以在輕鬆的氣氛下，自由選擇任何活動，同時也要學習尊重他人及保持安靜，教師則幫助促進他們的經驗，同時觀察學生如何與這些材料互動。在浮流活動時間，是教師觀察學生優勢智能最好的時機，教師藉由學生在某

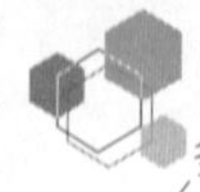

一方面的優秀能力，可以架橋至學生較為弱勢的學習領域。

為了營造多元智能的班級環境，達成境教之功能，教室內應盡量提供各式各樣的教材，以啟迪學生各項智能之發展。更詳細之多元智能環境建置方式，請閱讀本書第七章多元智能取向的學習區。

第四節 多元智能班級之特色

美國新城學校（New City School）的校長Hoerr（2004）以該校運用多元智能十五年的經驗，來說明多元智能班級之特色，他比較了傳統班級和多元智能班級之差異，傳統的班級強調學術的智能，如語文與數學領域，而忽略其他智能領域優勢的學生，教師會依學生的智力將學生進行分級，課程的實施是以教師為中心，教師的任務是幫助學生獲得資訊和事實，教師經常是「照本宣科」。在評量方面，教師經常採用紙筆式、客觀性測驗。教師通常是「教室裡的國王」，經常關起門來「孤軍奮鬥」，很少和其他老師共同合作。此外傳統的班級中，教師通常以權威的方式管教學生。在班級環境方面，布置較為呆板，缺乏學生的參與，學生可使用的資源較少。

而具多元智能特色之班級，則強調每個學生均有不同的智能組合，每個人都用不同的方式展現自己的聰明，教師會運用所有學生的智能去幫助他們學習，課程的實施是以學生為中心，教師協助學生以建構的方式來建立意義，課程是教師創造出來的，而非「照本宣科」。在評量方面，教師會運用專題報告、表演、上台報告等方式來評量學生。此外，教師會和同事一起合作運用多元智能。而在班級常規輔導方面，會以多元且適應學生特質的方式進行，在班級環境方面，較為豐富，且安排許多學習區及材料供學生自主學習。

第五節 多元智能與學校領導

學校領導者可以從多元智能理論中獲得啟發，進一步創造可以達成多元智能理想的學校。各種教育理念推陳出新，領導者須掌握時代的變動，體察學術的進步，吸收新的知識，運用在學校領導。學校校長如何領導學校成員建構一個多元智能的理想學校，可以參考以下作法。

Kornhaber、Fierros和Veenema（2004）研究美國四十一所中小學校，提供了在學校中實施多元智能理論的實際建議，提出了六大方針（compass points），包括：一、學校文化：培育多樣化學習者的支持性環境。學校環境具有對學生優勢智能及潛能的信念、關懷以及尊重價值觀、樂在學習以及教育工作者的努力；二、準備度：預備好與多元智能及其他新觀念合作。班級在實施多元智能以前，需要學校協助引介多元智能、探索多元智能與其他的新想法；三、工具：多元智能是促進優質工作的媒介。使用多元智能作為提升學生技巧以及對課程融會貫通的手段，多元智能本身不是目標或是額外附加的課程；四、協同合作：教育人員非正式與正式的交流。在非正式與正式的交流中，教育工作者樂意分享理念，提供建設性的回饋，擷取他人專業知識與優勢智能補足自己的弱勢；五、選擇：選擇有意義的課程與評量方式。教育工作者提供對學生和大多數人都有意義的學習與展現知識的選擇；六、藝術：學校教育舉足輕重的一環。運用藝術，發展單一學科內與跨學科的技巧與知識理解。

張稚美（2000）以 Kornhaber、Fierros 和 Veenema 的架構，為台灣的學校團隊實施多元智能學校本土化的六大方針設計了一份檢核

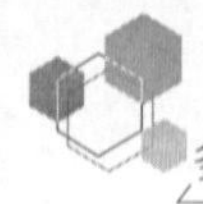

表，作為現階段學校改革的一份參考資料。落實多元智能的六大方針包含了：文化、準備程度、教師間相輔相成和合作習性、選擇的機會、工具、藝術。茲分述如下：

壹、文化

全校教職員必須要有傾全力帶好每位學生的信念和態度；相信每位學生都有特長和潛力，也積極幫助學生發展潛力；教師、行政人員和家長不會因為要趕進度而放棄任何學生；教師間以及教師和行政人員之間相互尊重和欣賞彼此的多元智能；學校人員對終身學習的理念感到振奮，願意去認識、了解和實踐多元智能的基本精神；每位學校人員都積極的從自身做起，積極鼓吹對所有師生的關懷和尊重；教師、行政人員和家長以行動表現對學生和彼此間的愛心。

貳、準備程度

有許多教師已有建構教學或其他非傳統性的教學經驗；校內成立學習社群提供固定讀書和研討為學生建立鷹架的機會；有計畫的建立學校本位的多元智能專業成長活動；為教師提供符合教學標準的鷹架，增強專業成長活動的效果；為教師和家長間建立多元溝通管道和合作的鷹架；依教師們的需要和自訂的時間表，逐步實踐多元智能；有計畫的研發有利於學生成長的多樣化評量活動和工具；建立各年級的課程概念圖，以利教師間的溝通和選出各科相關的主題；提供教師機會，可以依課程概念圖來策畫各類跨學科性的主題教學活動。

參、教師間相輔相成和合作習性

教師間相互提供非正式的教學支援以利於師生的成長；學校鼓勵

並協助教師進行正式的以及公平的「協同」或「合作」教學；學校具有培養合作風氣的鷹架和固定進行團隊教案設計的時段；在統整相關學科內容和活動時，有家長和社區的支援；教師間相互尊重彼此設計教案和創作的權益，以加強合作的意願；教師和行政人員採用他人的資訊或創作時有註明出處的胸襟，以建立合作的基礎；教師和行政人員相互督促，帶領團隊落實「尊重他人智慧財產權」的合作模式。

肆、選擇的機會

學校的教學活動以學生學習為主導；學生有進行方案學習（Project-based learning）的環境，在學習活動中有自選主題的機會；允許學生依每人的興趣和需要閱讀不同的書籍，完成教師預定的教學目標；學生在學習過後，可以參與設計學習活動和檢驗學習成果；學生在學習過後，可以參與設計多樣化的評量方式，檢驗個人學習成果；學生在學習過後，可以參與設計評量指標，以加強學習成果；學生在學習過後，可以自選另類表達或評量方式，檢驗個人學習成果；同學間在學習過後，可以依特定的指標相互評量，檢驗團隊學習成果。

伍、工具

幫助學生對學科內容有深入了解；展現高品質學習成果；培養學生自省、自律和發展人際關係；重視學生的能力，提升學習成效；培養接受批評並評論他人作品的能力；共同擬訂校內或校際評分指標；實施學校本位相關課程之統整計畫；進行方案學習的教學活動；幫助學生對課程內容有深入的認識和持續學習的興趣。

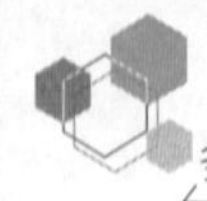

陸、藝術

有相當充實的藝術課程，以發揮學生的美勞、音樂和舞蹈能力；有相當明確的藝術課程目標，積極充實學生心靈的成長，以改善生活品質；有優秀的師資，培育學生以不同的繪畫技巧和材料創作藝術作品；有統整相關課程的計畫和目標，透過美學等管道對課程內容做深入的探討；有校外活動的資源和機會，對美學深入的了解。

以上方針作法，相信對台灣的教育革新與學校領導，將帶來相當的啟示作用。

第7章 多元智能取向的學習區

第一節 前言

台灣教育界最早提倡學習區模式者當屬郭豸女士，因為她想改善早期傳統幼教填鴨式教學，一九七〇年起在國內提倡「發現學習」法，「學習角」便是因為實驗「發現學習」所產生的模式。一九七〇年代則由蘇愛秋女士大力推動，藉由觀摩及座談推廣學習區的理念。一九八〇年代，台北市政府教育局也針對需要改變為學習區模式的幼稚園，邀請專家學者到園輔導，學習區模式逐漸抬頭。一九八〇年代末，不少師範學院教授也熱心推動，將學習區模式推展至小學低年級，至此學習區的規畫，在公私立幼稚園、托兒所處處可見。到了一九九〇年代，幼教機構為順應家長的要求，開設各式才藝班、美語班，學習區的模式面臨挑戰（蘇愛秋，1999）。從學習區在台灣推動的歷史源流看來，家長的想法的確左右了幼教的教學，但仍有些幼教機構能夠堅持正確的教育理念，提供孩子快樂的學習環境。學習區具有以下功能：一、發展幼兒獨立自主、責任感；二、發展社會性能力——合作、輪流、等待、互動等；三、發展幼兒的語言溝通能力；四、提供真實、具體經驗，促進學習成效；五、增進學習意願與動機；六、符合個別差異的需求與幼兒內在個別差異的事實；七、提供均衡統整性的學習經驗（周淑惠、陳志如，1998）。而近年來，隨著開放教育、小班精神教育及九年一貫課程之實施，國民小學也開始在教室嘗試布置學習區，讓學生自主學習及彈性學習的理念更加落實。

本章想從多元智能理論的觀點，為學習區的理念注入新的內涵，期望學習區模式能更為完備且為大眾所接受。

第二節　多元智能取向學習區之作法

多元智能的學習區（中心）是為不同智能的學生在教室中安排一個學習的地點，在多元智能學習區裡，學生可以在其中活動，也可以在屬於自己的學習區內得到一些經驗。學生可以選擇自己所喜歡的學習區，在學習區內學生可一起合作也可以單獨工作。設立中心的步驟有（Kagan & Kagan, 1998）：第一，定義多元智能學習區的目標；第二，創造多元智能學習區的活動；第三，準備多元智能學習區的工作及材料；第四，多元智能學習區的時間：學生進入學習區並且專注於活動；第五，評鑑多元智能學習區。

在此必須進一步說明的是，為了培養學生的整體能力以及啟發孩子的多元智能，教師在設計學習區時，盡可能考量到八種智能領域都能夠加以運用，其設計方式可以單一智能領域做一學習區，那麼就會有八個不同的學習區。或者，在設計學習區時，不必為每一個學習區定位為某一特定的智能領域，這樣將會限制每個學習區培養好幾種智能的功用，有些學習區培育超過一種智能類別（Phipps, 1997），例如，在發現區中，結合了邏輯數學智能和自然觀察者智能。學習區的名稱由教師和學生共同討論訂定，可使用該領域表現傑出的人名代表或者是具有特色的名稱，例如，空間區可取名為畢卡索區。各個學習區之材料及設備可配合上課的內容予以增減，使學生的學習內容可以加深或加廣，各學習區之材料及設備舉例如下：語文學習區（故事書、有聲書、稿紙、閱讀心得紙）；邏輯數學學習區（電子計算機、數學積木、假錢、尺）；空間學習區（水彩、切割墊、彩色筆、色紙、黏土）；肢體運作學習區（飛盤、呼拉圈、積木、黏土、球類）；音樂學習區（錄音帶、錄音機、樂器）；人際學習區（棋盤、棋子）；內省學習區（電腦、舒適的椅子、隱祕的空間）；自然學習區（水族箱、寵物箱、動植物標本、園藝工具）。此外，在表7-1中，也列出各學習區之材料及可以從事的作業和活動。

至於學習區的管理必須注意到學生在獨自工作時的紀律，以及幫助學生從一個活動銜接到另一個活動。學習區的實施可以分為以下幾個部分（Chen, Isberg, & Krechevsky, 1998）：

壹、引導期

引導期的時間可能延伸好幾個月，引導期之目的在於告知學生有關選擇及處理學習區的活動，並且事先給學生探索的機會，尤其是學生感到興趣的部分，而教師也可以在這個時期初步察覺學生的優勢領域及興趣。

貳、活動實施

教師每週至少實施兩次，一次兩個小時。學習區使用的時段可以在學生的自由選擇時間，也可以在學校正規活動前或活動後的時段，甚至是彈性時間，或者讓已經完成功課的學生來參與。

參、教室設計

每一個學習區可以分別用不同的顏色來標示，以幫助學生進行辨識，並且能將各學習區的材料配合各領域擺放。教室內的空間安排，科學及藝術學習區應該接近水槽，以便容易清洗。語言及社會學習區

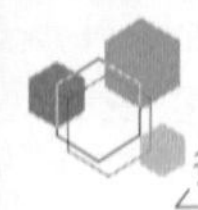

表 7-1　多元智能學習區

學習區	學習區主要材料	學習區工作
語文智能	大自然百科套書、圖畫書、兒童雜誌、卡通故事、字典、識字卡、成語故事、唐詩集、童話故事、英文圖書、有聲書、語文錄音帶、英文錄影帶、CD、DVD、電腦	1. 寫下有關學校的標語 2. 講笑話、說故事或繞口令 3. 重組句子 4. 故事接龍
邏輯數學智能	天平、益智拼圖、科學書籍、圖說數學書、數學用白板、測量工具、釘板、橡皮筋、數字磁鐵、錢紙幣、花片、幾何圖形磁鐵卡、數字骰子、電子計算機	1. 做算術 2. 將幾何圖分類或分組 3. 測量物品
空間智能	地球儀、顏料、彩色筆、台灣地圖拼圖、造型積木組（正方體等）、樂高積木、情境拼圖、五子棋、象棋、跳棋、組合玩具、火車軌道組	1. 畫下最喜愛的圖 2. 看地圖或地球儀 3. 在圖中找尋隱藏的圖 4. 拼圖遊戲 5. 棋藝比賽
肢體運作智能	套圈圈、小型撞球組、羽球拍組、彈力球、保齡球組、疊疊樂、陀螺、毽子、跳繩、黏力球組、跳跳馬、呼拉圈、籃球框組、皮球、跳格子、黏土、積木	1. 學習舞蹈 2. 比手語 3. 做體操 4. 做運動 5. 玩積木
音樂智能	電子琴、音樂帶（自然音樂、兒歌）、錄音機、各類打擊樂器（手搖鈴、三角鐵、響板、木魚、鈴鼓、沙鈴、響木、大小鼓）	1. 敲擊樂器 2. 創作歌曲 3. 聽音樂 4. 哼或唱歌
人際智能	小方桌、班級圖畫本、蠟筆、彩色筆、手指玩偶、家庭人物玩偶組、動物玩偶組	1. 與同伴談論有趣的事 2. 說笑話給同伴聽 3. 念書或詩給同伴聽 4. 和同伴分享自己的祕密 5. 猜測同伴的情緒與心情
內省智能	電腦、舒適的椅子、隱祕的空間、紙、筆	1. 想自己的願望 2. 思考自己的優點與缺點 3. 填寫自己喜好與厭惡事物的問卷 4. 寫日記

（續下表）

（承上表）

自然觀察者智能	在陽台種植各式花卉、養魚、提供望遠鏡觀察、自然圖書、動物錄影帶、水族箱、寵物箱、各種科學玩具（動畫電影、空氣實驗、風向風速計、繩索蹺蹺板、磁石娃娃、數學製圖器、電路組合玩具、萬花筒組合）	1. 根據圖片的特徵加以分類 2. 比較動物的生存習性 3. 傾聽和分辨自然界的聲音 4. 做實驗 5. 種植物 6. 養寵物

資料來源：改自文元國小（2005b）及 Erlauer（2003: 66）

可以一起設置，因為它們可共用一些材料。若空間足夠的話，音樂及運動學習區應該和其他區域有所區隔，以減低噪音的干擾。

肆、建立規則

在引導時期，教師可以和學生共同進行腦力激盪，以產生每個學習區的規則，一旦建立了規則，教師可以提醒學生，規則的建立是為了協助他們遊戲和工作，假如規則不適用的話，隨時可加以修訂。

伍、活動領導者及合作學習

教師可培養若干學生擔任學習區小老師，一方面可以使小老師獲得榮譽感與自信心，一方面可使其他同學獲得協助。學生在學習區內共同學習，充分發揮合作學習的精神。

陸、分享時間

在學習區學習結束後，教師可引導學生進一步探索問題或者回想、反省、分享進行的活動及學習的成果。

柒、學習評量

教師可針對每個學習區特定的功能，設計專屬之評量表，以評估

學生之表現。教師最好使用觀察的方式了解學生在各個項目之表現，並做成紀錄，實例如表 7-2。

第三節 多元智能取向學習區實例

台北市日新國小附設幼稚園把多元智能應用在該園的教育措施上，將學習環境分成學習區及學習角，學習區之設置可分為語文區、益智區、積木區、工作區、體能區、科學區等，其位置除了體能區及植栽區分布於教室外，其餘之學習區則坐落在班級的教室內，由各班選擇一個特色的區域加以布置，使用方式則是在學習區時間，打破班級限制，依照孩子之選擇及興趣，以混班的方式進行。而學習角則是各班教室內常態性的設置，包括：語文角、工作角、玩具角等。綜觀其規畫可發現有以下特色：

第一，以多元智能之角度檢視學習區之設計是否兼顧兒童智能的全面發展。為了培育兒童的多元智能全方位的發展，學習區之設計最好能兼顧八大智能，避免只重視某一、二項的智能領域。當然，某一學習區有可能會同時培育好幾種智能，如積木區就可培育兒童的空間、邏輯數學、人際等智能。

第二，學習環境兼顧室內與戶外。學習區的設計兼顧室內外，學習活動不限於在室內進行，戶外的植物、動物及自然環境都是很好的教學地點。此外設於戶外的體能區，不僅可以鍛鍊幼兒的體能及促進肌肉的發展，更可讓幼兒接觸陽光與新鮮的空氣及自然的風。

第三，學習區之布置配合主題活動。學習區之布置配合主題活動之進行，隨時補充教材，可使幼兒對於該主題能進行加深及加廣的探索。

表 7-2　發現區觀察評量表

兒童姓名：　　　　　　年齡：　　　觀察者：　　　　　日期：

評量項目	觀察結果
仔細觀察 1. 能使用不同的感官 2. 能注意物品在不同時間內的變化 3. 能用多種方式記錄觀察的結果 4. 其他	
關係的確認 1. 能比較或對照材料、事件 2. 能根據多種不同的標準去分類物品 3. 其他	
形成假設 1. 能根據觀察結果做預測 2. 能提出「假如」類型的問題 3. 能對原因提出解釋 4. 其他	
實驗 1. 能設立實驗情境 2. 能用新的方式使用材料 3. 其他	
對於自然觀察活動感興趣 1. 能對自然現象表現出強烈的內在動機 2. 能對所觀察的事物提出問題 3. 能報告自己與自然環境接觸的經驗 4. 其他	
對自然世界的知識 1. 能展現具有豐富的知識 2. 能提供資訊並且回答問題 3. 其他	

資料來源：出自 Krechevsky（1998: 102）

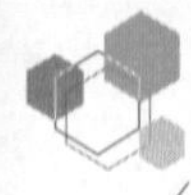

以下用表格方式呈現該園建構多元智能環境的努力（黃美瑛，2001），見表 7-3。

表 7-3　建置多元智能的環境

智能類別	日新附幼運作方式
語文智能	除了設置語文區，發展孩子的語文智能外，在每班教室，都設有語文角供幼兒自由閱讀和操作語文性的教具。 每位老師都為學習單元創作兒歌，讓每位幼兒透過這本親親兒歌，學習認字；同時大力提倡幼兒閱讀活動，並訂有明確的獎勵辦法，鼓勵幼兒閱讀，增進語文能力；最後也在團體討論和分享活動、戲劇活動中，讓每位幼兒都有機會發表自己的想法和看法。
邏輯數學智能	益智區是發展孩子的邏輯數學智能，幼兒透過玩具和教具的操作，發展分類、邏輯、推理等邏輯數學智能。同時每班老師都會配合單元活動，將邏輯數學的課程融入活動中，例如，「開商店」的單元中，讓幼兒透過買賣的過程，學習錢幣和數的結合與運用。 每班教室也都有益智角，讓幼兒自由操作教具，為了確認孩子的數學基本能力，老師也會設計相關的活動單，來加強孩子邏輯數學的認知智能。
空間智能	為了增進幼兒的空間智能設置了積木區和工作區。在積木區中，幼兒透過積木的建構，學習空間概念，並且能夠充分發揮創造力與想像力。例如，孩子們想像要建構城市，他們要先規畫蓋哪些建築、設計多少道路、要有哪些動物、車輛等等，他們一邊建構、一邊討論、一邊修正。 在工作區中的幼兒，透過廢物利用的創作，運用各種素材來作畫，也學習運用各種色彩、技法，創作每件作品。 每班教室內，也都設有工作角和玩具角，讓幼兒在角落活動或分組活動時，自由創作。
肢體運作智能	設置體能區的目的，是要發展幼兒的肢體動作智能，幼兒透過各種大型感覺統合器具，來增進感覺統合能力，透過體操和律動、騎車、球池、賽跑、墊上運動等，充分發展身體的協調、平衡、敏捷、力量、彈性和特殊的身體技巧。
音樂智能	在課程轉換或銜接的時候，用音樂取代口令，孩子自然而然就能夠分辨要做活動的轉換。有時候老師和學生的對話，也會用唱的方式來表達。此外配合單元，老師會教一首至兩首歌曲，透過聽音樂、合唱、輪唱、獨唱、節奏樂器配樂等方式來做音樂的教學。

人際智能	發展學習區教學特色的主因之一，就是要發展幼兒的人際智能，開始活動時，幼兒可以自由選擇學習區，除了探索學習之外，他們也接觸到不同班級的老師和同學，有開拓人際關係的用意。 在生活學習區中，孩子們學習各種自理能力，如拉拉鍊、綁鞋帶、摺衣服、倒水、擦桌子等等；待人的技巧，如倒水、剝花生請別人吃等；平常的分享活動，如假日生活分享、學習區活動分享、分組活動完畢後的作品分享等。
內省智能	平日透過靜思活動（一休練功），讓孩子沈澱緩和急躁的情緒，再進入活動的主題。 有時也會透過故事和扮演活動，讓幼兒看看別人想想自己。 教室有反省或情緒發洩的角落，提供有需要的幼兒自省的機會。
自然觀察者智能	科學區設有種植區、飼養區、科學教具操作區、動態實驗區等等，讓幼兒觀察體驗自然的奧祕和科學實驗的樂趣。除此之外，也配合教學單元，帶著幼兒到校園走走，實際觀察花、草、樹木和昆蟲，這些活動都是增進幼兒自然觀察者智能的途徑。

資料來源：出自黃美瑛（2001）

第四節 結語

國內教育界推行學習區之模式已經三十年，然大都在幼稚園裡實施，而且有許多不同的推行方式，近年來，也逐步向國小階段推廣，部分小學也在教室內設置學習區。今後，希望藉由多元智能理論的加入，使得學習區的推行更加成長與茁壯。

第8章 多元智能取向的評量

第一節 前言

在評量領域，學者相繼提出多元評量、真實評量、動態評量等概念（王文中、呂金燮、吳毓瑩、張郁雯、張淑慧，1999；李坤崇，1999）。多元智能論的提出，造成教育典範的轉移，也符應了評量觀念之轉變。我們可以多元智能理論來檢視傳統評量、檔案評量（portfolio assessment）與表現評量（Fogarty & Stoehr,1995）。

就評估個人認知功能方面，Gustafsson 和 Undheim（1996）認為了解認知功能的個別差異，從十九世紀至今可以分成三個階段。首先是心理計量取向，從心理測驗中可以獲得量化的分數，這種分數可以用統計的方法加以分析，並確認個人在各能力面向的差異。這種心理計量取向已經產生了心理測驗的技術，對於社會有深刻的影響。然而，這個取向所受到的批評是，智力的本質並沒有深度的理論來支持它。第二個取向，於一九六〇年代產生，著重在以過程導向的方式來理解個別差異。認知研究將人類的心智比擬為訊息處理的系統，過程導向的研究者已經設計實驗以確知表現的過程。其他研究者則嘗試去發現生物及神經心理學的個別差異來源，另外有人則去尋找文化及社會的因素。未來，真實性的作業（realistic tasks）將是了解個別差異的重要方式。真實性的作業包含了主動地運用知識，了解作業的過程及表現的個別差異，同時也必須了解認知能力和知識的相互關係。而多元智能之評量精神則著重於從學生之真實性作業來了解，與最新的趨

勢不謀而合。

傳統評量注重分數及排名，評量的內容是課堂練習、家庭作業、標準參照測驗和標準化測驗，主要針對的是語文智能、邏輯數學智能及空間智能等。檔案評量注重學生潛能的成長和發展，它的評鑑步驟包括：蒐集並選擇項目、仔細思考每項物品對學生成長的重要性、檢查檔案是否能夠作為學生進步的指標；檔案評量適用於評量語文智能、邏輯數學智能、空間智能、內省智能及人際智能。表現評量是直接觀察學生的表現情形。有效使用表現評量的步驟是：發展評分規則、使用已有的評量標準及指標；運用表現評量可以評量語文智能、邏輯數學智能、空間智能、內省智能、人際智能、肢體運作智能及音樂智能，如表 8-1。

表 8-1　三種評量方式

多元智能	評量	目的	特徵
語文智能 邏輯數學智能 空間智能	傳統評量	分數和排名	課堂練習 家庭作業 標準參照測驗 標準化測驗
語文智能 邏輯數學智能 空間智能 內省智能 人際智能	檔案評量	成長和發展	蒐集 選擇 反思 檢查
語文智能 邏輯數學智能 空間智能 內省智能 人際智能 肢體運作智能 音樂智能	表現評量	關聯和遷移	評分規則 標準 準則 指標

資料來源：改自 Fogarty & Stoehr（1995: 178）

舊式的評量派典注重標準化的測驗，且強調紙筆測驗，而學生必須進行相同的測驗；多元智能的評量理念則注重個別化，主張多元管道的測驗方式，測驗必須配合學生的適性發展。從表 8-2 中，我們可以看出舊式評量派典和符合多元智能理念的評量之間的差異。

表 8-2 舊式評量派典和符合多元智能理念的評量之間的差異

舊式評量派典	新式評量派典 （符合多元智能理念的評量）
所有學生基本上都一樣，並且以同一種方式學習；因此測驗和教學可以標準化。	沒有所謂的標準學生，每位學生都是獨特的；因此教學與測驗必須個別化、多元化。
常模參照或是效標參照、標準化測驗的分數是學生知識和學習的最主要、正確的指標。	以學習表現為基礎的直接評量，包括多種測量工具，讓他人可以較完整、正確、公平的了解學生的知識與學習。
紙筆測驗是評估學業進步的唯一方式。	學生所創造及維持的檔案，其中包括紙筆測驗及其他的評量工具，更完整的說明了學生的進展。
評量是與課程、教學分開來的；也就是說評量有其特定的時間、地點和方法。	課程與評量之間並沒有清楚的界線，也就是說，評量經常發生在課程及每日的教學之中。
外來的測驗工具與機構所提供的資料是有關學生知識和學習唯一真實且客觀的資料。	人的因素。那些和學生們最相關的人（例如，教師、家長和學生自己）掌握了正確設計者過程的關鍵。
相信學生在學校就是要精熟一套已被認定的知識體系，而且這套知識可以在考試中被再製。	相信教育的主要目標是教導學生如何學習、如何思考及如何盡可能的在許多方面具有智慧（以創造出一個終生的學習者）。
那些不能用標準化及一元化的測驗客觀評量的知識，是不值得被教或被學的。	學習的過程與課程的內容同等重要；並不是所有的學習都可以用標準化的測驗做客觀評量。
學生是被動的學習者，一個有待灌滿的空器皿。	學生是主動、負責的學習者，是教師在學習過程中的一個伙伴。
考試和考試成績可被視為課程和學校的目標。	課程和學校的目標是想要引發學生的所有才能和學習潛能。

（續下表）

（承上表）

依常態分配曲線，及學生在某一天的某個考試上的分數，將學生分為成功、普通和不及格等類別，是一種可被信賴的教學評量。	J 形曲線才是學生知識和能力的可信的教學評量，因它以複合的方式表現了知識和能力的成長。
以單一管道的測驗方式（字彙—語言，邏輯—數學，亦即讀、寫和計算）測驗學生。	以多元管道的測驗方式（其基礎為多元智能理論）測驗學生；例如，空間、肢體運作、音樂智慧、人際、內省、語言、數學邏輯和自然探索等管道）。
教育人員應採用行為學派的方式來了解人類的發展。	教育人員應採用人本／發展論的方式來了解人類的發展。
所有的學生都應該在相同的時間用同樣的測驗工具、同樣的評估標準來測量。這樣，教育學者可以將某一學生的表現與其他學生相比較。	學生們分別處於不同的發展階段，所以測驗必須個別化，以配合其發展，測驗必須提供教育人員訊息，以了解可以如何幫助學生更有效的達成教學目標。那麼，學校就可以擁有更多成功的學生。
編製測驗時最首要的考量是效率（也就是容易計分、容易計量和容易施行）。	編製測驗時最首要的考量是要對學生的學習有益。如果評量滿足了學生的需求並且幫助學生改進生活，那麼效率並不是考量的因素。
評量應該是用來指出學生的失敗、在學生之間做比較，並且顯示他們在學校中的排名。	評量應該是用來提升和表揚學生的學習，使學生加深了解其所學，並加強其學習遷移的能力，將所學應用於學校外的生活中。
教與學應該著重在課程內容和資訊的獲得。	教與學應該是難易度適中，強調學習的過程、思考技巧的發展、了解課程內容和真實生活中間動態關係。
學業的進展和成功應該用傳統的、事先決定的、標準化的工具和標準來評量。	學業的進展應用最近的研究為基礎的教育性實務加以測量，以考慮個人的需求與個別差異以及認知與心理的因素。
學習就是精通或了解各種客觀的、事實的訊息，例如，日期、過程、公式、圖表等。	有關學習的第一項而且也是最重要的一項認知，就是學習是一種主觀事件。個體經由學習、改變、延伸、質疑、加深及挑戰其對自己和世界的了解。
成功的教學欲被學生通過許多的考試，這些考試的目的用來評估學生們在不同科目中的知識。	成功的教學預備學生在真實生活中實際的生活能力。所以重心是在教導學生轉化知識的能力，將教室內的學習運用在日常生活裡。

資料來源：出自古美婷（譯），田耐青（審訂）（1999：37）

從多元智能之角度看待教學評量，多元智能的評量理念則注重個別化，主張多元管道的測驗方式，測驗必須配合學生的適性發展，打破舊式的評量派典注重標準化的測驗，且強調紙筆測驗，而學生必須進行相同測驗的觀念（王為國，2000）。多元智能取向的評量，不僅強調評量方式的多元、評量參與者的多元、評量內容的多元，更重要的是重新看待學生多元的學習方式與能力，呈現出一種深具人性化及發展觀的評量理念。希望多元智能取向的評量觀點，能帶給學生、家長、教師及行政人員更寬廣的視野，讓每位學生都能有機會表達所長，進而展現豐富多元的學習潛能（江文慈，1998）。

第二節 多元智能取向的評量理念

本節綜合各方對多元智能評量的看法，提出以下各點理念（王為國，2000；王為國，2002；李坤崇，1999；Armstrong, 1994; Chen & Gardner, 1997; Chen, Isberg, & Krechevsky, 1998; Gardner, 1993b; Gardner, 1999a; Walters, 1992）。

壹、以多元的方式與工具來評量學生的能力

多元智能理論認為人類的智能是多元的，每項智能有其相對的自主性，每項智能具有同等的重要性，多元智能的評量是要去探查每項智能不同的面向。此外，人們會以不同方式來學習、記憶、表徵和運用知識，從個別差異的角度而言，我們怎能讓每位學生都以相同方式來學習相同的教材？以單一的評量方式來評估學生的成就？傳統上，學校教育偏重語文與數理邏輯能力的教學與評量，再加上統一的教材、進度、考試與計分，無法讓所有的孩子充分地發揮。多元智能理

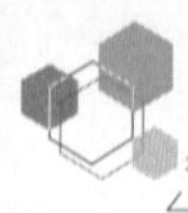

論強調每項智能可以經由特別的問題解決特性及運思機制展現出來，智能公平的工具能夠評量出每項智能獨特的關鍵能力，而不是僅由語文或邏輯的工具來顯示個人的智能。如果各學科能以各種方式來呈現，採取多元方法來評量，那麼具備不同能力或特性的各類型學生，就會有更佳的理解與表現，同時也能找回學習的信心。

貳、重視實際之生活情境

多元智能論對過分重視標準化測驗提出反省，標準化測驗脫離生活情境，應考方式只利於語文和邏輯智能較強的學生，對於這兩項智能領域較弱的學生，相對地在標準化測驗上顯得較為吃虧，而且標準化測驗忽視生態效度，因此多元智能理論認為，評量應在學習的情境中賦與評量真實的意義。多元智能取向的評量將測驗的場景擴展到較寬廣的實際情境中，讓學生可以在真實的脈絡下表現他們某方面的能力，也讓他們藉豐富多樣的生活獲得接受與讚美。例如，光譜計畫（project spectrum）就是將評量工具帶到兒童面前，而不是像心理測驗學家，將兒童帶至測驗情境下。

參、教學與評量相互依存且是連續不斷的過程

多元智能取向的教學與評量是一體兩面的，而且不嚴格區分兩者的界線，教師使用評量的結果改進教學，將評量看作是教學過程中的一部分。學生的學習經驗與評量經驗是難以區分的，學生參與教學活動，不再把評量看作是可怕的審判日，而是另一個學習機會，評量是簡單、自然的，評量是自然學習情境的一部分，而不是在額外的時間外加進來的。

肆、重視評量而不是測驗

教學評量（assessment）係指教師將所得的訊息資料加以選擇、組織，並解釋之，以助於學生做決定或價值判斷的過程。而測驗（test）係指一種正式的、有系統的方法，通常使用紙筆測驗的方式來蒐集學生表現的資訊。多元智能評量注重正常表現過程中的評量，而認為過度使用中立、非情境化的測驗則有所不妥。

伍、評量學生之優勢與弱勢領域據以協助學生發展

一旦兒童在某一優勢領域被鑑定，教師可以提供支持以及增進和發展這些優勢領域；或者教師提出學生擅長與不擅長之處，提供對學生有意義的回饋，給與學生繼續深究何種領域或從事什麼行業具體可行的建議。

陸、評量是教師與學生共同的責任

評量時學生及教師均應共同負起責任，教師的職責在規畫適合各種學生的評量方法；而學生的責任，則是依據本身的能力興趣，選擇適合自己的評量方式，並完成評量的過程。

柒、設計智能公平的工具

大多數的測驗工具偏向於語文智能與邏輯數學智能，這兩種智能優勢的人，即使在真正要評量的領域（如人際智能）並不擅長，也有可能在大部分的正式測驗上，具有良好的表現。而這兩種智能弱勢的人，即使在真正要評量的領域（如人際智能）非常擅長，但也有可能在大部分的正式測驗上，表現欠佳。其解決之道，應設計智能公平的

測量工具，以便直接觀察操作中的智能，而不必透過語言和邏輯能力。如我們可以觀察學生如何與同儕合作，以評量其人際智能。

第三節 多元智能取向的眞實評量

多元智能取向評量主張以多元方式來展現特定學習內容的表現，讓學生能發揮所長，尋找知識以外的技能與能力。此外，多元智能取向的評量強調在情境中的真實評量，而真實評量的同義詞有「實作評量」（performance assessment）、「變通性評量」（alternative assessment），或「直接評量」（direct assessment）。其判斷之要素為：一、實作的表現；二、真實的情境；三、結構的特質；四、過程性；五、彈性的解題時間；六、社會化互動下的結果；七、多向度的評分系統（呂金燮，1999）。其評量方法可以包括以下的技術：書寫測驗、問題解決、實驗操作、展示、表演、作品集、教師觀察、檢核表、問卷，以及團體合作計畫；其實施方式可以是日常教室的形成性評量、總結性評量或特殊教學計畫；其評鑑是以人的專業判斷為主，並強調多元化評量（莊明貞，1996）。教師可藉由真實評量來評估多元智能教學的成效，與學生的學習成果。以社會科的歷史課為例，評量的設計舉隅如下（江文慈，1998）：

一、語文：運用說故事來解釋歷史事件；評論歷史事件寫成報告。

二、邏輯數學：歸納歷史人物的貢獻；分析整個歷史事件的因果關係，並對未來做預測。

三、空間：用漫畫來呈現歷史事件；從建築物、服飾來說明當時的歷史背景。

四、肢體運作：用戲劇演出當時的歷史事件；設計遊戲來了解歷史事件。

五、音樂：聯結現代歌曲與歷史事件；創作環繞歷史事件的歌曲或節奏歌。

六、人際：分組討論某歷史人物的行為；分組進行團體研究。

七、內省：反省個人目前的生活與當時的差異；想想如果自己是某個歷史人物，會怎麼做？

上述七類評量活動設計拓展了評量的向度，跳脫僵化的紙上作業，使教師在設計評量時，有了更多元、更彈性的選擇，教師可參考表 8-3 之評量清單，加以選擇運用。把學習內容與圖畫、戲劇表演、團體討論、歸納分析預測以及個人感覺相聯結，如此可以讓學生有更多的機會運用他們的多元智能來幫助自己表達所領會的內容。

第四節　多元智能取向的檔案評量

運用多元智能理論到班級的實踐，教師要從測量單一形態的智能及對學生學習窄化的定義，轉移到理解每位學生的多元智能剖面圖這個新概念。因此，教師必須思考有關於每個學生是聰明的，運用多元智能理論當作分析的工具，去引導他們做個別觀察及分析學生的文件（Stefankis, 2002）。

檔案評量又可稱為「卷宗評量」或「學生成長檔評量」，其意義指有目的地蒐集學生作品，展現出學生在一個或數個領域內的努力、進步與成就。整個檔案從內容的收入、選擇的標準、評斷的標準等，都有學生參與，同時檔案內還包含了學生自我反省的證據（吳毓瑩，1999）。檔案評量可以顯示學生成長和學習，也可結合校內功課及校

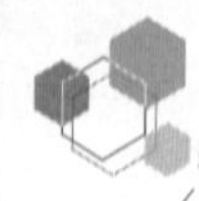

表 8-3 多元智能評量清單

語文智能	邏輯數學智能	空間智能	肢體運作智能
書面論文 字彙問答比賽 語文訊息回憶 錄製聲音紀錄 詩詞創作 語文式幽默 正式演說 認知性辯論 傾聽與報告 學習日誌	認知組體 高層次推理 形態遊戲 摘述要點 邏輯與推理遊戲 心靈清單與公式 演繹推理 計算過程 邏輯分析與批判	壁畫與混合畫 圖像表徵與視覺圖解 視覺化與想像力 閱讀、理解與製作地圖 流程圖與圖表 雕塑與建築 想像與對話 網絡化 錄影與照相 操作示範	研究室實驗 戲劇化 原創與古典舞蹈 比手畫腳和模仿 扮演 活人化 發明計畫 體操與遊戲 技巧示範 透過肢體語言與姿勢解說
音樂智能	**人際智能**	**內省智能**	**自然觀察者智能**
創作概念歌曲與饒舌歌 用聲音解說 辨認旋律的形態 譜曲 用概念把音樂和節奏連結起來 編管弦樂曲 創作打擊樂 認識音調形態與音質 分析音樂架構 複製音樂與節奏形態	小組分工合作 向別人解說或教導別人 思考－配對－分享 接力賽 提供和接受回饋 訪談、問卷和調查 同理心歷程 隨機小組問答 評量隊友 測驗、訓練、再測驗	自傳式報告 個人應用腳本 後設認知的調查與問卷 較高層次問答 專注力測驗 心情日誌 個人投射 自我認同報告 個人歷史關聯 個人偏愛與目標	動手進行實驗示範 種族或自然形態分類 與大自然邂逅及田野旅行 環境回饋 大自然觀察 照顧動物、植物 感官刺激運動 力行自然保育 典型的形態認知 模仿自然世界

資料來源：出自郭俊賢、陳淑惠（譯）（2000：117）

外文化，更可使學生掌握他們的功課並反省自己的進步（Walters, 1992），檔案可以說明學習的故事，有助於記錄每月的成果及過程，檢視學生檔案裡的作業，可以幫助教師、父母及下一年度的老師以更客觀的方式，知道更多有關於學生學習的情況，使用這些訊息可以指引他們未來的學習（Stefankis, 2002）。而一個好的檔案應該有以下特色：一、採用多元方式評量學生的作品；二、強調縱貫的學習歷程；三、鼓勵學生自我反省及自評；四、教師與學生的共同參與；五、檔案的讀者皆可互相對話；六、與教學脈絡結合（吳毓瑩，1999）。多元智能的檔案評量所蒐集的學生作品與資料，應該盡可能多樣化，甚至能包括所有八項智能類別。其實施步驟如下（王為國，2005）：

壹、計畫與組織

進行多元智能取向檔案評量之前，教師必須審慎構思並計畫其實施的方式，以下分別說明之：

一、訂定完整的評量計畫

教師事前和學生共同討論應該放什麼作品、選擇哪一個智能領域的作品、何時以及如何獲得這些作品、設定作品選取的標準。

二、尊重學生的自主決定

讓學生有充裕時間去準備和討論該放什麼作品在檔案裡，這個過程教師應該尊重學生的決定，不應該硬性規定全班都選擇一致性的作品。

三、蒐集的範圍由小而大

先從一個學習領域開始，再逐漸擴展到其他領域，也可以多元智能的單個領域逐漸擴展為多個智能領域的蒐集。

四、作品集可以分為三種

㈠必要指標——學生自評其優良示範作品並加以陳列。

㈡核心項目——每個智能領域中特定學習結果的代表性作品。

㈢個人優勢項目——依個別學生的優勢智能與學習專長而定。

貳、執行

接下來的階段是執行階段，學生在學習的過程中，要持續不斷地充實檔案的內容：

一、放入檔案的作品須有代表性，且與教室內的教學活動能緊密聯結。

二、賦與學生責任去準備、選擇、評量和保存各個作品集項目，通常愈低年級的兒童愈需要老師給與指導。

三、將老師和同學對作品的評論黏貼在作品上（或用口述方式進行）。

四、學生審慎地選擇具有代表性的作品，並放入檔案內。

參、回饋

在學期中或學期末時，可利用回饋表（如表 8-4），讓學生能針對自己的成長檔加以評論，並請同學、家長和老師給與評語（可用口述），由此學生、教師與家長可以更了解學生的學習情況與優勢智能的分布。

第五節 多元智能評量報告單

多元智能評量之報告單應如何呈現，本節以新城學校（New City School）之評量報告單為例，來說明教師如何突破傳統的成績單，以書面報告的方式，將學生在校的學習情形呈現給學生和家長知悉。

表 8-4　學習檔案回饋表

學習檔案回饋表 班級：　姓名：　座號：　日期：	
自己的評語	1. 我最喜歡哪一項作業？為什麼？ 2. 哪一項作業我最需要改進？為什麼？ 3. 我學到了什麼？
同學的評語	
家長的評語	
老師的評語	

新城學校之評量報告單，運用全校性主題（school-wide themes）來訂定多元智能的課程，在班級中教師運用七種不同的智能來設計教學，而學生可以用不同的智能領域來顯示他們對教材的理解，評量報告單則呈現了學生在各項智能的發展狀況，該校平時也注重和家長的溝通，讓家長明瞭學校的作法及理由（1996; Kagan & Kagan, 1998），茲以語文智能評量報告單為例，見表 8-5。

表 8-5　語文智能的評量報告單

層次	是	否	項目
認識			能對這一項智能中表示興趣、尊重和愉悅並能夠辨別優劣
			喜歡表現或感受語言
			喜歡聽故事、詩或歌劇
			能詢問有關於字句、聲音或定義的問題
			能問「為什麼這麼說？」，並了解文章內容的意義
表現			能在安排的情境中，應用這一項智能去表現、說明或解決問題
			能使用語言來解決問題和傳達其他學科的意義
			能熟練正在學習中的語言
			在說話和寫作中能運用譬喻法和記敘法
			能做口頭發表
			能了解和喜歡雙關語、謎語和笑話
			記憶力佳
創造			能應用這項智能產生獨創的工作，以發展出獨特的解答或創作
			能發展出一位作者的聲音
			能修改一個既存的溝通形式
			具有獨特的寫作和說話風格

資料來源：改自 New City School（1999）

第六節　多元智能觀察評量表

在學前教育的教室裡，最適用的教室評量工具就是教師的觀察技巧，透過觀察可讓教師了解幼兒能力、優勢、發展、興趣與進步情形（Hirsh, 2004），評量除了融入在教學活動中，持續地觀察幼兒的表現，了解幼兒的學習結果，教師可於整個主題教學活動結束後，進行總結性評量，檢討教學得失，了解學習成效。評量表之設計依主題內容而定，教師可以參考教學目標加以改製成評量的項目，其項目以智能領域加以區分。至於標準，教師可依據幼兒表現的情形、行為出現的頻率與對活動的興趣程度，以三、四或五等第的方式呈現，例如，「優良、良好、尚可」，或「完全做到、有時做到、需要提醒、須再加強」；教師應注意避免使用負面的標準，如以「優、良、可、差、劣」作為五等第的標準。教師在評量時，應該增加觀察次數，同樣的評量項目，應該在不同的社會情境下反覆觀察，不能只憑一次的觀察就確定幼兒的行為表現（戴文青，2001）。此外，評量表應加上教師對於幼兒表現的文字敘述，使評量表能展現出對幼兒表現深入的觀察與了解。

表 8-6　幼兒多元智能觀察評量表

主題：動物王國　　班級：大班　　＿＿月份評量

智能向度	觀察項目	評量選項（請打勾）		
		優良	良好	尚可
語文智能	1. 能傾聽故事。			
	2. 能用語言表達出自己對動物生活習性的了解。			
	3. 能主動翻閱動物的圖書。			
	4. 能說出動物的特徵（如大象有長鼻子、大耳朵）。			
邏輯數學智能	1. 能區分不同動物有不同顏色（如綠色—青竹絲）。			
	2. 能分辨及比較大小、長短、高矮。			
	3. 能學習以動物特徵來分類（如四隻腳的動物）。			
	4. 能完成一對一配對。			

（續下表）

（承上表）

<table>
<tr><td rowspan="4">音樂智能</td><td>1. 能專注聆聽音樂。</td><td></td><td></td><td></td></tr>
<tr><td>2. 能配合歌曲舞動身體。</td><td></td><td></td><td></td></tr>
<tr><td>3. 能唱出教過的歌曲。</td><td></td><td></td><td></td></tr>
<tr><td>4. 能用樂器表達節奏的快慢。</td><td></td><td></td><td></td></tr>
<tr><td rowspan="4">空間智能</td><td>1. 能規畫動物生存的環境與空間。</td><td></td><td></td><td></td></tr>
<tr><td>2. 能分辨上、下、左、右。</td><td></td><td></td><td></td></tr>
<tr><td>3. 能找出動物常棲身的地方。</td><td></td><td></td><td></td></tr>
<tr><td>4. 能透過身軀的移動來培養空間感。</td><td></td><td></td><td></td></tr>
<tr><td rowspan="4">肢體運作智能</td><td>1. 會使用自製動物美勞作品。</td><td></td><td></td><td></td></tr>
<tr><td>2. 能以肢體動作進行動物自我保護的創意表現。</td><td></td><td></td><td></td></tr>
<tr><td>3. 能模仿動物及昆蟲的動作。</td><td></td><td></td><td></td></tr>
<tr><td>4. 能展現出身體的協調度與靈敏度。</td><td></td><td></td><td></td></tr>
<tr><td rowspan="4">人際智能</td><td>1. 在團體中能夠守秩序。</td><td></td><td></td><td></td></tr>
<tr><td>2. 能與小組成員共同合作完成美勞作品。</td><td></td><td></td><td></td></tr>
<tr><td>3. 能愉快的與他人一起進行角色扮演的遊戲。</td><td></td><td></td><td></td></tr>
<tr><td>4. 能服務他人。</td><td></td><td></td><td></td></tr>
<tr><td rowspan="4">內省智能</td><td>1. 能透過口語表達自己的感受及想法。</td><td></td><td></td><td></td></tr>
<tr><td>2. 能控制自己的脾氣。</td><td></td><td></td><td></td></tr>
<tr><td>3. 能控制自己，不隨便欺負別人。</td><td></td><td></td><td></td></tr>
<tr><td>4. 能自己專心進行工作。</td><td></td><td></td><td></td></tr>
<tr><td rowspan="4">自然觀察者智能</td><td>1. 能專注地觀察動物。</td><td></td><td></td><td></td></tr>
<tr><td>2. 能觀察動物成長過程中的變化。</td><td></td><td></td><td></td></tr>
<tr><td>3. 能照顧所飼養的動物。</td><td></td><td></td><td></td></tr>
<tr><td>4. 能親近大自然。</td><td></td><td></td><td></td></tr>
<tr><td colspan="5">*優良（常常出現或表現出高度興趣） *良好（偶爾出現或表現出興趣）
*尚可（很少或未出現；無興趣）</td></tr>
<tr><td rowspan="2">評語</td><td colspan="4">老師的話：</td></tr>
<tr><td colspan="4">家長的話：</td></tr>
</table>

（設計者：陳鳳玉、譚紫雯、楊雅雰　修改者：王為國）

第七節 核心操作能力

每項智能領域都包含了許多核心的能力，它是智能發展的基礎，同時也是對各項智能發展合理的期待。Hirch（2004: 278-286）提出了幼兒各項智能之核心操作能力（the core set of operations），希望對於教師在擬訂課程目標與評量學生時，能夠有所依據。以下所列核心操作能力，大約是從三歲開始發展，但有些項目則必須到四／五歲、六／七歲或七／八歲才開始發展。

壹、內省智能的核心操作能力

從三歲開始

有時會選擇獨處

會遵守日常生活規律

會用口語表達感覺

會管理自己的衝動

對環境感到興趣

能發展自主性

能了解、記住和遵守規則

能討論喜歡和不喜歡的事

用積極的方式表現成就

用自己的感覺探索內省智能

能操作教材

能運用符號來呈現個人訊息

能反省自己的經驗

能辨識自己和他人有何相似及不同之處
能欣賞自己的獨特性
能夠討論改變
能參加放鬆運動
能問問題
能對學校及學習產生積極的感覺
能了解自己的優缺點

從四／五歲開始
能表現適當的情緒
能表現出進取心
能獨自計畫、開始及完成工作
能協助建立材料使用的適當程序
能保存圖像的日記
能夠以創意的方式呈現個人的訊息
能用適當的語言表達個人的資訊
能了解需要獨處的時間
能確定及處理日常生活中的變化
能適當地操作教材
能適當地提供及要求協助

從六／七歲開始
能保存書寫的日記
能體驗不同的角色及內省的工具
能學習內省方面的技術、工具和角色

貳、人際智能的核心操作能力

從三歲開始

能信任成人

能注意情緒的差別及解釋心情

能了解（傳達）他人使用符號的訊息

能投入平行遊戲

能投入聯合遊戲

能表達理念

能正確地了解說話者

能敏銳地表現人際智能

能主動地表現人際智能

從四／五歲開始

能投入合作性遊戲

能感覺到有影響力

能尊重社會／文化的多元

能體驗到挑戰幼兒觀點的活動

能參與反映出幼兒文化及傳統的活動

能參與其他文化的活動

能創意地展現人際智能

能用適當及複雜的語言展現內省智能

能尊重其他幼兒的身體及所有物

能用戲劇來和同儕溝通訊息

能開始一個遊戲主題

能接受一個遊戲主題

能經由互動和對話形成一個共同的遊戲主題

能解釋社區的角色

能了解和傳達家庭的角色

從七／八歲開始

能承認其他幼兒的觀點

能對成人及其他幼兒具有同理心之互動

能學習人際方面的技術、工具和角色

能在自己優勢及感到興趣的智能領域向一位專家學習

參、語文智能的核心操作能力

從三歲開始

能用口語溝通需求、要求、想法與理念。

口語能被他人所了解

能選擇書籍

能主動地對語言有所反應

能呈現語言符號

從四／五歲開始

能用創意及具有豐富表情的方式呈現語言

能辨識字的異同

能開始學習第二語言

能叫出班上同學的名字

能預測故事的結果

能用畫圖的方式編故事

能說一則具有創意的故事

能說出故事的前、中、後段

能夠重述熟悉的文本

能發展出大量的字彙

能用形容詞或副詞做口語的溝通

能回憶具有順序的事件

能對字的聲音、節奏、變音及韻律表現出敏感性

能運用圖片、標示及符號代表書寫的文字

能和同儕進行適當的對話

能展現對印刷字體意義的了解

能展現對閱讀及寫作的興趣

能夠認出自己的名字

能辨識一些簡單的中文字

能用口語創作一首詩

在說話中能運用形容詞及副詞

能夠辨識故事的目的及功能

從六／七歲開始

能辨識注音符號

能夠寫注音符號

能分辨注音符號的聲音

能夠將兩個注音符號結合並念出

在故事及句子中能使用形容詞及副詞

能夠創造簡單的句子

能夠了解教科書及談話中的主要意思
能夠以具有目的性的方式傾聽語言
能夠經驗語言領域不同的工具及角色
能夠向語言專家（詩人、作家、演說家）學習技巧

從七／八歲開始
能夠獨自閱讀
能夠獨自寫作
能在書中發現有趣的事物
能夠寫詩
能夠寫故事
能夠運用起、承、轉、合的方式說故事
能使用慣用的語法

肆、邏輯數學智能的核心操作能力

從三歲開始
能夠依據屬性來分類
能夠依順序排列物體
能在環境中組織物體
能做比較和對照
能建立例行程序
能區別感官資訊
能發展組織資訊的策略
能發展問題解決的策略
能了解多和少的差異

能問問題

能辨識和比較集合

能設定目標

能形成問題和假設

能運用推論的技巧

能產生具創造性的結論

能夠經由操作教具展現邏輯和數學的概念

從四／五歲開始

能夠辨識一到十之數字

能用符號表現數目

能探索和運用估計策略

能用創造性的方式解釋科學現象

能計畫和安排環境中的設備

能創意地呈現邏輯數學概念

從六／七歲開始

能解釋問題的解法

能運用統整的技巧

能解釋植物、動物及昆蟲的生命週期

能正確地解釋科學現象

能運用評估的技巧

能做出邏輯性的結論

能夠提出一個問題

能夠辨識關係和形式

能表現出對可逆性的了解

能具有液體及固體的保留概念

能使用加法符號

能辨識從一到二十之數字

能夠寫一到二十之數字

從七／八歲開始

能做較正確的估計

能運用減法符號

能了解位值

能辨識及寫大於一百的數

開始了解乘法的概念

開始了解除法的概念

能經驗到邏輯數學領域不同的角色與工具

能和專精於數學的人學習技術和工具

伍、空間智能的核心操作能力

從三歲開始

能在環境中操弄物體及重新創造或溝通理念與經驗

能運用自己的感官知覺及解釋環境

能完成簡單的迷宮

能投入控制性及命名的塗鴉

能創造奇特的形狀

從四／五歲開始

能尊重身體界線

能尊重材料界線

能尊重環境界線

能發現物體如何運動

在環境中能有目的性地移動

能投入前基模期的藝術表徵

能運用顏色和光線

能在環境中發現形狀

能畫出在環境中看見的形狀

能創造／表現藝術表徵

能做齒輪的實驗

能拆卸複雜的設備

能具批判性地分析物體空間性的細節

在環境中能以美學來安排物體

能適當地分類及安排相關物體的分組

從六／七歲開始

對於熟悉的地點能夠給與簡單的指示

能夠組合複雜的用具

能辨識成人使用的空間性的工具

能經驗到空間領域不同的角色及工具

能和空間領域專精的專家學習技術、工具和角色

能用地圖呈現出四周環境

陸、音樂智能的核心操作能力

從三歲開始

身體能對音樂有所回應

能記住手指謠或短歌

能模仿自然界的聲音

能辨識熟悉的聲音

能表現音樂

從四／五歲開始

能模仿節奏

能在團體中唱歌

能對不同的拍子及旋律做回應

能辨識不同音樂的類型

能獨自唱歌

能欣賞不同的音樂類型

能用創意的符號及圖畫呈現音樂的象徵

能說出音符的名稱

能投入創意和表現音樂表演

能用音樂來溝通感覺和思想

能創作一首旋律

能演奏一種樂器（鈸、鼓）

能編造歌曲以傳達思想和感覺

從六／七歲開始

能認出八分音符、四分音符、二分音符和全音符

能辨別音符的長度

能寫下一小段音樂

能演奏一種樂器（如直笛）

能夠讀一小段音樂

能經驗到音樂領域不同的角色及工具

能和音樂領域專精的專家學習技術、工具和角色

柒、肢體運作智能的核心操作能力

從三歲開始

能夠解釋運動的好處

能協調身體的動作

能維持平衡

能適當地操作大型物體

能適當地操作小型物體

能用剪刀、打孔器、膠帶及膠水做實驗

能探索成人身體的作用

從四／五歲開始

能具有目的及控制地移動自己的身體

能夠做運動

能經由跑跳來增強身體

能丟、抓、踢、打物體

能沿著直線和曲線前進

能展現肢體的動作

能操作藝術媒材以表現經驗或理念

能投入木工工作

能操作積木

能用身體表現自己的意思

能用創意的方式運用肢體

參與進行肢體遊戲時能遵守規則

能根據他人的意願開始或停止肢體動作

能使用鉗子

能裝扮自己

能拉拉鍊

能維持身體的平衡

能適當地使用膠水、膠帶、剪刀及打孔器

從六／七歲開始

能將運動納入自己每日的行程中

能繫鞋帶

能參與正確的舞蹈教學

能經驗到肢體運作領域內不同的角色及工具

能和肢體運作領域專精的專家學習技術、工具和角色

捌、自然智能的核心操作能力

從三歲開始

能運用感官觀察、傾聽、接觸或聞自然界的事物

能用自然界的事物做動作性的遊戲

能呈現自然界的符號

能將自然界的物體加以分類
能透過戶外遊戲、戶外教學和自然界互動

從四／五歲開始

能以創意的方式呈現自然界的事物
能討論、解釋及預測天氣形態
能開始適當地改變環境
能拜訪、觀察、記錄、解釋來自於自然界的資訊
能幫忙照顧班級寵物及植物
能在空間中確認物體及形式
能使用自然材料
能辨識自然物體及人造物體的區別
能從科學器材（如顯微鏡、放大鏡、望遠鏡）中獲得資訊
能種下植物的種子並使其成長
能親眼看到昆蟲或動物的生命週期

從六／七歲開始

能適當地使用科學工具
能解釋科學工具所蒐集到的資訊
能成功地計畫及維持花園
能經驗到自然領域內不同的角色和工具
能和自然領域專精的專家學習技術、工具和角色
能開始認識自己的國家、世界與太空
能辨識植物

第八節　結語

多元智能理論提出後，給與教育一個革新的方向，為了使學生能夠應付未來的挑戰，多元智能之評量提供教師進行評量時，一個全面性的思考，教師應從語文、數學邏輯、空間、音樂、肢體運作、內省、人際、自然觀察等八方面，看待學生的智能，至於實際作法則可以從真實評量、檔案評量、評量報告單、觀察評量表等方式進行，可讓學生將未來所面臨之挑戰在校內提前接受試煉，使學生更能應付未來劇烈變化之社會。而學生家長可透過學生之檔案評量、教師撰寫之評量報告單或觀察評量表，了解孩子的智能發展，並據以協助孩子的學習。多元智能理論是一個善良的理論，在評量方面希望能做到智能公平的評量，以了解學生個別差異為其最高指導原則，然後給學生最適當的課程設計與教學方法，期待教育界人士能從多元智能中得到啟發，以改進現行的教室評量措施。

第9章

多元智能與教學科技

第一節 教學科技之意義

在教育領域中，專門研究如何利用科技以解決教與學的問題，即是教學科技（instruction technology）。而科技在教育所扮演的角色，可以分成「硬體科技」（hard technology）（產品）和「軟體科技」（soft technology）（過程）（林思伶譯，1999）。硬體科技包含了電腦、DVD、數位產品……等等有形物品，而軟體科技則涉及了教學設計或學習的模式。教學科技之目的，在於運用各種知識、技術、科技產品來解決教學上的問題，以提升教學品質，使教學更有效率和效果（李世忠，1999）。教學科技之發展隨著時代變遷而產生變化，在第一階段：大眾化教學階段，一九六〇年代以前，所欲解決的教學問題是如何突破時空的限制，讓最多數人以最經濟、有效的方式得到知識，因此教學科技的角色是容器或貨車，容器或貨車是指教學媒體而言，裡面所裝載的是由教學設計人員與學科專家所整理出來的知識，而教學科技所提供的內容是由教學設計者整理出來的知識，而知識獲得的方式是經由被動地吸收得來的。第二階段：個別化教學階段，一九六〇年代以後，所欲解決的教學問題是如何適應學習者的個別差異，藉由教學機，學習者可以依自己的學習速度與途徑而學習，此時教學科技的角色仍是容器或貨車，教學科技所提供的內容是由教學設計者整理出來的知識，知識獲得的方式是在限定的知識內容內能有自主的空間。第三階段：是建構與合作學習階段，一九八〇年代以後，

所欲解決的教學問題是如何提供一個學習環境，以幫助學習者互相合作，建構知識。教學科技的角色是建構、溝通、合作的工具，教學科技所提供的內容是學習者建構知識、溝通的管道及合作的工具（田耐青，1997）。多元智能理論強調適應學習者的個別差異，也注重提供一個建構、合作的學習環境，讓學生能主動地建構自己的知識，從多元智能的角度探討教學科技，將可獲得新的教育視野。

表 9-1　近代教學科技發展的三階段

	第一階段 大眾化教學	第二階段 個別化教學	第三階段 建構、合作學習
所欲解決的教學問題	如何突破時空的限制，讓最多數人以最經濟、有效的方式得到知識	如何適應學習者的個別差異	如何提供一個學習環境，以幫助學習者互相合作，建構知識
教學科技的角色	容器或貨車	容器或貨車	建構、溝通、合作的工具
教學科技所提供的內容	由教學設計者整理出來的知識	由教學設計者整理出來的知識	供學習者建構知識、溝通的管道及合作的工具
知識獲得的方式	被動地吸收	有限的自主	個人建構與社會對話不斷進行

資料來源：改自田耐青（1997：64）

第二節　多元智能和科技的選擇

資訊科技的來臨，改變了學習的方法，使得學生的學習更加豐富，運用教學科技產品使得適應學生的個別差異更有可能實現。而科技的有效使用也可讓學生針對所學內容獲得更豐富的表徵方式，進而獲得更深度的理解（Veenema & Gardner, 1996）。教師在選擇科技媒體時，可以考量以下順序：學習者→目標→智能→科技，來進行教學設計。在教學設計的過程中，教師應從學習者的立場出發，構思在單元中必須教導什麼知識基礎，學生必須學習什麼，思考如何將科技適當地用在學習上，學生擁有的智能優勢，什麼智能必須更進一步發展，有什麼科技是有利於學習。這些問題幫助教師能適應學生之個別差異，並進而選擇適當的教學媒體（McKenzie, 2002）。

在表 9-2 中呈現各種智能領域中的教學科技，這些大都是媒體或器材，有些是傳統的教學材料，如教科書、鉛筆、報紙、雜誌……等等；有些則是最新的科技產品，如語音辨識裝置、電子郵件、桌上排版系統、網頁式排版系統、數位聲音……等等。不論是新舊科技與教學媒體，皆有其優缺點、特色、適合的呈現方式及設計方式，教師可以思考學生的優勢智能，並選擇適合學生優勢智能的教學媒體，相信可以讓學生學習得更好。例如，教師可以為語文智能優勢的學生選擇教科書、鉛筆、學習單、報紙、雜誌、文書處理器、電子郵件、桌上排版系統、網頁式排版系統、鍵盤、語音辨識裝置等作為教學的媒介。

第三節 以多元智能及科技來修正課程

教師們希望將多元智能理論融入他們的課程，並對既有的單元加以分析及修訂，教師們通常會問：我需要重新修訂我的目標嗎？我如何運用某個智能？我應該將所有的智能融入課程嗎？

教師思考如何運用多元智能領域來編輯及修訂既有的課程（lesson）及單元，教師應該檢視自己的課程是否有需要額外加入何種智能領域，而不只是將課堂中或單元中已經實施的智能加以記錄而已（McKenzie, 2005）。

表 9-2　多元智能和教學科技的選擇

智能	教學科技
語文	教科書、鉛筆、學習單、報紙、雜誌、文書處理器、電子郵件、桌上排版系統、網頁式排版系統、鍵盤、語音辨識裝置
邏輯數學	立方體、七巧板、量杯、尺、計算機、搜尋引擎、使用手冊、問題解決作業、程式語言
空間	投影機、電視、影帶、圖畫書、藝術、黑板、幻燈片、螢幕、掃描器、數位相機、圖形編輯器、網頁編輯器、數位卡通／電影、形式積木、迷宮、拼圖
肢體運作	建構工具、廚房用具、螺絲釘、槓桿、輪子和軸、斜面、滑輪、楔形物、體育設施、操作教具、滑鼠、操縱桿、手眼協調的模擬、輔助科技
音樂	耳機、錄音機、數位聲音、線上遊戲、多媒體展示器、喇叭、光碟機
內省	日記、問卷、線上調查、學習區、兒童文學、數位檔案評量
人際	班級討論、歡迎卡、實驗室、電話、無線電話、對講機、棋盤遊戲、聊天、即時訊息
自然	放大鏡、顯微鏡、望遠鏡、剪貼簿、塑膠容器、資料庫、CD、磁碟機、昆蟲箱

資料來源：改自 McKenzie（2002: 8-9）

多元智能活動的運用應有明確的教學目的，例如，在實驗課時，學生彼此聊天，並不能代表學生運用語文智能，在實驗中聊天並不是教學目的之一，若學生能聚在一起針對創意問題解決活動，用腦力激盪的方式來找到可能的解決方案，而達到單元的學習成果，這就可以說是運用語文智能。

此外嘗試將所有的智能運用在一個單元內，這樣是不需要及不適當的，牽強地將八個智能運用到一節課，通常會導致做作的、雜亂無章，學生不能達到輸入和經驗的飽和。適當的作法應該是只統整三到五個智能在一節課中，若一個智能不能自然地或很容易地融入在教學計畫中，則要省略這個智能的活動，智能和教學目標的連結應該是明顯而自然的（McKenzie, 2005）。

教師可以依循以下五個步驟去修正既有的課程（lesson）：程序（procedure）、目標（objective）、材料（materials）、評量（assessment）、科技（technology），POMAT 是上述五個步驟英文的第一個字母的縮寫，教師可以用它來檢視課程的一致性及安排良好的課程。

POMAT 取向是一種事後回溯的方式，它是教師—實踐者的觀點。教師首先檢視課程的產生，然後透過目標、材料、評量去決定目標的一致性，若課程能符合目標及評量，課程計畫將能帶來極大的教學成功。假如課程的各部分並不一致，可以透過 POMAT 的過程來確認遺漏及缺失的部分，並且加以補足。

茲將其過程分述如下：

一、程序：直接檢視每個活動及智能做配合並記筆記。

二、目標：檢視目標和智能的配合情形。

三、材料：在檢視程序和目標之後，檢查課程所使用的材料可以激發哪些智能。

四、評量：檢視評量計畫，運用的智能是否和程序、目標和材料一致？

五、科技：檢視所製作的 POMAT 表，決定要運用何種科技。

在表 9-3 中就以「造橋」當作實例，說明經過檢視後在程序、目標、材料、評量與科技之結果。結果發現在這一個單元中，邏輯數學智能的程序、目標、材料、評量與科技方面均能做好連結，但是在語文及音樂智能方面有所遺漏，在下一單元則應考慮加重此方面的比例。

運用 POMAT 的方法來分析既有的課程，可以幫助教師迅速地確認課程中的優勢領域。若教師發現這個月的課程內容偏向數學智能，而忽略了音樂智能，那麼下個月的課程，就可以多思考音樂智能如何融入在課程設計當中，以便各智能領域都能讓學生有所體驗。

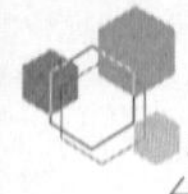

表 9-3　POMAT 表

POMAT					
智能	程序	目標	材料	評量	科技
語文					
邏輯	✓	✓	✓	✓	✓
空間	✓		✓		✓
肢體	✓	✓	✓		✓
音樂					
內省				✓	
人際	✓				
自然	✓			✓	
備註	組織、建築、測量、問題解決、在小組中一起工作	問題解決和建築	徒手工具、尺、木材、螺絲釘、釘子、參考書、護目鏡、紙、筆	開 12 磅的遙控卡車通過橋面，確認最好的橋的設計	徒手工具、尺、釘子、螺絲釘、遙控卡車

資料來源：改自 McKenzie（2005: 79）

「精益求精，止於至善」是教師必須努力追求之目標，教師們經常忽略對實施過的課程加以檢視修正，致使課程實施的缺失一直存在，為了避免此種現象，經常檢視課程計畫，可以使其更符合多元智能的精神，並進一步構思是否有可以補強之處。在此必須再次強調，在一節課中，不必運用到所有的智能，只要在一學期或一年中，各項智能的分布能夠平衡即可。

第四節 結語

資訊科技時代，網路日益發達，數位科技設備愈來愈進步，包括數位教科書、數位影像、數位聲音、數位錄影、數位多媒體、網路環境等，這些科技通常具有良好的可塑性及轉換性，教師要思考如何將其融入在既有的教學中，成為現代科技融入教學之作法，並思考其對學生的影響，使教學更能符合學生個別差異。新興科技媒體的彈性為多元學習開了一扇窗，增加教材的呈現方式，擴展教師運用媒體的範圍，文字、語音、影像之數位化整合，帶來多元化的溝通，教學設計者運用數位媒體以適應不同的學生學習類型及多元智能優勢領域，使得教師更容易因應學生的個別差異。

第10章 多元智能與高層思考

第一節 前言

企業界之雇主往往希望自己的員工能夠具有高層思考（higher-order thinking）的能力，以應付職場變化多端的事物，不希望員工僅具有處理簡單文書工作的能力，因此學校教育中，培養高層思考能力就顯得很重要了。

高層思考是人類認知能力中較上層、較精緻的能力，它涉及思考中「反思」（reflecting）的歷程，透過這項歷程，人類可以運用策略進行較有效的學習、可以創發新的知識、可以有能力選擇較可信的知識，以及能有效地解決問題。傳統學校中偏向採用直接傳輸知識的教學取向，學生從學習中往往只獲得瑣碎的知識，不但無法有效統合所學的知識，其高層思考能力也沒有獲得適當的啟迪（吳壁純，2000）。

Craver（1999）認為高層思考（批判思考）之特性為：非線性的，不一定遵循先前的行動路徑；多面向的，思考的過程不能從單一觀點來理解；產生不只一種的解決方法，每個方法都有其優缺點；答案並非只有黑與白，而是存有灰色地帶；運用多元標準，可能和其他觀點相衝突；包含不確定的要素等。

教育工作者必須運用多元智能中較高層次的內容，以促進學習的理解與對課程內容的精熟（Lazear, 2004）。有些教師在運用多元智能設計課程時，往往只安排較低層次的活動，讓學生記住一些事實和動

作而已，我們希望教師能夠提升學生在各方面的學習層次。

第二節　認知領域的層次

Bloom（1956）認為認知領域目標層次可以分為：知識、理解、應用、分析與評鑑，而 2001 年新版 Bloom 認知領域教育目標，在認知歷程向度可以分為：記憶、了解、應用、分析、評鑑、創造等，而知識向度可以分為：事實知識、概念知識、程序知識、後設認知知識等（葉連祺、林淑萍，2003）。我們的教育目標要以事實知識為基礎，逐漸向上提升概念、程序與後設認知知識，而學生的認知歷程要能從最底層之記憶，逐漸向上提升至了解、應用、分析、評鑑，最後的目標是達成能夠創造之層次。同樣地，Lazear（2004）認為認知領域的層次可以分為蒐集及理解基本知識、訊息分析與處理、高層思考與推理層次。教育的任務不能僅停留在蒐集及理解基本知識之層次，我們必須促使學生之思考層次向上提升，讓學生之思考層次能上升到訊息分析與處理，最終是達成高層次思考與推理層次，茲分述如下：

壹、蒐集及理解基本知識層次

蒐集及理解基本知識層次著重於學習及理解基本的事實、數字、定義、要素、訊息及概念，這個層級是學習的開始，然而不幸地，在正式教育中，這通常是教育的終點。蒐集及理解基本知識層次包含了：

一、精熟單元內容之專門術語與核心概念。

二、記憶單元關鍵事實、數字、資料。

三、學習如何表現核心內容的過程及操作。

四、了解資訊的分類與分組。

五、總結或解釋其他概念。

貳、訊息分析與處理層次

在訊息分析與處理層次，學生要去思考及發現所蒐集的訊息和其他訊息的相關。訊息分析與處理層次包含了：

一、詢問有關資訊蒐集的問題，例如，這些來自於哪裡？它是如何發現的？

二、將資訊分成各個部分，學習每個部分對整體之貢獻。

三、能了解所研究的內容之重要性。

四、比較和對照資訊不同的部分。

五、檢視在正式教育情境之外，人們如何使用資訊。

六、探索資訊和學校課程領域之間的關係。

參、高層思考與推理層次

在高層思考與推理層次是學習過程進行最終評量的階段，學生必須能夠獲得價值與學習責任。高層思考與推理層次包含了：

一、探索所習得的資訊之個人應用：它如何使我們的生活有所不同？

二、連結改變的觀點：這些如何改變我對自己及我對世界的理解？

三、對重要資訊做個人的判斷。

四、能夠針對每日該如何運用資訊加以計畫。

五、將知識和資訊做統整。

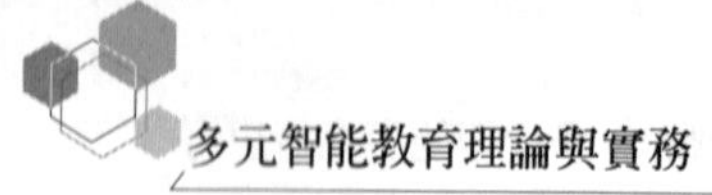

第三節 智能的分類

Gardner（1983）認為智能的分類可以包括：物體相關智能（objected-related intelligences）、無物體智能（objected-free intelligences）、個人智能（personal intelligences）。

物體相關智能，是個人必須接觸到特定物體的結構和功能才能真正運作，我們的物質宇宙結構不同，這些智能會有不同的形式。這一類智能包括了空間智能、邏輯數學智能、肢體運作智能、自然觀察者智能。它們具有共同的認知模式，依賴存在於真實世界或是能被想像的物體。有一些物體有具體的形狀、形態、顏色、影像、設計，及其我們每天接觸和互動的事物。物體是由人們所創造的，如建築物、機器、藝術或科技發明，而且物體、形狀、形式及顏色是存在於自然世界的。這些智能必須和物體互動，否則這些智能就不存在。

無物體智能包含音樂和語文智能，所指的並不是物理世界所製作、傳送的，而是反映了語言和音樂的結構。因為它們的認知模式並不依賴目標、實際或想像，外在世界或想像力的世界是獨立存在的。音樂家作曲或演奏音樂，或者詩人寫詩，它們的產品在傳統的感官中並不是一件東西，它是以音調、韻律、節奏、震動形式、音高、音質、聲音及速度來呈現。詩人運用語言去喚起事物的意象，但是文字本身卻不包含任何意象。音樂和語文智能是經由語文、聲音形態和結構來觸發的，同時也透過複雜的人類聽覺和口語系統之運作（Lazear, 2004）。

個人智能，一是有關於個人的存在，一是他人的存在，雖然任何人或自我具有共同的特徵，但也考慮到文化的差別，反映了許多歷史和個人的因素。個人智能包含了人際智能和內省智能。

第四節 認知領域之層次與多元智能

教師在設計教學活動時，應該從較基礎的認知層次開始逐步向上提升至較高的層次。茲舉出語文智能為例，如表 10-1，顯示了語文智能的不同認知之分類層次。就語文智能方面，可以分為：創意寫作、詩的表現、正式演說、語言幽默、傾聽和報告等能力（Lazear, 2004）。在傾聽和報告能力中，高層次思考與推理為：展現深度傾聽及能報告所學習的內容；在訊息分析與處理層次為：能做良好的報告

表 10-1 將認知分類應用至語文智能

認知分類的層次	語文能力				
	創意寫作	詩的表現	正式演說	語言幽默	傾聽和報告
3.高層次思考與推理	運用多樣化的寫作方法去表達個人的想法及感覺	把詩當作是表達思想、感覺和理解的媒介	探索教材較大的應用及和其他學習及知識的連結	能運用主題或概念來達成幽默機智地運用語言的習慣	展現深度傾聽及能報告所學習的內容
2.訊息分析與處理	運用多樣化的寫作形式及風格去展現對教材的領悟	運用多樣化的寫詩方法去展現對教材周密思考的過程	經由考量意義及提出問題來討論基本的資訊	運用教材或概念當作幽默說話及寫作的出發點	能做良好的報告及親自做結論
1.蒐集基本知識	運用基本的寫作形式去傳達簡單理解與理念	運用基本韻律或詩的韻律形式去展現與主題相關的簡單事實及圖	針對基本的事情及資訊做簡短的演說	運用和學習概念相關的幽默表現	能夠報導非常基本的資訊以及和其他人溝通

資料來源：出自 Lazear（2004: 64）

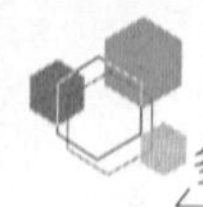

及親自做結論；在蒐集基本知識層次為：能夠報導非常基本的資訊，以及和其他人溝通。

第五節 邁向高層思考的課程設計

運用以上相關概念來設計課程，可以表 10-2 為藍圖做設計，本書參考 Lazear（2004）之設計步驟，實際以國小五年級社會「台灣在哪裡」為例，如表 10-3，說明如下：

一、在表下方的欄位內寫下教師要教導與學生要學習的課程概念。例如，利用地圖認識台灣之地理位置、利用經緯度描述台灣的地理位置、認識台灣四周的環境、了解台灣地理位置的特色、了解造成台灣板塊活動的成因、了解板塊運動對台灣的影響、了解台灣西部平原形成的原因與認識台灣島的未來。

二、確定在蒐集及理解基本知識、訊息分析與處理、高層思考與推理層次學生應該精熟的內容。例如，在蒐集基本知識方面為：利用地圖認識台灣之地理位置、利用經緯度描述台灣的地理位置。在訊息分析與處理為：認識台灣四周的環境、了解造成台灣板塊活動的成因與了解台灣西部平原形成的原因。在高層思考與推理層次方面為：了解台灣地理位置的特色、了解板塊運動對台灣的影響與認識台灣島的未來。

三、選擇可以配合內容的智能及要教導的概念。在 2、3、4 欄中填入三種不同的智能，一是物體相關智能，一是無物體智能，一是個人智能。教師最好在三種智能類別中各選取至少一種智能的活動，這將確保不同認知能力的平衡，也會提供大腦不同部位的最大活化，但並不需要同時應用八大智能。

表 10-2　多元智能單元計畫表

	1. 課程概念	2. 物體相關智能	3. 無物體智能	4. 個人智能
高層思考與推理 ↑				
訊息分析與處理 ↑				
蒐集基本知識				

課程概念	多元智能		
• ________ • ________ • ________ • ________ • ________ • ________ • ________	物體相關智能 ________ ________	無物體智能 ________ ________	個人智能 ________ ________

資料來源：出自 Lazear（2004: 101）

四、為每個單元之每個層次設計明確的活動。將單元的認知概念和智能的認知能力相互配合，如此智能領域將會讓學生的思考移向高層次的境界。例如，在訊息分析與處理及物體相關智能中之活動為：經由黏土或三明治模擬的方式，解釋板塊運動所造成的推擠現象。

五、以時間線的方式安排所列出的活動，盡可能讓學生花較多的時間在訊息處理及高層思考和推理的層次。

表 10-3　「台灣在哪裡」多元智能單元計畫表

	1. 課程概念	2. 物體相關智能	3. 無物體智能	4. 個人智能
高層思考與推理	• 了解台灣地理位置的特色 • 了解板塊運動對台灣的影響 • 認識台灣島的未來	• 運用地理現象預測台灣島的未來	• 對他人報告台灣地理特色時，能展現深度傾聽，並能向他人報告板塊運動對台灣的影響	• 小組討論台灣地理位置的特色時，能從伙伴的觀點說話，嘗試去判斷、修正或擴展伙伴的答案
訊息分析與處理	• 認識台灣四周的環境 • 了解造成台灣板塊活動的成因 • 了解台灣西部平原形成的原因	• 經由黏土或三明治模擬的方式，解釋板塊運動所造成的推擠現象	• 能對台灣四周的環境做良好的報告及親自做結論	• 能和伙伴溝通台灣西部平原形成的原因
蒐集基本知識	• 利用地圖認識台灣之地理位置 • 利用經緯度描述台灣的地理位置	• 在地圖上觀察台灣的地理位置	• 能夠說明及向其他人描述台灣的地理位置	• 在小組討論中，正確地指出台灣的地理位置

課程概念	多元智能		
• 利用地圖認識台灣之地理位置 • 利用經緯度描述台灣的地理位置 • 認識台灣四周的環境 • 了解台灣地理位置的特色 • 了解造成台灣板塊活動的成因 • 了解板塊運動對台灣的影響 • 了解台灣西部平原形成的原因 • 認識台灣島的未來	物體相關智能 自然觀察者智能	無物體智能 語文智能	個人智能 人際智能

第六節 結語

從課程目標而言，目標具有層級性，分類層次愈低，目標就愈具體，層級愈高的目標就愈抽象，教師若忽視目標的層級性，可能會出現只停留在低層次的操作上，只求活動的延續，這樣學生學習或獲得的經驗是瑣碎而未經深化的（簡楚瑛，2005）。本章所述之課程設計方式，巧妙地結合了思考的層次與多元智能的活動，其目的在使多元智能的活動不會只停留在基本、瑣碎的事實層次，可以讓教育活動具有更高層次的思考目的，以培育優質的人才。

當學生能夠了解自己多元智能或是認知的方式，而且在課程上有運用的機會時，不僅會較主動地參與活動，也會有較多和學習上的連結，因此這種探究是具有意義的（Lazear, 2004）。

第11章 一所多元智能學校
——美國契學習社區

第一節 前言

抱著百聞不如一見的心情，筆者於二○○四年四月二十一日親自前往契學習社區（Key Learning Community）參觀，當天是每月一次的訪客日，來賓可以實地進入學校觀察教育活動。筆者綜合當天實地參觀所見所聞及相關文獻探討，試圖介紹該校之教育概況，讓讀者對該校有進一步之認識。

第二節 成立緣起

契學習社區是美國印地安那州首府印地安那波里斯（Indianapolis）一所市區公立學校，招收從幼稚園到高中階段的學生。在一九八七年以契學校（Key School）為校名，開始研究Gardner的多元智能理論，原先他們將理論應用於資賦優異學生的課程設計上，後來為了使更多學生受惠，擴及到學習緩慢的兒童，他們決定將多元智能理論運用在班級教學。

在實施這個計畫時，學校受到社區及當地主管教育的長官支持，同時也獲得地方基金會一年的經費補助。一九九三年在教育主管機關的許可下，學校設立了中學部，命名為契－文藝復興學校（Key Renaissance School），它是契學校下列各種計畫的延伸：對每一種智能

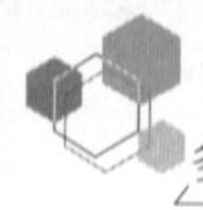

領域同等地重視、主題基礎的統整學科課程、混年齡的異質編組、專題、影帶檔案、真實性評量等。學校安排這些措施，希望讓學生成為社區的領導者，同時也希望他們在商業、教育、政府、藝術、科技、科學方面有卓越的表現（Bolanos, 1994），而目前該校已經更名為契學習社區（Key Learning Community），並搬遷至新的校區。該校之使命在於研究與發展多元化之教學實踐與基於多元智能領域的個人化教育（Key Learning Community, 2005a）

第三節　組織成員

該校為達成理想的教學，組織成員共有：級任教師、視覺藝術專家、音樂教師、體育教師、媒體專家、兩位助教—浮流活動教師（flow activity teacher）及社區資源教師。特別值得說明的是，兩位助教主要的責任在於引發學生之內在動機及負責社區參與事務；而媒體專家之責任最主要在於將學生所有的主題活動以錄影的方式記錄下來，並負責維護學校的影帶檔案（Bolanos, 1994）。

第四節　理論基礎

該校的教育哲學基礎的來源頗為多元，同時採用了 Gardner 的多元智能理論、Csikszentmihalyi 內在動機理論、Boyer 人類共性理論（human commonalities）、 Feldman 的發展連續體理論與 Senge 的學習型組織等理念，其具體實踐在學校的課程與教學、學校的合作性環境、真實性評量以及持續的改進。多元智能理論落實於課程與教學是：彈性的計畫、統整性的課程、協同教學及合作、真實性的教學與高潮活動。內在動機理論展現在合作環境之建構，其具體措施為：混齡與混能力的團體、在高度興趣的領域發展方案、學生小組、浮流活動教室、給學生及成員發展優勢的機會。人類共性理論落實於學校契約、和主題相關的週課程、導師課程、服務的機會、領導的機會。發展連續體理論落實於真實性評量是：專題、專題的多媒體歷程檔案、發展性的表現描述、有品質的範例、每個智能領域的評量。學習型組織理念主要在於做持續的改進，包括：合作的伙伴、專業發展、教師歷程檔案、學校改善計畫、認證，如表 11-1 。

第五節　學校特色

該校運用了多種理論的理念，創造了學校的特色，以下分別介紹該校之特色（Gardner, 1993b; Key School, 1998）：

壹、各種智能領域受到同等的重視

這所學校的創校目標之一，是主張每天都應該刺激兒童的多元智能。因此該校的每一位學生，除了要上標準的讀、寫、算和以主題為中心的課程之外，還要定期上計算、音樂與肢體運動知覺的課，原則上，課程的安排盡可能求取各領域之間的平衡。

貳、學徒式的小組（pod）

每個學生每天都須加入類似學徒式的小組，在小組中，學生要和不同年紀的學生與學有專長的教師在一起工作，以精熟某一種有興趣的技藝或學科。由於這些小組包括各種年齡層的學生，因此每位學生都有機會參加符合自己知識程度的活動，並且以適合自己的速度發

表 11-1　契學習社區理論基礎表

多元智能理論 **Howard Gardner**	內在動機 **M.Csikszent-mihalyi**	人類共性 **Ernest Boyer**	發展連續體 **David H. Feldman**	學習型組織 **Peter Senge**
• 語文 • 音樂 • 邏輯／數學 • 自然 • 空間 • 肢體／動覺 • 人際 • 內省	• 清楚的目標 • 挑戰相對配合的技能水準 • 立即性的回饋 • 集中精神而不擔心被打斷 • 沒有外在時間的限制	• 分享生活圈 • 分享符號的使用 • 分享團體和機構的成員 • 分享生產和消費的感覺 • 分享和自然的關係 • 分享時間和空間的關係 • 分享價值和信念 • 分享美的感覺	• 普遍的 • 文化的 • 學科為本 1. 生手 2. 學徒 3. 熟手 4. 工匠 5. 專家 6. 大師 • 個人特有 • 超群絕倫	• 個人優勢 • 心智模式 • 分享願景 • 團隊學習 • 系統性思考

主題統整課程
組織中心

課程和教學	合作的環境	人類共性	真實性的評量	持續性的改進
• 彈性的計畫 • 統整性的課程 • 協同教學及合作 • 真實性的教學 • 高潮活動	• 混齡、混能力的團體 • 在高度興趣的領域發展方案 • 學生小組 • 浮流活動教室 • 給學生及成員發展優勢的機會	• 學校契約 • 和主題相關的週課程 • 導師課程 • 服務的機會 • 領導的機會	• 專題 • 專題的多媒體歷程檔案 • 發展性的表現描述 • 有品質的範例 • 每個智能領域的評量	• 合作的伙伴 • 專業發展 • 教師歷程檔案 • 學校改善計畫 • 認證

資料來源：出自 Key Learning Community（2005b）

展。由於學生在一位知識比自己淵博者身旁學習，因此有寶貴的機會來觀察專家進行有成效的工作。目前開設有舞蹈、電影、經濟、戲劇、雜耍表演……等組。由於小組的重點是要在類似學徒制的環境下，習得真實世界的技能，因此大大地提高獲得真正理解的機會。

參、與社區的關係密切

每週邀請一位校外專家來校訪問，向所有學生示範他們的專長或技藝，通常這些專家就是學生家長，所示範的題材也往往配合當時的課業主題（例如，如果主題是環保，來賓可能會談汙水處理、森林管理或遊說的政治歷程）。他們期望學生不僅能因而了解社區中種種活動的多樣性，也希望學生能有機會在專家的指導下更深入地探索某一領域。達到此一目的的方法之一，是參加當地印地安那波里斯兒童博物館探索中心（Center of Exploration）的課程，在那裡學生可以參加幾個月的學徒教育，以進行諸如漫畫製作、造船、新聞、氣象觀測等持續性的活動。

肆、全校主題（theme）與學生專題（student project）

在每一學年當中，學校會強調三個主題，每一主題持續十週的時間。這些主題是透過教師、教職員工、學生及相關人士共同討論表決出來的，實施過的主題包括：類型（patterns）、連結（connections）、謎（mystery）、內省（reflection）、文藝復興的今與昔、墨西哥的文化遺產等，該校的課程要以這些主題為中心，使學生所要學習的讀、寫、算技能與概念，盡可能地以很自然的方式融入這些主題。同時每位學生都要完成與主題相關的專題作業，在每個主題結束後，學生都要發表專題報告，並彼此觀摩，回答老師和同學的問題，

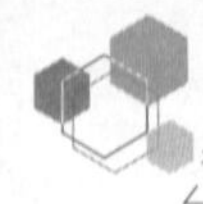

並且將發表過程予以錄影，以利日後剪輯成學生個人的成長檔案。在這個專題活動中，教師的角色是要去鑑別重要的技能、選擇教材、建構學習活動、挑戰及鼓勵學生；而學生則是要以主動的角色，全心投入主題活動中，並以訪談、閱讀、模擬、發表對影帶及音樂的感想等方式來完成作業。

伍、浮流教室（flow room）

這個教室是設計用來使學生學習如何進入浮流的狀態，所謂浮流（flow）是指人們喜愛某項活動並感到有趣因而全心投入這項活動心無旁騖的狀態。學生每週可以多次進出浮流教室，在那裡他們可以從事許多運用多元智能理念以開放、遊戲方式來設計的活動。教室裡有大量的圖板遊戲、智力遊戲、電腦軟體程式、黏土及其他學習材料，學生可以在輕鬆的氣氛下，自由選擇任何活動，同時也要學習尊重他人及保持安靜，教師則幫助促進他們的經驗，同時觀察學生如何與這些材料互動。作者認為，在浮流活動時間，是教師觀察學生優勢智能最好的時機，教師藉由學生在某一方面的優秀能力，可以架橋至學生較為弱勢的學習領域。

陸、專題的評量

該校以下列五個層面來評量學生的專題與作品：

一、個別智力層面

評量學生在專題中所顯示的特殊認知長處、短處與傾向，包括學生處理事物的態度傾向（冒險或保守）與智能傾向（語文、邏輯數學、空間、人際）。

二、事實、技能與概念的精熟程度

評量學生如何呈現自己具備的知識、概念與應用標準課程的能力。

三、作品的品質

評量品質比較常見的標準包括創新與想像、美學判斷力與技巧、專題中導出某項概念的方式、表現的情形。

四、溝通能力

專題作業讓學生有機會跟較多的觀眾溝通，包含一起合作的同學、老師、其他大人與自己。

五、反省思考能力

專題作業提供後設認知或反省性思考活動的最佳時機，教師可以跟學生一起檢討作品，討論他跟過去作品的相關性，並以長期目標或認知形態的觀點來審視它。同樣重要地，學生要能逐漸內化這種反省的方法，以便沒有他人在場時，也能進行自我評估，其方式是填寫專題反省單，專題反省單之範例如表 11-2 所示。

表 11-2　專題反省單範例

專題反省單	
主題：	
姓名：	
準備	
我每次做專題時，都會每天寫專題日記。	1 2 3 4 5
在專題中，我會去研究我的想法。	1 2 3 4 5
我的父母會幫助我完成專題。	1 2 3 4 5
在我所有的作業中，我花大部分的時間在製作專題。	1 2 3 4 5
我至少花一個晚上以上的時間來製作專題。	1 2 3 4 5
我是在家中完成專題的。	1 2 3 4 5
我的專題	
我的專題和主題有關聯。	1 2 3 4 5
我喜歡我的專題。	1 2 3 4 5
在製作專題的過程中，我學會了新的事物。	1 2 3 4 5
我認為製作專題是一件有趣的事。	1 2 3 4 5
我認為這次的專題是我所有作業中最好的一項。	1 2 3 4 5
專題報告	
我在發表時，能說得讓每個人都聽得清楚。	1 2 3 4 5
在我的專題中，有某些地方很值得大家一起討論。	1 2 3 4 5
我能從容地發表我的專題。	1 2 3 4 5
我認為這個專題比前兩個專題有進步。	1 2 3 4 5
我認為同學能夠從我的專題中學習到新的事物。	1 2 3 4 5
我的專長是：	
我需要在哪些方面更加努力？	
假如我可以修改我的專題或報告，我應該怎麼做會更好？	
在這學年中，我做得最好的專題是：	

資料來源：改自 Key School（1998）

柒、學生進步情形報告單

契學習社區所設計之學生進步情形報告單，含括八大智能領域，在各智能領域中分別訂出評估的學科或活動。如下所示（Key School Community, 1998）：

一、語文智能：英文、外國語。

二、音樂智能：音樂。

三、邏輯數學智能：數學、研究。

四、自然智能：科學。

五、空間智能：視覺藝術、地理。

六、肢體運作智能：體育、健康。

七、人際智能：家庭生活、學習社區、歷史。

八、內省智能：神馳活動、學生小組、專題作業。

這份報告單有三項要素必須加以說明：

一、發展表現的描述

評鑑每位學生在每個科目中發展連續體，可分為下列三個階段：

㈠普遍水平階段（universal level of development）：在各文化之中，全部的兒童皆能達到的程度。

㈡文化水平階段（cultural level of development）：在某一特定的文化或學校，全部的兒童都達到的程度。

㈢學科本位水平階段（discipline-based level of development）：在某一學科領域，學生能夠討論並參與活動。

以數學科中——數的概念為例，在普遍水平階段的學生應該要了解大於和小於的關係；在文化水平階段學生應了解數值、數學語言及

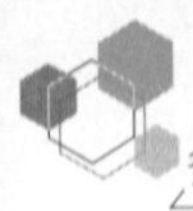

共通的符號，能了解購物、交換及相關的價值；在學科本位水平階段的學生應該能辨別、操作、關聯和論證數字系統中的類型。再以數學科中——運算能力為例，在普遍水平階段的學生應該要了解加入和拿走物體會導致數量的改變；在文化水平階段學生應能運用適當的符號和運算（加減乘除）以獲得正確的答案；在學科本位水平階段的學生應該能決定和使用正確的符號及運算來解決應用問題。

二、學習進度

依據作業紀錄、發展階段、學生年齡及教師的判斷等，學習進度（progress）可以分為三個等級：

㈠進度緩慢，需要幫助：學生進步緩慢，甚至微不足道，須額外協助。

㈡穩定進步：學生穩健進步中。

㈢進展迅速：就其年齡而言，學生沿著發展連續體，加速邁進，表現突出。

三、參與動機

視學生參與活動時熱烈或冷淡的態度，評定其動機強弱：

㈠內在動機：學生參與活動時，表現全心投入、專注，不在乎外界支持或懲罰，如神馳狀態的活動。

㈡外在動機：學生對老師所發起的活動或獎懲制度有所反應，對有形的獎勵較為積極。

㈢消極被動：學生冷漠、無動於衷、不參與活動，如不寫作業等。

㈣破壞秩序：學生干擾同學們參與活動，如班上擾亂秩序者。

以下以數學科為例，呈現數學科進步情形報告單：

表 11-3　數學科進步情形報告單

數學科進步情形報告單

學生姓名：　　　　　　班級：　　　　座號：

領域	科目	項目	發展表現	學習進度	參與動機
邏輯數學智能	數學	數的概念			
		運算能力			
		測量			
		幾何			
		問題解決			
學生自評					
教師評語					

發展表現：UL（普遍水平）CL（文化水平）DL（學科本位水平）
學習進度：N（進度緩慢）　S（穩定進步）　R（進展迅速）
參與動機：△內在動機 ○外在動機 □消極被動 ╳破壞秩序

資料來源：改自 Key Learning Community（2005c）

第六節　對我國學校教育的啟示

壹、社團活動之規畫應考量學生興趣與多元化

目前大部分學校規畫社團活動，大都以老師的興趣與專長為優先考量，開設之組別是以老師的立場為主，並未真正落實以學生興趣優先、尊重學生需求及考慮學生的多元智能，而且欠缺整體規畫，組別未能多樣化。為使學生之多元智能能充分發展，有必要針對八種智能安排各種形態的社團活動，提供學生能依據個人興趣選擇的機會。至

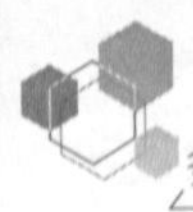

於社團活動分組之方式，可考慮打破年級界線，讓不同年級的學生能夠在同一組互動，以發揮學徒制的功效。

貳、結合社區資源

可招募家長及社區人士，針對其職業或其專長，到學校對學生做一簡單的介紹或示範，時間可以在正式上課期間，也可以運用彈性時間進行。如此，可充分運用社區資源，又可增進學校與社區之互動，同時可延伸學生學習的觸角。

參、與社教與文化機構密切配合

與社會教育館、文化中心、博物館、美術館等社會教育機構密切配合，可利用社教機構各項展覽期間，帶領學生前往參觀，並配合安排研習、導覽等活動，使學生的學習內容能夠更加寬廣。

肆、主題式課程

配合歲時節令，每週或每月訂定一個主題，進行統整化教學，請全校各科老師共同設計該主題的課程，並請學生完成與該主題相關之專題報告。例如，以農曆春節為主題，國語科可以做年節故事的接龍比賽、春聯的寫作與欣賞；數學科可以計算壓歲錢的收入與支出；自然科可以探討爆竹的原理；社會科可以探討春節的習俗與由來；美勞科可以製作年節的裝飾或者欣賞版印年畫；音樂科可以學習年節的歌曲及演奏富有過年意味的音樂；體育科可以學習傳統民俗的舞蹈；健康科可以新年的飲食健康為主題；綜合領域可讓學生自我反省一年來的表現，並學習尊重長輩。

伍、改進評量方式

目前學校之評量方式大都局限於紙筆式的測驗，偏重於測量學生之語文與邏輯數學能力，對於這兩項智能表現較好的學生來說較為有利，相較之下，對其他智能較為發達的同學則較為吃虧。因此，將評量的方式改進為注重學生各項的能力表現，觀察學生如何運用每項智能的符號系統。例如，可以觀察學生如何玩邏輯遊戲、如何操縱機器、如何跳舞，或在合作小組中如何處理爭執。在自然的情境中，觀察學生解決問題或製作產品的方式，並記錄學生製作產品和解決問題的過程。此外教師也可設計學生自評表，讓學生針對自己的學習做自我評量，將可促進學生後設認知及反省思考的能力。

陸、以理論為指導依據

任何的教育措施都應該有理論為基礎，切莫盲目行事及隨意參考他校的課程計畫或教學活動，如此易流於「畫虎不成反類犬」。學校應依據一些理論，並加以消化吸收，以創造適合自己學校文化的教育特色。

第12章 多元智能理論在幼兒教育之應用——以光譜計畫為例

第一節 理論基礎

美國一群學者和學校教師共同合作推動的光譜計畫（Project Spectrum），展現對幼兒發展、課程內容、教學方式與評量方法的重視與協調，而且強調理論和實際的結合，其成功經驗可供我國學前學校教師推動教學創新之參考。光譜計畫從一九八四至一九九二年進行了為期九年的研究計畫（Chen, Isberg, & Krechevsky, 1998; Krechev-sky, 1998），該計畫創造一個豐富的教室情境，幼兒到教室後會被豐富的材料所吸引，並不斷和這些材料及環境互動，經由這些豐富和複雜的互動，幼兒會顯現他們各自的智能組合，亦即智能的「光譜」（Gardner, 1999a）。該計畫是由Feldman、Krechevsky和Gardner共同推動的，並根據Gardner及Feldman之非普遍性發展理論，在一九八〇年《超越普遍的認知發展》（*Beyond Universals in Cognitive Development*）一書中，Feldman挑戰了發展心理學的概念，非普遍性理論認為許多領域的活動並不是所有的人及團體都需要的，並不是所有人類都需要達到相同的發展階段，也不認為每個人在所有領域皆會成功。他提出了發展性成就的連續體概念，包括以下六個領域：普遍性、泛文化、文化、學科為本、個人特有、超群絕倫。教師應該有很多不同的機會可以應驗學生之潛能，每位幼兒對一或多個領域的興趣應該有所不同。依據非普遍性理論，光譜計畫決定選擇在文化中具有

重要性的七個領域來進行評量，分別是：語言、數學、運動、音樂、科學、社會理解及視覺藝術（Feldman, 1998）。光譜計畫能夠以適當的理論作為實施的基礎，可以使該計畫不至於迷失於教育改革的實驗室，有了理論的指引，加上實際實施的實務經驗，可使該計畫符合幼兒心理與認知發展的脈絡。

第二節 光譜計畫之緣起與實施過程

光譜計畫在九年的實施過程中，因為受到不同基金會經費來源的補助，以及實施對象之差異，該計畫的實施可分為以下三個時期（Chen, Isberg, & Krechevsky, 1998）：

第一個時期：發展幼兒認知能力的新評量法

在光譜計畫的前四年（1984－1988），受到斯賓塞（Spencer）基金會經費的贊助，要發展出一套評量幼兒認知能力的方法。光譜計畫研究群所設計的評量活動包括七種不同的知識領域，分別是：語言、數學、音樂、藝術、社會理解、科學、運動等。而每個領域內都有若干活動（如科學領域的組合活動、語言領域的故事板活動、數學領域的公車遊戲），這些活動能夠用來評量幼兒在玩遊戲或工作時的表現，且活動並不需要幼兒寫字，因此幼兒可以開啟他們寬廣的優勢智能，而不會被傳統的評量工具限制。

蒐集幼兒展現不同能力的檔案及智能光譜之後，可發現幼兒多元智能分布並非固定的，而是可以經由適當的教育機會安排及豐富的環境刺激來加以增進。一旦幼兒的優勢智能被鑑定出來，教師就能依此來設計個別化的教育方案。

第二個時期：鑑別幼稚園及小一學業失敗兒童的優勢領域

在第五年（1988－1989），光譜計畫由格蘭特（Grant）基金會贊助，檢視光譜計畫的評量技術是否適合較大的兒童（幼稚園至國小一年級），這些兒童是學校中的落後者，老師認為其在行為表現出現危機，在標準化的閱讀、算術測驗及預備度測驗的分數都有障礙。老師要發掘學業表現不佳學生之優勢智能，透過加強其優勢領域以改善他們的學業成就表現。光譜計畫不止是鑑別學生的優勢，也期望學校的課程設計中，老師能發揮對學生能力及興趣之了解，來修正課堂計畫，以符合學生的需要。

第三個時期：針對培育學生之優勢領域是否能增進學業表現進行研究

在一九九〇至一九九二年受到格蘭特基金會之支持，在同一個社區中，和不同學校中的四個班級進行合作。他們的目標是要試驗光譜計畫是否能夠在公立學校的情境中提升學生的學業成就，該計畫蒐集和發展八個學科（語言、數學、運動、音樂、一般科學、機械及建構、社會理解及視覺藝術）的學習活動，以顯示出幼兒的優勢，這些活動是設計用來引導學生學科或領域之基本技能的工具。此外這個時期的研究重點包括：以光譜作為架構的兒童博物館、在小學實施光譜取向的師傅課程（Project Spectrum, 2001）。

第三節　光譜計畫之特性

為協助讀者了解光譜計畫，以下從五方面說明光譜計畫的特性

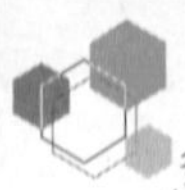

（Chen, Krechevsky, Viens, & Isberg, 1998）：

壹、光譜計畫改變人們對於智能的思考

從比奈（A. Binet）及西蒙（T. Simon）等人在一九○五年設計第一份智力測驗以來，對於一個人的智力高低，往往取決其語文能力、推理能力、數學能力的優劣。根據多元智能理論，人類的智能展現應該是多元的，不是只有語文及邏輯數學智能表現好的人，才算是高智商的人，其他智能領域表現優異的人，也應該得到贊同。光譜取向的評量不僅有語文、數學方面的評量，也包括對學生動作領域、音樂領域等方面的評量，這代表光譜計畫對智能領域全面性的看法，改變了學校教師及家長對於傳統智能的看法。

貳、光譜計畫是判斷幼兒表現的一種方法

有時教師不是很容易就能夠發現幼兒在何種領域表現較好，光譜計畫提供一個架構，使教師能觀察幼兒在特定領域的表現，能在情境中評量幼兒認知的能力。藉由幼兒參與各種活動的表現，老師得以觀察幼兒優勢領域的展現，也會觀察到平時未注意的領域。

參、光譜提供進入課程的多元切入點

光譜計畫所建置的教學環境充滿了廣泛的活動和教材，這些材料可以鼓勵幼兒去探索跨越領域及各個領域內的內容。例如，有一位幼兒參與故事板的活動，希望藉此活動來學習寫作及閱讀，在這活動中幼兒必須透過操作小圖形及道具來說一個完整的故事。當老師了解這名幼兒需要運用身體來學習字母之後，老師修正原有的課程，運用以手指畫字母、用身體寫字、用舞蹈說故事的方法，使這位幼兒學會閱

讀。

肆、光譜強調課程內容

除了強調課程內容的廣度之外，光譜計畫也很強調課程內容的深度，光譜計畫的課程具有深厚的學科基礎，不是只將課程簡化或提供遊戲化及有趣的學習活動而已，更重要的是能夠充實幼兒之學前語文與數學能力。

伍、光譜強調幼兒的優勢領域

光譜計畫強調去辨識及讚揚幼兒的優點，幼兒能很明顯感受到自己的成就，因為該計畫不假定每位幼兒在每個領域都能夠或應該發展到優勢的階段。培養幼兒的優勢包括給幼兒一些機會去產生自己的理念，去分享理念、成果，表現給別人看，並反省自己的工作。若幼兒能夠了解班上同學在學習或解決問題時有不同類型的優點，且了解沒有一位同學會在每個領域都表現得很好或很差，這樣幼兒比較容易去尊重同學的差異。

第四節 光譜評量系統的進行方式

壹、安排活動

光譜計畫設計許多活動，將學校課程和幼兒的好奇心連結起來，將幼兒的優勢領域和學校安排的智能領域活動做結合，教室內外的活動相互搭配。以下分別說明光譜活動的功用（Chen, Isberg, & Krechevsky, 1998）：

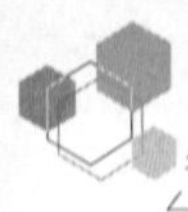

一、引導幼兒至較寬廣的學習領域

光譜計畫安排許多活動，期望幼兒接觸真實世界的工作，以引導幼兒至廣泛的學習領域。在此必須注意：智能和領域的概念不同，領域是一個文化內的知識體，在一個領域內的表現可能需要超過一種的智能，如數學，可能需要邏輯數學智能及空間智能。

二、鑑別幼兒的優勢領域

幼兒進行活動時，教師可以經由正式評量及非正式觀察來鑑定幼兒的優勢領域。為了協助教師明確地觀察幼兒某一領域的能力，光譜計畫發展每個領域的關鍵能力，教師可據此評估幼兒的表現。

三、培育幼兒優勢領域

幼兒的優勢領域被鑑定出來，教師可以提供支持增進及發展這些優勢領域。教師要發展適性的教學以適應幼兒的個別差異，使幼兒盡可能地依照自己的步調來學習。教師可以將自由選擇的時間納入功課表中，他們可以使用開放性的評量（如寫作、說故事或創造牙齒結構的模型），使幼兒能用不同的能力來表現。光譜計畫鼓勵教師使課程和幼兒的優勢領域及興趣配合。例如，有位幼兒對機械領域特別感到興趣，他的老師可以嘗試提供更多的工具、機器或建材，以鼓勵他去繼續探索這個領域。教師可使用關鍵能力來發展活動及方案，並進一步去發展幼兒特別的能力、知識、技能。教師除了擴展幼兒的技能之外，也可以嘗試用一些策略，使幼兒感受到成功與自信的經驗，例如，教師可以引導幼兒使他成為某一領域的領導者，而這一領域是幼兒的優勢智能，幼兒可以帶領班上同學在學習區進行活動。若幼兒被賦與額外的責任、特別的技能及獲得積極的增強，那麼他的優勢領域將會受到培育與發展。

四、在幼兒之優勢領域和其他領域之間架橋

如果幼兒不願意接觸某些教材，教師就要嘗試去「架橋」，亦即盡量強調幼兒先前喜愛的教材，以此作為橋梁，幼兒才比較容易去接受原先不喜歡的教材。方法如下：㈠給幼兒在優勢領域成功的經驗，這樣他才會有自信去挑戰其他領域。㈡以其他智能的方式來學習優勢領域的內容，如幼兒若有機械的能力或興趣，可以讓他讀或寫有關機械的內容，以培育其讀寫能力。㈢優勢領域之關鍵能力可以和另一領域之表現相關聯，如幼兒對於音樂的旋律敏銳，可以對應到語言及運動的旋律。

以上探討光譜活動的功用，接下來說明光譜計畫在班級內實施時，可以規畫四種不同形態的活動：

一、幼兒中心—小團體活動：教師給與簡短的說明之後，四到六位幼兒分別或一起進行活動。如含油的食物，經由簡單的實驗，知道哪些食物含有油的成分。

二、教師中心—小團體活動：教師和小團體內的幼兒一起進行活動。如影片欣賞，經由觀察影片來增進報告的技巧。

三、幼兒中心—大團體活動：教師引導活動，接著全班或一半的幼兒一起活動或表演。如我們的城市，建造一座城市的模型。

四、教師中心—大團體活動：教師監督班上所有幼兒的表現。如圓形圖，使用圓形圖來組織訊息。

在單元結束時，光譜計畫還安排「家庭活動」，這種活動能夠讓父母參與發現及探索幼兒優勢領域的過程。

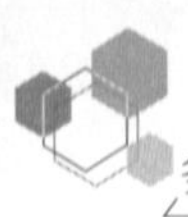

在一學年中，光譜計畫安排多元領域的活動讓幼兒參與，如表12-1，即為光譜教室一年的行事曆。以下分別舉出「恐龍遊戲」及「公車遊戲」兩個活動來說明光譜活動的進行方式。恐龍遊戲是以教師或幼兒為中心的小團體活動，其目的在評量幼兒的數字概念、計算技巧及運用策略的能力，其方法有點類似「大富翁」的遊戲，在一張紙板上，畫一隻恐龍，並從恐龍的頭部、背部至尾部畫上格子，遊戲的方式是在恐龍背部的格子中放置兩隻塑膠製的小恐龍，用擲骰子（有的骰子畫上點數、有的畫上加或減的符號）的方式決定前進或後退，若退至恐龍的頭部表示被恐龍吃了，若往前走至恐龍的尾部就算是逃出來。教師在旁邊觀察哪些幼兒一再重複玩這個遊戲，也觀察幼兒是如何依循規則玩遊戲，或是自己創造規則，或者自己玩還是和他人玩。

而公車遊戲是以教師或幼兒為中心的小團體活動，其目的在評量幼兒如何表現心算能力以及記錄和組織訊息的能力。本遊戲的材料是一輛紙板做成的公車模型，以及畫有公車路線圖及一座車站、四個公車站牌的大紙板，以紙做的乘客若干個，一些代幣等。幼兒假裝自己是一位車掌，在每個站牌均有乘客上下車，教師在旁詢問幼兒：「公車裡有多少位乘客？」幼兒可用心算也可用代幣加以記錄，教師藉以觀察幼兒運算的方式，必要時可予以協助。

貳、光譜教室學習區的設置

在這個計畫中，有些活動是在學習區引導的，如在自然學家角或木工角，幼兒能夠使用材料去表現特殊的活動或獨自探索這個領域。教師在教室安排至少一個學習區，讓幼兒到學習區活動，在一學年中，教師和光譜研究者仔細觀察幼兒之工作，嘗試去選擇課程以符合幼兒的優勢及興趣。在方案結束時，研究人員鑑定出成就低落之幼兒

表 12-1　光譜教室行事曆

月份	領域	評量	相關活動	備註
九月	藝術 科學		幼兒開始進行藝術檔案 介紹發現領域	
十月	數學 運動 科學	恐龍遊戲（7-8 天） 組合遊戲（7-8 天）	結束班級內的恐龍活動 介紹每週的創造性運動	
十一月	藝術 語文 音樂	藝術活動 1（動物） 故事板活動（7-8 天） 教「上升」	介紹說故事 結束故事板活動 開始週末新聞	郵寄問卷給家長
十二月	藝術 音樂 社會	藝術活動 2（個人） 唱歌活動		填同儕互動檢核表
一月	語文 藝術	報告活動（電影，8 天） 藝術活動 3（幻想動物）	討論報告者的角色	檢視藝術檔案
二月	科學 音樂 社會	尋寶遊戲（5-6 天） 班級模型（7-8 天）	介紹蒙特梭利鈴 介紹班級模型	針對班級模型照相填社會圖
三月	音樂 社會 藝術 數學	音樂知覺活動（7-8 天） 藝術活動 4（雕刻） 公車遊戲（5-6 天）	結束班級模型	
四月	數學 科學 運動 社會	公車遊戲（7-8 天） 水槽和浮物 障礙課程（戶外）（5-6 天）	結束公車遊戲	填同儕互動檢核表
五月	藝術			檢視藝術檔案 光譜檔案：為每位幼兒寫總結檔案

資料來源：出自 Krechevsky（1998: 208）

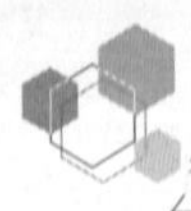

的優勢領域，這是基於他們在學習區工作展現出來的能力及興趣，研究人員發現幼兒喜歡他們的光譜經驗而且具有高度之參與動機。當幼兒在這些領域工作時，表現出熱忱、自信及合作的精神，這是教師以前未觀察到的。

學習區的管理必須注意：幼兒在獨自工作時的紀律，以及幫助幼兒從一個活動銜接到另一個活動，且如何在同一時間內計畫從事許多新的活動。以下分別說明學習區實施的階段（Chen, Isberg, & Krechevsky, 1998）：

一、引導期

引導期的時間可能延伸好幾個月，導入期之目的有：告知幼兒有關選擇及處理學習區活動安排的順序。事先給幼兒探索的機會，尤其是幼兒感興趣的部分，促使教師能初步地察覺幼兒的優勢領域及興趣。

二、活動實施

在光譜教室中，教師每週至少兩次開放二至四個學習區，一次兩個小時。學習區可以運用自由選擇時間，也可以在學校正規活動前或活動後的時段，或者讓已經完成工作的幼兒參與。

三、教室設計

每個學習區可以分別用不同的顏色來標示，以幫助幼兒進行辨識，並且將各區的材料配合各領域擺放。教室內的空間安排，科學及藝術學習區應該接近水槽，以便容易清洗。語言及社會學習區可以一起設置，因為它們可共用一些材料。若空間足夠的話，音樂及運動學習區應該和其他區域有所區隔，以減低噪音的干擾。

四、建立規則

在引導時期，教師可以和幼兒共同進行腦力激盪，以產生每個學習區的規則，教師可以提醒幼兒，規則的建立是為了協助他們遊戲和工作，假如規則不適用的話，隨時可以加以修訂。

五、迷你課

教師運用五到十分鐘的時間，引導幼兒討論或辯論有關使用學習區的課題，這些討論可以幫助幼兒重新檢視規則及方法，也可以讓幼兒了解他們在學習過程中的角色。

六、活動領導者及合作學習

在學習區內，教師可培養若干幼兒擔任學習區小老師，一方面可以使小老師獲得榮譽感與自信心，一方面可使其他同學獲得協助。幼兒在學習區內共同學習，充分發揮合作學習的精神。

七、分享時間

在學習區的活動結束後，教師可引導幼兒進一步探索問題或者回想、反省、分享進行活動的感覺及學習的成果，並培養幼兒傾聽他人說話的習慣。

光譜教室內設有發現區、語文區……等學習區，以下以「發現區」為例，說明學習區的目的及其材料。發現區是一個年度經常性的活動，目的在鼓勵幼兒能夠去觀察、探索及實驗自然現象。在發現區的活動及評量比其他科學領域內的活動較不具結構性。在發現區內幼

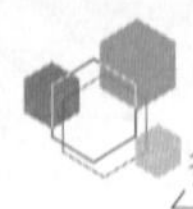

兒可以培養觀察、辨別相似和差異、形成假設、實驗及對知識感興趣的能力。至於區內的材料，須視教師選擇的活動而定，通常材料是在校園內就可以找到，或者可由幼兒自行蒐集或家長提供。良好的材料可以讓幼兒用不同的方式來運用它，也可以用不同的形式、重量或顏色來展現，以促使幼兒去觀察及實驗。發現區之基本材料及設備可包括：一般設備類（放大鏡、分類容器、鑷子、整理盒、顯微鏡、鏡子、磁鐵）、水桌設備類（各種濾網、各種漏斗、各種塑膠瓶、各種塑膠容器、打蛋器、各種漂浮物及玩水的材料、實用性色素）、測量設備類（溫度計、計量器、量杯、尺）、動物設備（獸籠、盒子、桶子、昆蟲箱、鳥籠、水族箱）、花園及植物設備（花盆、托盤、小鏟子）、標本類（化石、種子、石頭、貝殼、羽毛、骨骼、獸皮）、紀錄材料類（錄音帶、標籤、筆、紙、卡片）。一旦有新的材料時，教師應該讓所有的幼兒都明白如何操作及儲存。

參、評量幼兒智能的方式

在學年結束時，教師會依據幼兒的表現彙集成光譜報告，這份報告中，描述幼兒的優勢與弱勢領域，並且建議家庭、學校及社區應採取的措施。如表 12-2 所示，光譜評量安排具結構性及目標的工作（數字及音樂領域）及非結構性的自然觀察（科學及社會領域），藉以評量幼兒。光譜計畫重視對幼兒的評量，希望能鑑別及記錄幼兒的優勢領域，評量的方式可分為教師觀察及檔案評量（Chen, Isberg, & Krechevsky, 1998）。

一、教師觀察

光譜計畫的教師發展一套適合教學實際的記錄方式，例如，表

表 12-2 光譜評量認知能力表

1. 數字領域
・恐龍遊戲：測量兒童對於數字概念、計算技巧的理解以及使用運算規則和運用策略的能力。
・公車遊戲：評量兒童創造有用的符號系統，表現出心算以及組織一或多變項之數字訊息的能力。

2. 科學領域
・組合活動：測量兒童的機械能力。要成功地完成活動須具備良好的運動技能、視覺空間、觀察及問題解決能力。
・尋寶遊戲：評估兒童邏輯推理的能力。要求兒童組織訊息以發現設置藏寶地點的規則。
・水的活動：評估兒童從觀察中產生假設的能力，以及做一些簡單的實驗。
・發現活動：包括一整年的活動，以引導兒童觀察、應用及理解自然現象。

3. 音樂領域
・音樂製造活動：測量兒童唱歌時保持正確音調與節奏的能力，以及能否回憶歌曲的音樂特性。
・音樂知覺活動：評定兒童辨別音調的能力，活動包括辨認歌曲、發現錯誤及分辨音調。

4. 語言領域
・故事板活動：測量語言技巧，包括字彙及句子結構的複雜性、連接詞的使用、描述性語言及對話的使用，以及發展故事情節的能力。
・報告活動：評定兒童描述事件的能力，評量標準包括：能報告正確的內容、詳細程度、句子結構及字彙。

5. 視覺藝術
・藝術檔案：一年檢核兩次，評定的標準包括：線條與形狀的運用、顏色、空間、細節、表現方式及設計。另有三個結構性的繪畫活動，評量標準如上。

6. 動作領域
・創作性活動：五種舞蹈及創造性活動的能力：對節奏的敏感性、表達及肢體控制、產生創意的動作及隨音樂起舞。
・運動性活動：有一門障礙課程可培養許多運動都需要的技能，如協調、時間感、平衡及力量。

7. 社會領域
・教室模型活動：評定兒童觀察及分析教室社會事件與經驗的能力。
・同儕互動檢核表：用來評估兒童和同儕互動的行為，不同的行為形態產生不同的社會角色，例如，協助者及領導者。

資料來源：出自 Gardner（1993b: 91）

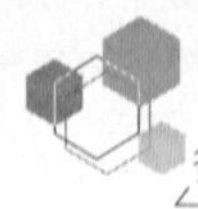

12-3 班級觀察表，提供一個記錄幼兒表現的格式，幫助教師做詳細的記載。此外，也可運用便條紙、錄音機、攝影機、照相機將幼兒的表現記錄下來。

二、檔案評量

運用檔案夾進行目的性地蒐集幼兒的作品，記錄幼兒的進步情形、優勢或成就。檔案夾中應包含多樣化的資料，包括：幼兒的藝術作品、資料紀錄表、詩、故事錄音帶、運動表現錄音帶、幼兒唱歌的錄音帶……等。

從以上之介紹，我們可看出光譜評量系統對兒童有益的特點是（Gardner, 1993b）：㈠光譜評量讓兒童參與有意義及情境化的遊戲；㈡光譜計畫模糊課程與評量的界線，將評量和正規的教育課程有效地統整起來；㈢光譜計畫運用智能公平的測量工具，直接評量幼兒在每個智能領域的運思情形，而非透過語文或邏輯數學等方式來測量；㈣光譜計畫提供兒童從優勢領域跨入較弱勢領域之途徑。

表 12-3　班級觀察表

教師：　　　　　　　　　　　　　　日期：

幼兒姓名	活動	領域／關鍵活動	事件／舉例

資料來源：出自 Chen, Isberg, & Krechevsky（1998: 20）

第五節 光譜計畫之影響

光譜計畫實施之後，美國有些學校受到光譜計畫理念的影響，開始在學校進行課程與教學的改變，並且發展出各種不同的類型，參與光譜計畫的幼兒年齡層從四歲到八歲都有，運用光譜計畫的目的可分為：診斷、分類及教學。而使用光譜方法的幼兒包括了一般生、資優生、殘障生及瀕臨學校失敗者，而這些計畫分別是為了研究、補救及充實而設計（Gardner,1993b）。以下分別從個別教師實行、校中校、全校實施等幾種方式說明應用光譜計畫的方法（Chen, Krechevsky, Viens, & Isberg, 1998）：

壹、個別教師實行

Bruce Campbell是美國華盛頓州西雅圖市瑪麗斯維爾學區之教師，他在自己的班級內運用多元智能的理論進行課程。Campbell所服務之學校的校長及同事對於教育革新之興趣並不大，因此他決定自己進行嘗試。他設計了多元智能的學習區以及方案，並且用不同的切入點來設計課程。多元智能理論帶給Campbell專業上的成長，他認為自己的角色由幼兒的指導者轉變為協助者，而且教學上變得較注重發現的過程。

貳、校中校之實施方式

這種實施的方式是學校部分教師以自願參加的方式進行多元智能的教學，並不是全校教師參與，先由部分教師參與光譜計畫的培訓課程，然後再邀集幾位志同道合的伙伴共同推行。如富勒（Fuller）學

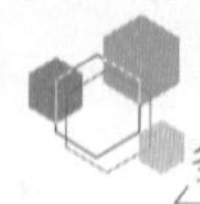

校，剛開始是由三位幼稚園教師及兩位特教老師組成一個團隊，來應用光譜取向的評量方式。此外，教師以多元智能理論作為重點來進行課程發展的工作 — 設計、實施、修訂、再嘗試。經過數年之實施經驗，該校之光譜課程有以下特點：一、課程包括許多學習領域及具有脈絡意義的基本技能；二、採取過程取向及活動本位，以不同的方式實施或者結合許多教學策略，如，主題單元、專題研究及學習區；三、以廣泛的領域來評量幼兒的認知與實作。

參、全校實施

另一種方式是全校共同實施多元智能教學，例如，蒙哥馬利・諾爾斯（Montgomery Knolls）小學全體老師將多元智能光譜之理念落實到他們任教的班級中，老師藉由特定領域之觀察來了解幼兒的優勢與弱勢領域，並進而去幫助幼兒，他們會運用一些光譜評量的活動來觀察個別幼兒的概況，如巴士遊戲、組合、班級模型等。同時，他們也使用多元智能檢核表來鑑別幼兒的優勢與弱勢，這些評量的資訊不僅幫助老師計畫課程，也提供教師會議的起始點，老師在會中向幼兒描述在一年中的優勢及進步領域，並鼓勵幼兒去補充及回應老師的評論，因此，鼓勵幼兒去面對評量，也是學習的一部分。此外，該校教師也嘗試運用檔案評量，以幼稚園之評量為例，所蒐集之資料包括：多元智能檢核表、自我描述的蒐集、個別學生表現單、家長問卷、塗色／切割作品、照片、任何可以顯示進步或優勢的作品、數學學具、自我報告卡、教師之晤談等。

由上可知，學校及教師受到光譜計畫的啟發而採取光譜取向的教學，而這些方式各有其特色，實施方式也不盡相同，因此每個幼稚園或學校在推行光譜計畫時，應依照學校本身已有的條件及基礎，來設計光譜精神的學校，不宜全盤移植他校的實施計畫或教學方案。

第六節 多元智能光譜取向教學成功的原因

光譜計畫能夠有效地評量幼兒，發覺幼兒之優勢智能，改善弱勢智能，有以下幾點重要的因素（Chen, Krechevsky, Viens, & Isberg, 1998）：

壹、以多元智能理論作為基礎

能夠將多元智能理論做適當的運用，除了必須對理論本身了解透徹之外，也需要和自己的經驗產生連結。多元智能和光譜計畫承認教師實踐性經驗的正當性，支持教師的信念，多元智能的概念也提供教師和家長、幼兒、同事之間溝通的語彙。

貳、多元智能是方法而不是目的

教師應該設法讓幼兒體驗到所有智能領域的活動，而不是將幼兒標示為具有「語文智能」、「肢體運作智能」，這樣會忽視了智能的多面向及動態性。

參、重視教師之團隊合作

進行統整課程時，不同任教領域的教師應彼此合作進行協同教學，以截長補短，教師同儕間也扮演情緒及心理上的支持。除了教師的合作外，也注重親師合作，邀請家長參與班級活動。

肆、教育變革要適合學校的文化

任何變革均須體認每所學校具有不同的文化，因此就無所謂放諸四海皆準的一套方法或過程，唯有針對不同學校特性，設計出適合該校情況的實施方式，才是最恰當的。

伍、將理論融入實踐中

沒有實踐過的理論是空的，沒有理論基礎的實踐是盲目的。光譜計畫的研究人員和教師共同合作將理論落實於實務中，並經由長期觀察幼兒的行為以及具體實踐，有效地強化理論。

陸、兼顧光譜計畫與當地社區的需求

光譜計畫的理念因為和參與者互動而更加豐富，重視親師的溝通，也能夠邀請社區人士參與教學活動，同時能夠充分和當地社區資源結合，如博物館。因此能夠體察當地社區的環境變遷與需求，不至於產生脫離現實的狀況。

第七節　光譜計畫之啓示

壹、課程設計應以多元角度加以思考

為了使幼兒具有統整化的經驗，教師在設計課程時，應從多元化的角度進行思考，同一主題或內容，可以設計不同的智能教學活動，使幼兒能接受到適合自己優勢領域的教學。以「端午節」這個主題為例，語文智能活動是：屈原的故事、白蛇傳。邏輯數學智能活動是：

你得到幾個香包。空間智能活動是：大家來做香包、好玩的吸管粽子。音樂智能活動是：粽子變變變。人際智能活動是：送給你！我的好朋友。肢體運作智能活動是：大家來跳粽子舞、划龍舟。自然智能活動是：認識艾草。

貳、教學與評量是一體兩面密不可分

目前我們的學校教育，教學與評量往往是分割的，教師通常會先進行教學活動，而後從事評量，將教學和評量視為兩回事，光譜取向認為教學與評量之界限是模糊的，評量不是單獨存在，光譜計畫之教學活動即是評量活動，教師在進行教學活動之同時，也在針對幼兒之活動表現以及展現之優勢、弱勢領域加以觀察並予以記錄。

參、評量是在真實情境脈絡之下進行

目前我國學校中進行的評量，普遍是紙筆測驗之形式，評量的情境通常是緊張氣氛、講究個別獨立完成、有時間壓力之下完成的，所以幼兒評量成績的高低和實際情境中解決問題的能力較無關。因此，光譜計畫強調在真實情境下進行評量的作法，值得我們參考。

肆、發掘幼兒優勢智能以啟導弱勢智能

從光譜計畫實施的經驗來看，發掘幼兒獨特的優勢智能，不僅可以讓幼兒從中得到自信，也可以藉由優勢智能為媒介，啟發其弱勢智能。針對學業落後的學生進行補救教學時，若老師依然採用同樣的教學方式教學生，學生依然學不會，若教師能針對個別學生的學習方式加以了解，找出最適合幼兒個人的教學方式，將有助於學生學習。

伍、設置多樣化的學習區以激發多元智能

光譜計畫中的學習區和國內幼稚園行之有年的學習區（角落）教學相似，在學習區內，教師可安置多樣化的教材、玩具，激發孩子多元的智能，老師也可以從孩子在學習區中的操作，了解孩子的智能發展。而光譜計畫中「師徒制」的學習區，安排學有專精的大人或某項智能優勢的孩子以「駐站」的方式，提供其他孩子觀摩學習的機會。在師徒制高度情境化的學習方式中，幼兒時時可以接收到自己進步的情形以及非正式的回饋（Gardner, 1993b）。

陸、提供完整詳實的評量報告

光譜計畫於每學年末均會提供幼兒多元智能發展的報告，內容詳實且具參考性，國內幼教老師若能針對個別幼兒記錄下詳實而完整的評量報告，協助家長了解幼兒的狀況，也容易獲得家長的信任。

柒、尊重幼兒的個別差異

光譜計畫的精神顯示了美國的文化傳統，一是，這套教學計畫的基礎理念重視教材與科技，幼兒應該有很多機會可以接觸許多材料；二是，強調幼兒個別差異的重要性，每位幼兒應該盡可能地發展他獨特的長處；三是，雖然光譜計畫鼓勵團體工作，但基本上幼兒是一位個別的學習者（Gardner, 1999b）。若光譜計畫的理念要在台灣這種一向強調群體關係的文化中推廣，教師必須學習去尊重個別幼兒的目標與需求，如此才有成功的可能。

捌、父母參與課後活動

光譜計畫重視家長參與幼兒的活動，因此設計許多課後的活動，要求家長和幼兒一起完成，藉以幫助家長了解自己的孩子。國內家長參與孩子的學習活動情形，大體說來，部分家長非常關心孩子的學習狀況，但也有些家長對孩子的教育並不太重視，教育機構應加強親職教育，引導家長正確的教育理念，以及安排適當的在家活動，以協助促進親子之了解。

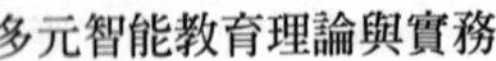

第13章 多元智能理論在台灣推展之概況

第一節 緣起

台灣的教育界對多元智能的觀念頗能接受，最早的教學實驗方案是在一九九八年由教育部推動的國民中小學補救教學示範學校專案，採用多元智能的精神注入於國民中小學的教學中，由於此一專案乃由官方所主導，由教育部提供經費、師資研習及指導教授之協助，進行了三年，所以帶動了各方對多元智能的關注。而此一時期，教育部又推行小班教學精神計畫，各中小學依多元化、個別化、適性化等內涵辦理實驗教學，而多元智能理論的精神，和上述小班教學精神內涵相似，因此廣受實務界的教師採用，並設計出許多創新的教學活動。之後，一九九九年起，教育部又陸續推展九年一貫新課程的試辦工作，此外也公布了九年一貫課程大綱及基本理念，九年一貫課程中的七大學習領域與十大基本能力，與多元智能理論有密切的關係（王為國，1999），其中主張學校本位課程發展、課程統整、教學創新、主題教學等理念，因為教師有了自主設計課程的空間，加上課程統整理念的推廣，使得許多老師更能將多元智能的理念應用於實務。此外，國內各出版社紛紛翻譯 Gardner 之著作，以及多元智能相關的書籍，讓多元智能之理念廣為教育界所知。目前國內相關的書籍有：《多元智能創造思考教學》（王萬清，1999）；《多元智慧理論》（田耐青，1999）；《再建多元智慧》（李心瑩譯，1997）；《經營多元智慧》（洪蘭審訂，李平譯，1997）；《創造心靈》（林佩芝譯，1997）；

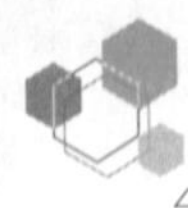

《多元智慧和學生成就》（梁雲霞譯，2000）；《7 種 IQ》（莊安祺譯，1998）；《多元智慧的教與學》（郭俊賢、陳淑惠譯，1998）；《開啟多元智能新世紀》（陳瓊森譯，1997）；《學習的紀律》（魯燕萍譯，2000）；《領導大師風雲錄》（譚天譯，1997）；《落實多元智慧教學評量》（郭俊賢、陳淑惠譯，2000）；《多元智慧融入教學與領導》（陳佩正譯，2001）；《超越教化的心靈》（陳瓊森、汪益譯，1995）；《多元智慧豐富人生》（羅吉台、席行蕙譯，2001）；《多元智慧輕鬆教》（張湘君、葛琦霞，2001）；《統整多元智慧與學習風格》（田耐青譯，2002）；《活用多元智慧》（林心茹譯，2005）；《心智解構》（莊安祺譯，2007）。

作者於二〇〇五年五月利用國家圖書館的全國博碩士論文摘要檢索系統查詢的結果，發現國內以多元智能為主題的論文計有 78 篇，其中，一九九八年有 1 篇，一九九九年有 5 篇，二〇〇〇年有 9 篇，二〇〇一年有 19 篇，二〇〇二年有 17 篇，二〇〇三年有 22 篇，二〇〇四年有 5 篇。以中華民國期刊論文索引系統查詢則有 242 篇，一九九七年（含）以前有 4 篇，一九九八年有 14 篇，一九九九年有 16 篇，二〇〇〇年有 55 篇，二〇〇一年有 37 篇，二〇〇二年有 46 篇，二〇〇三年有 50 篇，二〇〇四年有 20 篇。以多元智能（multiple intelligences）為關鍵字，查詢教育研究資料庫（ERIC）之結果，一九九二年（含）以前有 88 篇，一九九三年及一九九四年有 91 篇，一九九五年及一九九六年有 171 篇，一九九七年及一九九八年有 198 篇，一九九九年及二〇〇〇年有 208 篇，二〇〇一年及二〇〇二年有 88 篇。主題包羅萬象，包括國中、小、幼稚園，科目有語文、英語、自然科學。從上可知，國內外近幾年來，相關書籍的出版，以及期刊論文中探討多元智能者相當多元及豐富，使得多元智能之運用獲得教育界許多的重視。

第二節 體制內推動概況

目前在國內依據多元智能理念來從事教學的學校，體制內之學校則有參與「教育部國民中小學補救教學示範學校專案—多元智能補救教學專案」的國民中小學、新竹縣大坪國小、國立新竹師範學院附設幼稚園以及玉里高中等；在體制外的學校是雅歌實驗小學。

壹、國民中小學補救教學示範學校專案—多元智能補救教學專案

本專案實施期間由一九九八年二月一日起，進行三階段，第一階段，由一九九八年二月至一九九八年六月，第二階段由一九九八年八月至一九九九年八月，第三階段自一九九九年八月至二〇〇〇年七月。

此專案之目標為：為有效輔導學習低成就之國中小學生，由教育部協助各校成立行政人員、相關教師及家長成長團體，共同擬訂並執行該校補救教學實施計畫。並於學期中，對各校學習有困難及學習成就低落、學習動機欠佳之學生，予以適當之教學輔導，以提升其自我肯定及學習成就。

本專案實施方式分為三個階段：在第一、二階段，由教育部提出國中小補救教學願景（vision），供全國認同此願景並願意配合執行之公私立國民中小學爭取參與本方案，由教育部選取五所國中、兩所國小試行。在第三階段，則有一所國中退出，加入三所國小，共有四所國中與五所國小參與此階段的專案。

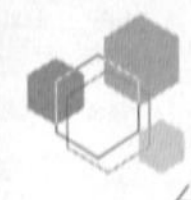

一、第一、二階段

本專案教育部所提出的願景可分為四方面。在學生方面：能肯定並接納自己、對自己有信心、了解智能是多元的、對學習產生興趣。在教師方面：能肯定並接納學生、各科教師之間有長期溝通之管道與時間、有專業成長之機會（校內、校外教學研討會）、落實部分課程統整以增強補救教學之成效、肯定多元智能、應用多元管道增強教與學之效果、共同努力合作，而非孤軍奮鬥。在行政方面（校長、主任、組長）：能肯定並接納學生、能肯定並支持教師，建立成長團體；破除教師及行政人員是萬能的迷思，了解人均有盲點，需要在互動中達到終身學習的目標。在家長方面：有與學生、教師共同成長的機會；支持教師的教與學生的學；了解智能是多元的；了解自己子弟之性向與學習方式；學校與家長間可以互相信賴。

專案的實施流程是：由教育部說明研究計畫之目的與作法，由教育部公告，並甄選合格學校。之後在教師研習中心舉行一週之「國中小補救教學的理論與實務：多元智能與課程統整」工作坊。參與研習的教師、主任、校長，回到自己學校後，召集並推廣訓練相關教師，成立改進補救教學小組（校內成長團體），於學期中開始試行新制補救教學。實施過程中，校內成立成長團體，以促進校內小組之互動與支援，各校指導教授每月至各校探訪一次。學期中舉行各校聯合專案期中聚會，最後撰寫階段研究報告。

以下舉花蓮縣吉安國中於第一階段的實施為例：

一九九八年四月花蓮縣吉安國中為了改進教學方法，以引發學生之學習動機，提升學生之學習成就，增進學生之自信心，所以參與多元智能教學實驗計畫，俾能藉由教師的成長，促使學生成長，家庭成長，進而提升社區之水準。

其實施目標是：1.學校教師能了解多元智能的理論；2.學校教師願意試用多元智能教學方法；3.教師能從事更有效的教學，提升學生之學業成就；4.提升教師教學之自信心，更為敬業樂業。

參與人員：全校教師及有興趣了解之家長。

工作分配：成立七人核心小組，由校長擔任召集人，教務主任為執行祕書，推動此項工作。

實施策略：1.書面資料及有關訊息通報並張貼；2.購置相關圖書；3.召開全校校務及教學會議，理論宣導及心得分享；4.提供書籍借閱；5.成立讀書會成長團體（每週聚會一次）；6.核心小組先行實施多元智能教學；7.核心小組先建立個人成長檔；8.部分學生開始建立個人成長檔；9.教學觀摩。

綜觀上述，該校實施多元智能教學實驗，係由行政人員為主導，再由部分教師擔任核心小組，先做教學實驗，其中並透過讀書會的方式，來進行多元智能理論與教學方面的精進，最後藉由教學觀摩，做全校性的推廣。

在第一、二階段其主要成果為（周祝瑛、張稚美，2000）：

㈠各校都有長期性的專業成長活動，或鼓勵教師們成立工作坊，研發新課程，校內行政人員不再是進修活動的主導。

㈡在教師個人成長上，七所學校的參與人員有下列特質：

1. 心智習性：不藏私、願意與人分享經驗；努力不懈、能接受建議；自悟和自省；有熱忱、願意冒險去嘗試新的教學方法；有組織、分析和求證的習性；有雙向思考及包容的能力；不輕易放棄幫助學生的機會。

2. 專業知能：了解相關理論，經常自動閱讀與本專案有關之書

籍，並探討理論的差異性，或是自己建立一套教學理論；在教學中個人已進行或者願意進行教學改革。

3. 人際智慧：有誠意與人共處，具備領導與溝通等才幹，或願意與人配合以落實教改目標。

4. 資源利用：懂得運用、分享或發掘資源。

㈢基層教育工作者更能了解、珍惜與共同發掘個人和團隊的多元智能資源，進而配合現在與未來的種種教育改革需求。

二、第三階段

此時期的研究目標為（周祝瑛、張稚美，2000）：

㈠落實各示範學校之多元智能教學，以帶好每一位學生。

㈡引進新的示範學校，推廣教育部的願景。

㈢與各校共同研發適合該校校內基層教育人員的專業成長團體。

㈣與教學研究群共同營造有利的學習情境，落實每位學生的學習權。

㈤帶領各團隊建立多元化的評量指標，應用多元智能論和建構論，增進每位學生成功學習的實效。

㈥協助教師在九年一貫課程中，透過多元智能之教學技巧與策略，落實國民教育基本能力之養成，進而建立學力之參考指標。

第三階段之成果為：

㈠教學歷程方面：學生是主角，老師只是引導者，班級經營中，學生有許多自由選擇的機會，並強調與同儕的團體合作學習；親師溝通方面，常與家長保持聯絡、溝通，了解學生的起點行為，來輔導學生學習；透過多元智能發展課程，其訴求與課程統整不謀而合，除了老師主導課程外，也可有計畫讓學生決定課程，透過自我啟動促發其學習的動機和經驗。

㈡評量方式方面：評量不再只限於紙筆測驗，透過學生的成長檔、學生學習檔、學習回饋單、檢核表及真實評量等方式。

㈢行政支援方面：有些學校設置多元智能教學研究室，供教師使用；推廣教師成長團（包括種子教師與進修、研習方式）；提供有關書籍及各項資訊；行政人員與種子教師充分溝通分享及舉辦各項學生活動等。

從本專案的實驗過程，基層教師的心態已經改變，能從多元管道去切入教學及評量，個人的專業知能與信心大為提升，並能獲得家長的信任與參與。

貳、新竹縣大坪國民小學

位於新竹縣北埔鄉的大坪國民小學於二○○○年結合教育部推動的「國民教育階段九年一貫課程試辦要點」，提出試辦「多元智能學習環境」實施計畫，希望能發展符合學校本位的課程設計，建立學校的特色（徐進堯，2005）。

該校遵循 Gardner 的多元智能理論，並聘請雅歌小學校長孫德珍教授指導，在教學內容上除了依據教育部頒定課程標準或綱要實施外，另實施多元智能教學活動，說明如下：

一、語文智能：加強國語文讀說寫作、英語會話、英文歌舞說唱及客家母語、客家歌謠等鄉土文化教學活動，達成全語文學習目標。

二、邏輯數學智能：規畫校園數學邏輯思考學習步道、跳格子遊戲場地設計，使兒童能從遊戲中學習；加強電腦教學及網際網路學習。

三、空間智能：校園朝開放空間理想努力，設置學習角及教學布

置方面均考量運用開放空間觀念；同時外聘陶藝老師指導學生捏陶、配合節慶經常辦理繪畫及卡片設計比賽，以開發學生空間智能。

四、音樂智能：教導傳統客家歌謠演唱及客家八音樂器演奏，並指導學生直笛及節奏樂器，成立全校性兒童樂隊，發展學校教育文化特色。

五、肢體運作智能：實施勞動教育之外，指導學生直排輪溜冰技巧、游泳、體能闖關競賽等，發展體適能活動，同時建立資料，了解學童體能狀況，培養學生喜歡運動，以鍛鍊強健的體魄。

六、人際智能：爭取社會資源擴大辦理社團學習活動，結合大專院校社團認養並辦理寒（暑）假育樂營活動；同時成立學生自治組織，培養學生們建立良好的人際關係，學習應對進退之禮儀。

七、內省智能：指導學童寫日記及蒐集學習成長歷程資料檔案，完整呈現學習歷程；實施靜思靜坐活動，以增進學生內省智能。

八、自然觀察者智能：鼓勵學生栽種植物綠美化教室，同時設立實習菜園及植物教材園，利用校園環境讓學童認養，並隨時運用自然觀察的學習，做成紀錄，以了解自然界奧祕，進而指導學生從事科學實驗研究等計畫，落實科學教育推展。

九、其他：建立認養制度、榮譽制度，培養學生自主和自律；配合節慶時令辦理多元活動，如校外參觀、教師節慶祝活動、鄉土教學、環境教育、春節教室布置比賽、母親節主題課程等活動，希望藉活動來統整學生的學習；對學生的學習成果，除了採取紙筆測驗之外，也安排實施多元評量，發掘與肯定學生學習成就，讓每個學生都有成功的機會。

大坪國小將多元智能之精神落實於九年一貫課程中，為鄉村型的學校提供了良好的教育革新典範。學校只要能審視自己所處環境的特色，善用地方資源，並採用合宜的教育理論作為指導方針，相信一定會有優異的辦學成果與教育品質，大坪國小的努力創新，除了能再創學校的生命，也為教育改革盡了一份心力。在二〇〇二學年度新竹縣政府採用公辦民營之方式委託財團法人雅歌文教基金會在北埔鄉大坪國小延續雅歌小學（見後面有關雅歌小學之敘述）的辦學精神。而後雅歌文教基金會於二〇一一年退出大坪國小之辦學，後續熱心教育人士與家長成立財團法人大坪教育基金會，支持大坪國小致力於實施新竹縣公營多元智能概念實驗課程，並出版書籍《8 號夢想教室》推廣教育理念（大坪教育基金會，2013）。

參、國立新竹師範學院附設幼稚園

國立新竹師範學院附設幼稚園所發展的概念中心課程，著重在本土化、生活化的路線。他們所採取的是多元智能理論，以及概念中心的交融性課程架構。

教師對於音樂的生活已經有所接觸，對於活動的設計得以勝任，但是對以下三方面卻感到比較困難：一、透過對幼兒的觀察，掌握其邏輯發展的歷程；二、活動的順序安排，讓幼兒自然進入情境，發展內在動機；三、顧及各領域上的均衡分配，使得每種領域都有足夠的機會出現，每個孩子都有機會在自己的優勢領域中茁壯，在自己的弱勢領域中復健，及早發現自己的領域，多元學習風格。

在七大智能領域中，音樂智能發展得最早（與大人學語文的方式比較，就會發現幼兒學習語言的方式大半靠音樂的智能方式）。幼兒天生喜愛音樂自是不容否認，幼年也是音樂的學習關鍵期，不容錯過。加上音樂本身就包含科學及藝術兩個層面，可以進出其他智能領域（語文、邏輯數學、空間、肢體、內省以及人際關係）。所以該校

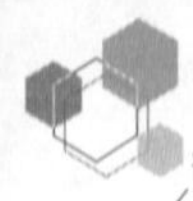

在考慮以概念來架構幼兒課程時，音樂概念成了最佳的出發點。他們以音樂的概念為軸，先發展出一系列概念：節奏（靜動、異同、長短）、拍（單位、輕重）、音色（材質）、和聲（合不合、主題、背景、氣氛）、高低、快慢，再以這些概念將不同領域交融起來，打破了學科的界線。

在這樣的交融性課程中，最辛苦的是資料庫的充分建立。該校教師以每個概念為中心，在各個領域中蒐集有關的活動資料。例如，在地圖方案中，主要概念是「異同」，根據此概念在不同的領域中所設計的包括：資訊性（讀故事、說故事、走迷宮），思考性（尋找同類、分類、故事回想、論分享、地圖修正），建構性（製作地圖、服裝道具），創造性（紅綠燈音樂創作、設計迷宮、故事書創作）與模擬性（地點實現、歌劇排演與演出、故事書發表）等（孫德珍，1996）。

該校在一九九五年實施概念性的交融性課程，以「青蛙」為主題，根據 Gardner 的多元智能領域設計了六個方案，包括：地圖（小青蛙討老婆）、家（小青蛙的家）、我的書（寶寶出生）、選女婿（寶寶長大）、結婚與小池王國（綜合）。以「選女婿」方案為例說明其設計，該方案是以「和聲」的準備概念——「合不合」作為中心，以「青蛙先生準備為女兒選女婿」為起點，探討選女婿的方式，同時將「合不合」的概念帶入，然後進行訂婚的活動，並引導至下一方案結婚的活動。在方案進行中，進行了表 13-1 的活動。

肆、玉里高中

我國第一所運用多元智能理念之高中是位於花蓮之玉里高中，自二〇〇三年八月起，開始參加為期兩年的國家科學委員會「多元智能

表 13-1 「選女婿」方案之活動設計

音樂領域	聽聲音、敲音磚，探討聲音合不合
邏輯數學領域	透過故事、戲劇、影片欣賞，讓小朋友明瞭一雙一對，合不合的概念。
肢體運作領域 邏輯數學領域	以丟手帕的活動，讓兒童商量如何訂定規矩。
空間領域	製作服裝道具
內省領域	角色分配和扮演
人際領域	合力完成演出

學校經營與教學」實驗計畫（玉里高中，2005）。

玉里高中的第一階段發展目標為：一、增進建立一個多元智能（MI）的學術研究組織及教學團隊；二、協助教師對多元智能學理、課程設計、教學方式、教學評量的了解；三、鼓勵教師組成研究小組，教師互助教學小組：研提教學主題、教學設計、教學方法、教學評量等，發展出具體的「教學研究題材」，及發展「教師的 MI 潛能」。四、幫助學生了解自我的「優勢智能」、「好的學習方法」，以增加其 MI 的潛能。五、成立多元智能「自我評鑑」的學術研究小組，提出策略的建議及成果的檢討。

為幫助教師發展自己的「多元智能」、「多元智能的課程設計、教學方法及評量工具」等，於二〇〇三學年度辦理一些理論與實務性研討會，以做好課程與教學實驗的準備工作，並依準備的成熟度逐步推廣 MI 課程教學的主題。

為協助學生發現自己的優勢智能，辦理一些智慧潛能的「成果展示會」，如小組合作的具體成果，個人的特殊才能發表會等，並從其發現「自我的優勢智能」中，體驗如何進行「學習方法」的轉移，以

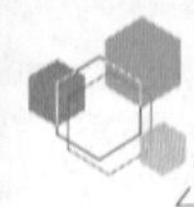

獲得最佳潛能的發揮。

國立玉里高中實施 MI 學校經營與教學的實驗，從二○○三年八月至二○○五年七月完成成果報告，其預期達成四項重要效益。

一、改善教學模式：達成 MI 教學的新模式，提升學生的「快樂學習」—「學習嗜好」—「甜蜜喜歡學習」。

二、改善評量的方法：從筆試、口試、心得報告、自省作業一直發展到小組研究等多元評量，以及考試的實驗成果等，均以增加學生學習及發現優勢智能為目標。

三、增進MI課程設計的能力及充實MI的教材：由各科有興趣的教師組成教學社群，尋找有利的題材，進行 MI 的課程設計，使教學更生動有趣，提升學生的智慧潛能。

四、發現師生的優勢智能，並輔導以優勢智能去彌補弱勢智能的不足：使生命的潛能更能交互發揮，使人人獲得學習的成就感與快樂的學習，並勇於接受環境困頓的挑戰。

玉里高中將多元智能理論應用於高中階段之教育，相信為中學教育提供很好的示範作用。

伍、多元智能與九年一貫課程

一、九年一貫課程

教育部於二○○一學年度開始實施九年一貫新課程。九年一貫之課程設計以學生為主體，以生活經驗為重，主要是為了培養現代國民所需之十項基本能力，為了要培育學生應具備之十大基本能力則提供七大學習領域。以下分別敘述十大基本能力與七項學習領域之主要內涵：

㈠國民教育階段要培育學生具備之十大基本能力

1. 了解自我與發展潛能

充分了解自己的身體、能力、情緒、需求與個性，愛護自我，養成自省、自律的習慣、樂觀進取的態度及良好的品德；並能表現個人特質，積極開發自己的潛能，形成正確的價值觀。

2. 欣賞、表現與創新

培養感受、想像、鑑賞、審美、表現與創造的能力，具有積極創新的精神，表現自我特質，提升日常生活的品質。

3. 生涯規畫與終身學習

積極運用社會資源與個人潛能，適性發展，建立人生方向，並因應社會與環境變遷，培養終身學習的能力。

4. 表達、溝通與分享

有效利用各種符號（例如，語言、文字、聲音、動作、圖像或藝術等）和工具（例如，各種媒體、科技等），表達個人的思想或觀念，善於傾聽與他人溝通，並能與他人分享不同的見解或資訊。

5. 尊重、關懷與團隊合作

具有民主素養，包容不同意見，平等對待他人與各族群；尊重生命，積極主動關懷社會、環境與自然，並遵守法治與團體規範，發揮團隊合作的精神。

6. 文化學習與國際理解

尊重並學習不同族群文化，了解與欣賞本國及世界各地歷史文化，並了解世界為一整體的地球村，培養相互依賴、互信互助的世界觀。

7. 規畫、組織與實踐

具備規畫、組織的能力，且能在日常生活中實踐，增強手腦並

用、群策群力的做事方法，積極服務人群與國家。

8. 運用科技與資訊

正確、安全和有效地利用科技，蒐集、分析、研判、整合與運用資訊，提升學習效率與生活品質。

9. 主動探索與研究

激發好奇心及觀察力，主動探索和發現問題，並積極運用所學的知能於生活中。

10. 獨立思考與解決問題

養成獨立思考及反省的習慣，有系統地研判問題，並能有效解決問題和衝突。

㈡學習領域之實施應以統整、協同教學為原則

其學習領域包括：

1. 語文

包含本國語文、英語、外國語文等，注重對語文的聽說讀寫、基本溝通能力、文化與習俗等的學習。

2. 健康與體育

包含身心發展與保健、運動技能、健康環境、運動及健康的生活習慣等學習。

3. 社會

包含歷史文化、地理環境、社會制度、道德規範、政治發展、經濟活動、民主法治、人際互動、公民責任、鄉土教育、生活應用、愛護環境與實踐等的學習。

4. 藝術與人文

包含音樂、美術、表演藝術等的學習，陶冶學生對藝術作品的感受、想像與創造的人文素養，並積極參與藝文活動。

5. 數學

包含數、形、量基本概念之認知，具運算能力、組織能力，並能應用於日常生活中，了解推理、解題思考過程，以及與他人溝通數學內涵的能力，並能做與其他學習領域適當題材相關之連結。

6. 自然與生活科技

包含物質與能、生命世界、地球環境、生態保育、資訊科技等的學習，注重科學及科學研究知能，培養尊重生命、愛護環境的情操，及善用科技與運用資訊等能力，並能實踐於日常生活中。

7. 綜合活動

包含童軍活動、輔導活動、團體活動，以及運用校內外資源獨立設計之學習活動。

二、從多元智能的角度檢視九年一貫課程

將多元智能理論中之各項智能與九年一貫課程中之十大基本能力與七大學習領域一一加以比對，我們可以從中發現它們之間的關係（王為國，1999）：

㈠十大基本能力中具有八種多元智能的要素：在這十大能力中，分別是多元智能理論中內省、音樂、空間、人際、肢體運作、語文、邏輯數學、自然探索等八項智能所須培育的能力。例如，了解自我與發展潛能之能力為內省智能之主要內涵。

㈡七大學習領域中，涵蓋了八種智能類別：檢視七大學習領域和多元智能論的符合程度來看，在這七大學習領域中，涵蓋了所有的智能類別。例如，語文學習領域主要在於培養學生的語文智能。

從上述分析可知，從多元智能之角度分析九年一貫課程之七大學習領域及欲培養之十大基本能力，其內涵頗符合多元智能理論之精

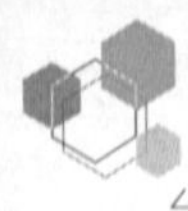

神，學生進入學校必須培養帶得走的多元能力，而非「背不動的書包」，因此若能採用多元智能的教學及引導方式，啟發兒童多方面之智能發展，深化兒童對於各項學習領域的理解，將有助於學生的學習。

表 13-2　九年一貫課程與多元智能比較表

九年一貫課程		多元智能
基本能力	了解自我與發展潛能	內省智能
	欣賞、表現與創新	語文、音樂、空間、肢體運作智能
	生涯規畫與終身學習	內省智能
	表達、溝通與分享	語文、肢體運作、人際智能
	尊重、關懷與團隊合作	人際智能
	文化學習與國際理解	人際智能
	規畫、組織與實踐	人際智能
	運用科技與資訊	邏輯數學智能
	主動探索與研究	自然觀察智能
	獨立思考與解決問題	邏輯數學智能
學習領域	語文	語文智能
	健康與體育	肢體運作智能
	社會	人際智能
	藝術與人文	肢體運作、空間、音樂智能
	數學	邏輯數學智能
	自然與生活科技	自然觀察、邏輯數學智能
	綜合活動	人際與內省智能

第三節 體制外推動概況

一九九五年秋，新竹師院教授孫德珍博士發表「雅歌宣言」，呼籲教育改革必須重視多元智能並培養學習動機，因而創立雅歌小學，位於新竹縣芎林鄉，是一所體制外以多元智能為精神所創辦的小學。此後在二○○二學年度，新竹縣政府採用公辦民營，委託財團法人雅歌文教基金會在北埔鄉大坪國小延續雅歌的精神。

雅歌的使命是：一、探討藝術教育在國民教育中扮演的角色；二、發展交融性課程，架構理想學習環境；三、透過混齡教學之實施，發展專業協同合作，幫助學童適才適性發展；四、建立質的評量模式。

至於雅歌小學的教育理念，如下所述（雅歌小學，1999）：

一、喚醒（awakening）：雅歌人相信，教育的意義不在輸入知識，而在喚醒智能。雅歌根據多元智能理論，提供孩子一個智能舞台，幫助每個孩子融解弱勢領域，發展強勢領域，使每個孩子都有成功的機會。

二、實現（realization）：雅歌人相信，唯有讓孩子擇其所愛，才能要求他愛其所擇。雅歌根據內在動機理論，提供孩子一個生命舞台，幫助每個孩子透過積極的成長，實現自我，參與社會。

三、環境（circumstance）：雅歌人相信，陪孩子學習有三個階段——營造環境、建立技巧與忘記技巧。雅歌人積極營造學習環境，提升學習的吸收率。從鈴木小提琴教學刺激孩子多元智能的交融；CLE數位鋼琴系統提供孩子一個可以自己發現，自己修正，並自己完成的學習環境；各科的教材與生活結合，加上全語文環境及長期的研究

表 13-3　雅歌小學 1999 學年度上學期課表

星期五						星期四						星期三						星期二						星期一							
導師時間						導師時間						導師時間						導師時間						週會／音樂欣賞							7:50-8:15
小提琴			園藝			園藝			小提琴			小提琴			園藝			園藝			小提琴										8:15-8:40
雲白		天藍		虹彩		雲白		天藍		虹彩		雲白		天藍		虹彩		雲白		天藍		虹彩		雲白		天藍		虹彩			
F	E	D	C	B	A	F	E	D	C	B	A	F	E	D	C	B	A	F	E	D	C	B	A	F	E	D	C	B	A		
分享		自然		數	語	數	語	體		語	數	語	數	數	語	語	英	自然		體		語	音	英		語	數	研		一	8:50-9:30
數	語			藝術	語作	藝術		語	數	體		英		語	數	語	語			分享		體		數	語	音樂		語	英	二	9:40-10:20
語	數	數	語		數			閱		數	藝術	數	語	語	數作	英	語	語	數	數	語	音	數	語	數	數	語	英	語	三	10:30-11:10
合唱								作		數作		數	語	英		藝		語	數	數作	語	分享		音樂		英		數	語	四	11:20-12:00
家族聚餐／教師會議						午餐、午休、導師時間																									12:00-1:25
掃除時間																															1:25-1:40
英文						寫作／閱		藝術		自然探索		主題						研	語	數	語作	絃		圍棋社 書法社 DIY 社 直排輪社						五	1:40-2:20
兒哲	貓頭鷹			閱	閱													體	研究		弦	數作								六	2:30-3:10
沙雕社 資訊社 語文遊戲社 足球社						體						數遊社 棒球社 中提琴社 編織社						太極棍社 弦樂社 鋼琴社 兒童律動社						主題		主題		主題		七	3:20-4:00

課，讓孩子從一開始學習就追求如何學、如何問。

四、奉獻（offering）：雅歌人相信，教育之道無他，愛與榜樣而已。雅歌的家長無怨的配合，雅歌的老師無悔的奉獻，親師積極合作，幫助孩子在「品格第一」的原則下，建立良好的習慣。在這裡，每個人與雅歌立約，也尊重自己與雅歌的約定。

在教學方面，雅歌小學強調課程內容均衡、教學活潑多元、開發學生的多元智能、激發學生的內在動機、以追求理解為學習目標。同時教師必須經常透過活動觀察學童如何思考、學習、創造，檢核其智能特徵，以發掘孩子的強勢領域／弱勢領域。

在課程內容方面，根據教育部頒訂之課程標準，參考 Key School 三年一輪的主題（關聯、和諧同工、我們來改變），如表 13-4，以「概念」整合各科課程（交融性課程），以多元智能為學習管道，以追求理解為學習目標。

在班級組成方面，雅歌小學以年段混齡的方式（一、二年級，三、四年級，五、六年級），將學生分成三個班級，分別是藍天班、彩虹班與白雲班。在一般科目的教學採取年段混齡的方式進行，在研究課、主題課及社團活動則以全部混齡的方式進行。

在評量方面，該校透過多元智能檢核來探討孩子在七大領域（語文、數學、音樂、動覺、空間、自覺、人際）的發展狀況，評量分兩部分：「老師眼中的孩子」由全體教師共同討論獲得，以文字的敘述呈現；學生的「進步型評量」，從多元智能的觀點，以三或四種等級記錄學生的程度與個人的進步情況，如表 13-5。

在師資及培訓方面，教師由校長親自培訓，由做中學。除了寒暑假密集培訓設計課程外，並於上課期間每日定期研討、改進。為配合課程需要，在課程有關主題中聘請相關專業人士參與課程架構及研

表 13-4　雅歌小學課程主題網（三年一輪）

項目	第一年上學期	第一年下學期
主題	關聯	時間與空間的改變
概念	點、線、面、體	（一樣／不一樣）、模式
範圍	人與自己、人與人	人與環境
目標	從認識自己後，再發展出與周遭的人的關聯性，引導孩子體驗共同生活體的意義：以探索我們共享的自然資源、共用的符號、共處的空間與時間。	思考時間與空間裡的改變因素（動物、植物、水、空氣、陽光、人）。探討在改變中，什麼不一樣了，什麼還是一樣？改變之中，有什麼模式？有什麼程序？
方案	學校、家、身體、感覺	影子與鏡子、生命的改變、空間的改變
項目	第二年上學期	第二年下學期
主題	和諧同工	和諧同工
概念	和諧	尊重
範圍	人與自己、人與人	人與自然的和諧
目標	探討此時此地的人如何在共享的時間空間裡和諧同工，了解「立約」的意義，學習彼此尊重、和諧同工。透過成長的經驗，學習了解自己、表達自己、積極聆聽與充分溝通，在多元文化的社會裡，珍惜相同的習性、尊重不同的文化，建立和諧的社會。	透過歷史與地理，思考不同地域的一些改變歷史的人，如何與大自然和諧同工以改善人類的生活品質。探討當人類濫墾開發、無知地濫用自然資源、破壞自然的生態所造成的禍害。從各種災難的產生，找出人與自然和諧同工的失誤，建立對生命的尊重。
方案	此時此地、多元文化	發現、發明、人與自然的和諧同工
項目	第三年上學期	第三年下學期
主題	我們來改變	我們來改變
概念	感動	行動
範圍	生命舞台	智能舞台
目標	當天災人禍造成了整個大環境的不安，當人心冷漠造成生活品質急遽的跌落，在人人指著罵、個個無力改之際，讓我們重新檢視教育的品質，再次思考生命的意義，尋回人性中特有的感動，讓我們從自己出發，讓我們來改變。	探討過去與現在的人如何面對問題、克服困難，匯成智慧的海洋；回顧過去改變歷史的人，他們如何受到感動並化為行動，透過自我實現，造福人群。
方案	我們來辦學、關懷生命、行動	過去與現在、人類的智慧

資料來源：出自雅歌小學（1998：4）

表 13-5　雅歌小學進步型評量

項目	代表符號			
參與程度	△（內在動機）	□（外在動機）	○（無動於衷）	×（干預他人）
評量等級（跟自己比）	R（進展快速）	S（穩定進步）	N（進步緩慢）	＼（未列入評量）
發展階段（依學習目標）	E（完全發展）	I（發展中）	U（未完全發展）	

討。

由於雅歌小學是一所體制外的小學，該校的家長皆是認同學校的理念，才將孩子送至該校就讀，且教師也是願意接受該校的教學理念、作法與工作環境才加入的，不像體制內學校具有課程、師資、外在環境等條件的限制。雖然如此，雅歌小學的案例，對於目前的小學教育仍深具啟示性的作用。

從上可知，多元智能理論在國內教育現場之實施已日益蓬勃，相信假以時日，這些實施之經驗，當為多元智能台灣本土化扎根之基礎。

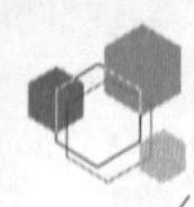

第14章 多元智能與適性教學

第一節 前言

美國二十世紀三波的教育改革，第一波的教改，是經由課程及測驗之改進來提升學生學業成就；第二波的教改，是要改進教學及師資培育；第三波的教改，是要對學習提出更具挑戰性的標準，重構學校以產生更引人注目的良好結果。若說二十世紀學校的挑戰是要創造一個學校系統，以提供未受教育的社會大眾最基本的教育及社會化，那麼二十一世紀的挑戰是要使學校確保每位學生都有真正的學習權。Darling-Hammond認為美國的學校教育過去未曾重視：一、教導理解：教導所有的學生都能夠深度地理解及熟練地表現；二、多樣化的教導：幫助不同類型的學習者發現具有成效的管道去了解知識。要達成這種工作，需要新的教育政策派典，政策決定者的工作要從計畫性的控制（designing controls） 轉移到發展性的能力（developing capacity），以回應學生及社會之需要。這意味著：一、重新塑造學校，使學校重視學習，強化成員之關係及支持智性的學習；二、建立教學專業，以確保所有教師皆有教好每位學生的知識及承諾；三、公平地提供資金給學校，使學校可以投入於教學與學習（Darling-Hammond,1997）。由此可見，重視學生學習，強化教師專業能力，教好每位學生，與國內「將每位學生帶起來」之教改訴求類似，本書認為適性教學（adaptive instruction）也是希望達成此種教育的理想。

學校重要的任務是去設計及提供一個可以適應個別差異的環境，

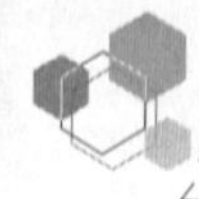

要去了解個別學生的潛能，追求教育機會的均等及要求社會的正義。至聖先師孔子在兩千多年前，就提出因材施教的理念，這影響我們認為教育的重要目標之一，是能夠針對學生的資質予以適當教育。了解學習的個別差異及提供有效教育的應用，並提升學習的效果，是長期以來學習和革新課程研究的關心主題。學生有不同的興趣、學習風格、知識及學習時間，這些學生的差異需要有不同的方法和不同的教學支持。

第二節　適性教學之作法

壹、了解學生多元的個別差異

適性教學首要在對於學生特性之了解，近年來，經由多元智能理論及大腦研究擴展了我們對於學生特性的了解。Gardner（1983, 1993b, 1999a, 1999b）所提出多元智能理論，認為人類至少有八項基本智能，包括：語文、邏輯數學、空間、肢體運作、音樂、人際、內省、自然觀察者等智能。多元智能理論是對人類認知豐富性的說明，每個人都有八種不同的潛能，這些潛能只有在適當的情境中才能充分發展出來，而且大多數人的智能可以發展到適當的水準。此外，每個人都有獨特的智能組合，有的人在語文方面較具優勢，卻在音樂方面較弱勢，也有人在肢體運作方面較具優勢，卻在邏輯數學方面較具弱勢。多元智能理論提出了對個別差異了解的系統觀點（Sternberg, 2002），它超越了狹窄的個別差異觀點，學生不是只有語文或邏輯數學方面的差異，也具有其他智能領域之間的差異，更進一步地擴展教育工作者的視野，使認識學生的方式及設計課程與教學的方法更多元。

而大腦研究之進展，也使得我們對學習者的特性更加了解。大腦獨特的組織結構，在學習中扮演一個重要的角色。Berninger 和 Richards（2002）認為以大腦研究為基礎的教育人員應該：一、認識、容忍和讚美學生正常的差異情形；二、了解學習是先天和後天互動的結果；三、了解從生手到專家的學習是長期發展的過程，在特定領域能力中具有多樣性的學習管道及學習結果；四、設計教學指引時，運用多元編碼及呈現的模式，若現行的教學無效應該使用變通的方法；五、了解功能性系統包含許多不同精心安排的能力，因此學習過程是複雜的；六、使用多元的評量模式去記錄及評量學生的進步；七、具有耐心及同情心（compassionativity）。當學生從事相同的學業活動時，他們的大腦活動形態卻是獨特的，大腦皮層組織具有許多連結，構成了一個密集的網路，在這個巨大的網路中，以結構性及功能性來做區別，可以分成三種基本的網路，這些網路緊密地連結並且一起運作，它們對於學習都同樣重要，分別是：辨識性（recognition）網路、策略性（strategic）網路、情意性（affective）網路（Rose & Meyer, 2002）。辨識性網路是專門去知覺我們所看到的類型的意義，它們可以使我們確認及了解訊息、理念及概念，它們位於大腦的後半部，可以使我們辨識聲音、燈光、味覺、嗅覺、觸覺的形態；策略性網路是專門去產生及監視心理及動作形態，它們可以促使我們去計畫、實施以及監控動作和技能，大腦的前額葉皮質負責監督複雜的策略性能力；情意性網路專門去評估類型及指定情緒的意義，它們可以讓我們投入工作以及學習周遭的世界。情意性網路是由許多特殊的模組所構成，它們主要位於大腦的核心並和邊緣系統（limbic system）聯結。

在大腦的辨識性、策略性及感情性網路中，每個資訊都是平行地運作，而且使用由下而上以及由上而下的管道，當我們了解這些特

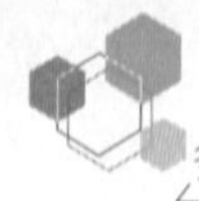

性，就可以在教學及學習上做出良好的選擇。基於由下而上的學習網路的本質，教師應該提供學生多重感官的選擇，以確保某一項感官模組具有困難的學生，不會喪失學習的機會。此外，辨識性、策略性及感情性網路也可以使用由上而下的管道來處理工作，教師提供與學習內容相關的脈絡或背景知識，可以幫助學生具有先備知識，以利於學生的學習（Rose & Meyer, 2002）。每位學生在每種網路上的優勢與弱勢有所差異，教師在評估學生之大腦網路特性後，調整適當的目標，進一步設計適合學生特性的教學方式。

貳、具有高層次認知的課程內容與彈性的學習進度

適性教學不應只局限在低層次的認知內容，高層次的認知能力，如問題解決、思考創造力等的培養亦應該更受到重視。此外，就彈性的學習進度而言，理想的狀態是每班都能編配一名資源教師，和任課教師進行協同教學，充分照顧每位學生。依現況而言，教室裡通常只有一位教師，難以運用多位教師在教室內進行協同教學，使得彈性學習進度之理念難以實施，因此，使用資訊科技來輔助教學，讓學習進度不一致的學生，可透過操作電腦之教材軟體來進行個別的學習，如此應可達成適性教學的目的。

參、彈性的學生編組方式

在實施適性教學時，面對程度及特性差異的學生，教師須考慮採同質性編組或採異質性編組。Slavin（2000）曾探討能力分班、不能力分班、以閱讀和數學能力重新分組、無年級（混齡分班）小學、班級內能力分組（within-class ability grouping）等方式之優缺點。他認為班級內能力分組是較佳的方式，在班級內將學生分組，每一組的學

生使用不同的教材或採用不同的教學進度。當教師在某一組進行教學時，其他組別則在做作業或運用電腦進行加深、加廣的學習，教師應該根據學生的學習情況，隨時彈性調整學生的分組，如此可顧及學生之進步情形，並使學生有較好的學習成就，才不會出現由能力差的學生集中在後段班，造成學生容易自暴自棄與被貼上壞標籤之情形。

然而，教師面對的是多元差異的學生，若未具有適性教學的專業及教學設備的支援，就逕行要求教師進行班級內能力分組，勢必無法達成目標。因此，有關當局需要安排教師進行專業進修，特別是有關如何教育多元差異學生的教學法與課程設計，此外尚應予以充足的多媒體及資訊科技設備的支援，才可以使適性教學的理想較容易達成。

肆、真實性的教學評量

若適性教學方案僅以測驗分數來判定學生的學業成就，將會忽略真實情境脈絡下的評量以及學生學習態度、興趣的評量。測驗應考的方式只利於語文和邏輯數學智能較強的學生，對於這兩項智能領域較弱的學生，相對地在測驗上顯得較為吃虧，而且全班學生都同樣地使用相同評量方法，會讓其他因素干擾了學生真正能力的表現，使得學生真正的能力在評量時無法展現出來，如學生的書寫能力欠佳，干擾了他在科學創造方面的表達。

因此，教師應在學習的情境中，賦與評量真實的意義，讓評量的場景擴展到較寬廣的實際情境中，使學生可以在真實的脈絡下表現他們某方面的能力，各學科應採取多元方法來評量，那麼具備不同能力或特性的各類型學生，就會有更佳的理解與表現，同時也能找回學習的信心。

伍、多元化的教學方法

教師除了要學會如何辨識學生特性外，也要了解有哪些教學策略可以運用，就如醫生除了要能診斷病人症狀，也要知道何種症狀該用哪一種藥物來醫治。

教師設計教學活動時，參照多元智能之架構，可以使教學方法更多元，更適合學生之特性。如本書第四、五章所提之多元智能課程與教學。此外，教師如何運用各種管道來幫助學生理解課程內容，是教師必須考慮的，Gardner（1999a）認為為了加強學生之理解，教師可以運用以下不同的切入點：敘述式切入點、量化／數字式切入點、邏輯式切入點、基礎／存在式切入點、美學式切入點、動手操作式切入點與社交式切入點等，這些切入點，為教育工作者提供了良好的設計指引，使教師在設計教學時，可以有更多元的考慮，更達到適性教學的理想。

陸、新科技與數位媒體的運用

由於資訊科技與網路的發達，數位媒體設備愈來愈進步，包括數位教科書、數位影像、數位聲音、數位錄影、數位多媒體、網路環境等，這些媒體通常具有良好的可塑性及轉換性，它們可以將某種媒體形式轉換成另外一種形式，如文字變語音、語音變文字、文字變觸感、影像變成觸覺式的圖片（CAST, 2004）。新興科技媒體的彈性為多元學習開了一扇窗，增加教材的呈現方式，擴展教師運用媒體的範圍，文字、語音、影像之數位化整合，帶來多元化的溝通，教學設計者運用數位媒體以適應不同的學生學習類型，也使得教師更容易因應學生的個別差異。如整體學習設計模式（Universal Design for Learning, UDL）結合大腦研究對學習的了解及新興科技媒體的發展，創造了新的學習形態，UDL的教學法允許學生選擇材料、內容及工具，它也提供系統性及彈性的指引，讓教師更具有彈性。

柒、學校領導與專業合作

適性教學在一九九〇年代以後的發展，逐漸能從學校領導、教師專業成長等完整配套出發，同時強調家庭、學校與社區的配合。值此強調學校本位課程發展、教師專業的時代，適性教學的推展也要從教師單打獨鬥情境，轉變成集體合作的局面，學校領導者須以支持性及參與性的領導性作為，營造教師專業對話的機會，共同形塑學校的專業文化。

學校可以透過書面資料、座談、研習等方式，強化成員本身的信念與能力，並藉由不斷的協商、溝通、修正的歷程，化解不同成員間的歧見與凝聚團隊的共識。此外，學校領導者應營造出積極進取的成長合作氣氛，使學校教師能展現出溫暖的同事情誼，且能透過正式與非正式的場合，共同針對適性教學加以研討、激盪，並充分發揮合作精神，進行適性教學設計及行動研究，如此對於教師專業成長將有積極的影響。若教師能進行專業成長，透過同儕的互動研討、腦力激盪、同儕視導、小組合作、行動研究、反省性教學等措施，對了解與實踐適性教學將有助益。

第三節　結語

本章建議學校應建構專業合作的氣氛，營造適性教學推展的環境。而教師可藉由加強對多元智能理論、大腦研究之認識，更能了解學生的特性。在班級內以彈性編組的方式實施適性教學，善用資訊科技及數位媒體的彈性，讓某一學科成績落後或學習方面具有問題的學生，能在教師診斷學生特性後，提供班級學生合適的教學及評量方式，讓適性教學之理想成為可能。

第15章

多元智能實踐的反思與展望

第一節 多元智能在教育上應用之反思

多元智能理論提出後，經過教育學者大力宣導，造成第一線的教師紛紛運用其理念在實際的課程現場中，若因為未能深入了解多元智能理論的本質，反而扭曲了多元智能的精神，成為教育的口號，對教育之提升有不利的影響，因此有必要確實掌握多元智能之精髓，並深入了解其應用多元智能理論可能產生的問題，以進行對多元智能理論實踐的反思。以下從誤用多元智能之作法，進一步省思多元智能正用之道。

壹、將學生標籤化

有些教師和行政人員使用測驗和檢核表要將兒童加以分類，如肢體運作的學習者或空間能力優異的兒童，這樣只會限制兒童的潛能發展，並不會啟發兒童的智能（Armstrong,1998）。事實上，兒童的智能類型在成長過程中會不斷改變，不要太早將兒童定型，認為某種智能優勢的孩子，就只適合某些學習方式，而忽略了提供給孩子多樣的學習活動。

貳、只重優勢智能之學習，忽視弱勢智能之學習

優勢智能之運用可分為兩個層次，首先在教學方面可利用孩子的優勢能力發展教學策略，使孩子能獲得知識；其次是以其優勢能力來

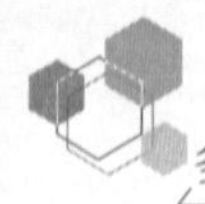

從事生涯規畫。若著重於第二個層次的闡述，而忽略了第一個層次的優先性和重要性，發揮優勢能力往往被錯誤解釋為假使孩子對文字符號的認知有障礙，應該讓孩子避開困難、遠離知識，去發展較優勢的技藝性才能，作為不盡力幫助兒童提高讀、寫、算能力的藉口與辯解，雖然我們應重視兒童的每一項智能，強調其優勢智能，但也不應忽略當今社會所認可的讀、寫、算等基本能力，多元智能的教學方法仍應幫助學生提高讀、寫、算的能力與技巧（陳杰琦，1998），並協助學生理解學科知識內容。Sternberg（1994）曾針對多元智能理論之運用提出建議，他認為教育不能忽視舞蹈家、運動家及音樂家專家的培養，但也不能忽視在傳統學術能力中表現較弱的學生。我們必須幫助人們去發現他們自己弱和強的形態，以及幫助他們加強優點以及補足弱點。

參、只將多元智能理論視為教育目的

運用多元智能理論並不是教育唯一的目的，多元智能理論只是幫助我們更好地實現教育目的之工具或手段，它幫助我們理解兒童認識世界的多元性，也為我們教育兒童時提供一種理論指導框架（陳杰琦，1998）。

肆、把多元智能理論作為唯一的教學指導依據

雖然多元智能理論和教育有密切的關係，但是它不可能解決所有的教育問題。教師應該根據自己和學生的特點，社區和文化的需要，結合不同的已被實踐證明有效的教育方法，創造出最適合自己的一套教學方法。多元智能教學可能是這套方法中的一部分，也可能是運用各種方法時的一種指導思想（陳杰琦，1998）。

伍、牽強附會地運用多元智能理論

不少教育工作者將多元智能理論視同聖經，完全沒有 Gardner 本人所持的科學審慎態度，在一知半解的情況下，難免對多元智能理論簡單化、片面化的詮釋，牽強附會地從多元智能理論中引伸出各種教育方法，只是將多元智能理論做庸俗化的實踐演繹，無益於教育品質的提升（Dai, 2001）。我們必須時時質疑並提出問題來澄清這八種管道能為教學活動達到哪些特定的目標，以避免牽強附會地使用一些無謂的管道，造成熱熱鬧鬧的學習而沒有辦法掌握住教學的重心，快樂的學習不能只是花招，還必須有其深度和意義，以清楚、精準的思考和溝通來確認每一項管道或切入點，在因材施教中所扮演的角色和成效。如果在活動中播放背景音樂或提供學生一些肢體的活動，只可稱之為多元管道，而不是以多元智能理論為工具的管道，因為我們誤解了多元智能理論有關音樂和肢體動作等智能的內涵（張稚美，2001）。例如，國小六年級的課程，在「魚」的主題中，老師為了要設計音樂智能的管道，特別安排學生唱「捕魚歌」，如此的安排，不能加深六年級學生對於魚這個概念的理解，六年級學生對唱「捕魚歌」這個活動，會認為很幼稚而不願意參與。所以老師在設計課程時，不必太牽強附會地要設計出活動，若該活動並不能加強學生對該概念的理解，那麼該活動就沒有實施的必要性，反而落入「多此一舉」、「熱鬧有餘，深度不足」之問題了。另外，余思靜（2003）認為教師不應該粗淺地應用多元智能，比方說，在國小中年級自然領域有關「昆蟲」的教學中，要國小中年級學生花 20 分鐘跳「昆蟲操」訓練肢體運作智能，再花 20 分鐘唱「螳螂歌」統整音樂智能，這是低層次地應用多元智能。較深度的學習應該將學習的重點放在學生運用其觀察力，觀察昆蟲的身體特徵，並用學生的肢體表現出來。

此外 Checkley（1997）曾提到，若每件事物都應該用七種或八種方式來教，那是無意義的，這並不是多元智能理論的觀點；而是任何主題、任何學科要能運用超過一種以上的方式來進行教學。

陸、誤認多元智能教育要強調分科教育

多元智能不代表是多種學科或多種領域之集合體。八種多元智能並非表示教師要將課程分成很多種，如語文、數學、自然、美勞、音樂、體育、電腦……等等，進行分科式的教育，以加強各科的學習。目前許多家長及幼稚園為孩子安排許多專業性及才藝性的課程，認為只要上了這些課程就可促成孩子多元智能的發展，但是仔細檢視整體課程的組織可發現，這些課程自成一套學科的邏輯系統，缺乏學科彼此之間的橫向連結與統整，兒童所學到的將是零碎片段的知識或才能，並且增加兒童學習的負擔，若能統整八大智能領域的活動設計，才是可行之道。

柒、不注重連結

部分教育工作者設計之多元智能活動，落入「為多元而多元」之窘境，未能考慮各活動與要素之聯繫。各學習管道及各切入點之間，應能夠扣緊主題內容並做良好的關聯，確保透過每個學習管道都可以增加學習者對於該主題內容之理解。例如，「昆蟲」主題，不論是敘述式切入點、量化／數字式切入點、邏輯式切入點、基礎／存在式切入點、美學式切入點、動手操作切入點與社交式切入點，都要以增進學生對昆蟲主題的理解為目標，而且不同切入點之間能相互考慮其相關性。

第二節 多元智能理論在台灣的展望

近二十年來，台灣進行一連串之教育改革與創新，包括小班教學精神計畫、九年一貫課程、十二年國民基本教育等等，多元智能理論在這些教改的過程中，提供了理論指導之依據。多元智能理論在學校課程、教學、評量、學習環境等方面，產生了影響，展望未來，仍然應該繼續探討多元智能在教育上的應用。本書從課程、教學、評量、學校領導、親職教育、學習心理、師資培育與研究等方面，提出下列展望：

壹、課程方面：台灣多元智能取向課程的發展

目前有許多課程設計模式與理論，歸納起來最主要有以下幾種取向（黃政傑，1993；施良方，1997）：第一種取向是學科取向，強調知識體系，以學科為課程設計；第二種取向是學生取向，強調學生的需要、興趣和能力，讓課程適應學生，而非讓學生適應課程。第三種取向是社會取向，視學校為社會機構，其存在係因為社會有教育下一代的需要，課程設計必須藉由社會的分析，取得目標和內容。而本書所探討之多元智能理論強調發掘學生個人的智能領域，提供多元智能領域的課程讓學生學習並適應個別差異，和學生取向的課程理論較接近，茲以表 15-1 做概要的對照。

多元智能理論在學校教育的應用，在課程方面，可以運用多元智能理論之架構設計課程單元、多元智能學習中心、多元智能主題課程、多元智能專題、學徒制等。台灣常見之方式為單科多元智能統整及跨學科的多元智能統整方式（王為國，2000），未來可嘗試多元智

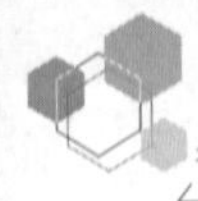

表 15-1　多元智能理論和主要課程理論之比較表

學科取向	學生取向	社會取向	多元智能論
強調知識體系，以學科為課程設計的核心。	強調學生個人的意義創造，讓課程適應學生，而非讓學生適應課程。	學校應為社會服務，以社會利益為第一優先，課程設計必須藉由社會的分析，取得目標和內容。	強調發掘學生個人的智能領域，提供多元智能領域的課程讓學生學習並適應個別差異。

能專題、學徒制，或繪本等方式，並探討其和學生取向課程之關聯性。

貳、教學方面：多元智能理論在台灣學校的教學應用

多元智能理論在教育應用的核心理念是主張個別化適性教育，以及對學習重要概念或主題的深度理解。多元智能理論對於教育最大的貢獻就是，每個人不必用相同的方法來學習知識及評量知識，因此教師必須去明瞭個別學生的心智，也就是說，教師必須了解學生的背景、優點、興趣、嗜好、焦慮、經驗及目標，任何教育決定必須依據學生最新的情況而定，而不是對學生存有刻板印象。此外，教師應透過多樣化的教學，適合學生的優勢與弱勢智能，並藉由學生的優勢智能來補強其弱勢的科目，教師也可協助學生發現其優勢智能，以建立其學習自信，帶動其弱勢智能領域的學習。

未來可以探討在現行的教學之下，如何規畫多元化的教學和學習途徑，有效增進學生對所學知識和技巧的理解？如何利用學生（特別是有特殊需求的學生）的優勢智能進行適性教學？如何輔導學生利用優勢智能促進弱勢領域的學習？

參、評量方面：台灣多元智能評量工具的發展

目前多元智能教學缺乏適當的評鑑工具，因此僅能表面上得知學生的動機提升、參與度增加，學生在各科中的學習成效應如何運用各項智能來評量，一般教師皆感到不知如何進行，因此本書認為應結合專家學者與教師，共同研擬多元智能的評量工具與方式，來評估學生的學習成效。目前台灣已有研究者引進光譜計畫在幼稚園實施評量研究，也研發了一些評量表（莊雯心，2001；黃美津，2003）。然而，光譜計畫所設計的領域活動，以及使用的工具和材料，是在西方的教育情境下，是美國孩子所熟悉的活動和材料，具有強烈的社會文化特色，在引用上必須要考量文化的差異。未來可以參考光譜計畫的理論基礎、核心精神及校本多元智能量表（張國祥、韋輝樑，2001）的方法，研發適合台灣的多元智能評量工具，以有效評估台灣學生智能的發展。

肆、學校領導方面：多元智能之學校領導

運用多元智能理念經營成功的學校案例可提供國內學校辦學的典範，未來我們應持續發掘與鼓勵優秀學校領導團隊，提供教育工作者參考，並以台灣本身的教育環境及課程改革出發，提出台灣自己的領導模式。

伍、親職教育方面：親師合作與親師溝通之探討

家長是孩子的第一位老師，也是學校教育的合作伙伴。我們可以讓親師共同合作來評量孩子多元智能發展，了解孩子的優勢與弱勢，然後研擬並進行合適的親子活動，探究其實施成效。再者，教師可依

據家長之優、弱勢智能，運用最適合家長的方式傳達教育理念，以收事半功倍之效。

陸、學習心理方面：學習心理相關課題之研究

加強研究如何從多元智能的觀點，增進學生之學習興趣、降低行為問題等心理相關變項之研究。此外，可進行學習遷移的研究，探討在多元智能教學中，如何透過某一智能領域來學習另一智能領域，例如，如何透過音樂智能領域的學習，來增強數學智能領域的學習等。

柒、師資培育方面：多元智能師資培育課程的規畫與實施

要將多元智能理論作為指導教育的理論依據，必須讓教師明瞭多元智能之理念與作法，重視師資培育是必要的。未來可以探討在職教師的多元智能教育理念，對於多元智能教育的看法，並進而規畫教師多元智能專業發展與學校本位進修。針對職前教師部分，應加強多元智能培育課程的研發，加強職前教師多元智能之理念，並追蹤教師實施多元智能之作法。

捌、研究方面：多元智能本土化研究

人類智能的發展會受特定社會文化的影響，多元智能的發展背景為西方文化，台灣有獨特社會和文化脈絡，多元智能之發展情形在台灣的情境之下，是否出現獨特的智能組型或者智能類別，有待專家學者進一步研究，以提供課程設計及教學實務應用之參考。目前在語言發展、數學概念、科學概念、人際及社會發展……等等發展心理學之研究，以西方社會為研究對象者較多，以東方人或台灣人為研究對象者或研究背景較少，日後應該增加此方面之研究。例如，在華人社會

裡特別重視道德、品格與禮儀，這些對於多元智能的建構有何意義？或許我們可以發現華人文化圈中發展出來的特殊智能。

目前國內有學者試圖建構本土之智能理論，吳武典（2002）將 Gardner 及 Sternberg 之智能理論加以結合，形成綜合性智能之建構模式，他認為智能包含：學業智能、人事智能、處事智能、創造智能。其中學業智能與人事智能指的是 Gardner 之多元智能，而處事智能、創造智能則指的是 Sternberg 之智力三元論。此外，蔡崇建、高翠霞（2002）試圖建構本土之自然智能之內涵，以供國內學校作為發展自然智能評量工具之構念，並可進一步作為培育此等智能的課程規畫及教學設計之參考。

第16章 國民小學應用多元智能理論之研究

第一節　緒論

壹、研究動機

學校教育是社會的次級系統，受到國家政治、經濟、文化等因素的影響。學校教育寄身的客觀環境——經濟的、政治的、社會的大環境——已經有大幅度的改變，且持續在加速轉型中，無論在教材、教法、課程和教育制度，無不需要相隨革新（郭為藩，1996）。目前教育改革的腳步愈來愈快，各種教育新措施的推出，莫不衝擊著第一線的教育工作者，回顧過去多項教改措施，由上而下的模式進行推動，其實施成效令人懷疑。根據 Eisner（1995）指出，學校改革的失敗原因有：教師的角色已深植於人心不易改變、教師依賴其熟悉的例行性教學工作、教師工作的孤立性、未安排合適的教師進修、對學校功能的保守期望、片段式與表面化的改革等，所以改革須針對上述原因加以對症下藥，方能有所成。

教育改革中，根據認知理論的課程內容、教學方法以及配合的師資培育方式，直接影響學生的學習形態。過去我們的教育內容、教學方法與評量方式偏重於語文與邏輯數學方面的發展，對於音樂、美術、體育、人際關係與內省等方面較為忽視。為了使全人教育與適性教學能落實，有必要重新檢討目前的教學形態。哈佛大學心理學家 Howard Gardner 所提出的多元智能理論，認為人類至少有八項基本智

能，包括：語文、邏輯數學、空間、肢體運作、音樂、人際、內省、自然觀察者等（Gardner,1983,1995），正符應了我們的想法，其理念並被廣泛的應用於美國中小學的課室教學中，藉由多元智能的架構來思考目前的教育問題，可從中得到許多教育改革的明確引導方針。

哈佛零方案研究小組（Project Zero, 1999）曾於一九九七年起，進行為期三年的多元智能理論在學校應用之研究（The Project on School Using Multiple Intelligences Theory, SUMIT），調查了四十一所學校，結果發現：多元智能理論對提高測驗分數、提升紀律、增進家長參與、改善學習障礙的學生有顯著的影響。可見多元智能理論的應用，形成教育革新的另一出路。

有鑑於此，本研究嘗試探討多元智能在台灣學校的應用情形，適逢教育部於一九九七學年度起推動國民中小學補救教學專案，即將多元智能的推廣列為各示範學校應推行的重點，因此本研究得以藉由此一機會探討多元智能在學校應用的情形。

截至目前為止，台灣的教師在經營多元智能教學前的學習，經由不同的管道，有由官方所屬的教師在職訓練機構主導者，由學校主導者，由官方偕同大學學者合作主導者，也有由教師自學而主動施行者。本研究乃在了解由官方偕同大專院校學者合作主導者所進行之多元智能教學之現況，及其專業發展活動推展的情形，並了解教師對多元智能教學理念的接受度及實施的意願，以及實施多元智能教學所需的專業知能。Eisner（1995）認為探討學校改革可以從五個面向加以思考，分別是：一、意圖（intention）；二、結構；三、課程；四、教學；五、評量。多元智能理論引進校園，可視為是一項教育革新的工程，所以本研究試圖從學校的願景、行政、課程、教學、評量、專業成長等方面了解多元智能理論在學校實施的情況。

多元智能理論在教育上應用之研究，在國外已經累積相當多的研究文獻，在國內，近年來有不少學者開始介紹多元智能的理論及其在教育上的應用，研究者關心國民小學教育之發展，更關心國民小學教師之專業自主與專業成長，尤其面對複雜多變的教育生態，國小教師如何透過多元智能理論進行教育革新工作，以及如何培養專業能力，皆是本研究的關切焦點。因此本研究乃透過個案研究之方式，探討多元智能論在學校實施的過程、實施成效、有利的情境與面臨的問題。

貳、研究目的

基於上述研究動機，本研究之研究目的如下：

一、分析在國民小學中應用多元智能理論的實施現況。

二、了解應用多元智能理論時，教師的專業發展與專業自主情形。

三、了解應用多元智能理論的實施有利情境與面臨的問題。

四、探討整個實施過程給與教育革新的啟示與建議。

參、名詞定義

以下將「國民小學」、「多元智能理論」、「教師專業發展」、「教師專業自主」之涵意，說明如下：

一、國民小學：本研究所指之國民小學係指在台灣地區參與多元智能教學實驗的國民小學而言，學生為六至十二歲的學齡兒童。

二、多元智能理論：由美國哈佛大學心理學教授 Howard Gardner 所提出的理論，認為人類至少有八項基本智能，包括：語文、邏輯數學、空間、肢體運作、音樂、人際、內省、自然觀察者等。這八種智能代表每個人八種不同的潛能，這些潛能只有在適當的情境中才能充

分發展出來，而每個人都具備所有八項智能，而且大多數人的智能可以發展到適當的水準。

三、教師專業發展：教師工作乃是一種專業工作，而教師則是持續發展的個體，可以透過持續的學習與探究歷程來提升其專業水準與表現。

四、教師專業自主：教師從事教學工作，如課程設計、教學過程、學生動機、學生管理和教學評量等，能夠依其專業知能執行任務或做專業決定，而不會受外來干預，此種權威能夠確保教師從事教學工作時之自由、獨立與尊嚴。

第二節 研究方法

本研究以個案研究了解實施多元智能現況、其實施有利的情境與面臨問題。以下將分別說明本研究採用個案研究之資料來源與蒐集、研究步驟與過程等。

壹、研究資料的來源與蒐集

本研究資料的來源主要係有訪談、觀察與文件資料，茲分別說明如下：

一、訪談

本研究主要採用「主要資訊提供者訪談」，所謂主要資訊提供者（key-informant）是某些擁有特殊知識地位或溝通技巧，且願意和研究者分享其知識及技巧的人（Goetz & LeCompte, 1984）。因此，主要資訊提供者訪談即是對有專門知識、地位或溝通技巧，並且願意與研究者分享的人，所進行的一種深度訪談。

二、觀察

本研究之觀察總是同時交織著研究者的觀看、聆聽、發問和訪談。觀察的主題包括：校長、主任、教師在各種研習、會議中的發言；校長、主任、教師在研習、會議中的發言與互動；校長、主任與教師之間的交談與互動；校長、主任、教師與家長的交談與互動；校長、主任、教師與校外人士的交談與互動。

三、文件資料

本研究所蒐集的文件資料包括：學期的教學計畫、教科書、教學指引、校史、學校概況、出版物、人事資料、學生作品、學生成長檔、會議資料、會議紀錄、法規、公文、教師反省日記，以及其他簿冊等。

貳、研究步驟與過程

一、選擇兩所學校的理由

本研究所選取的學校均來自教育部國民中小學實驗多元智能補救教學示範學校之國小。教育部原本計畫中，有三所國民小學與五所國民中學參與，因為研究者對國民小學階段的教育革新深感興趣，所以決定以國小階段為範圍。而在國民小學方面，有三所國小參與專案，這三所國民小學，研究者分別命名為甲、乙、丙校，其中，研究者初步研究發現丙校是一所大型學校，約一百二十班，參與的教師僅是低年級的部分教師，這些教師進行個別的行動研究，在課程、教學與評

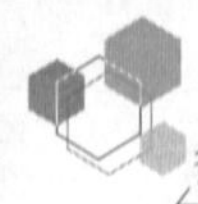

量的改變幅度較小，且學校行政未積極運作，所以本研究決定僅以甲、乙二校為研究對象。這兩所學校分別位於中部某縣及台北市，這些學校皆因為參與這個專案而進行多元智能的實驗教學，選取該校可以了解多元智能實驗教學的推展情形，而研究者以局外人的身分進入現場，能以較客觀的態度進行研究。

二、進入研究現場

甲校：研究者於一九九八年十月中旬以書函的方式，徵詢該校參與教師中自願參與訪談者，但未受到回應。因此研究者直接以電話向該校校長聯絡，向校長徵求是否同意研究者至該校進行研究，並告知研究的主題、研究的方式，該校校長則表示竭誠歡迎之意，並且告訴研究者若需要任何協助，可以向主任或組長請求幫忙，研究者向校長保證在該學校進行研究期間，絕對不會干擾老師的教學，並遵守研究倫理。在校長的介紹下，研究者認識了一位願意接受訪問的教師，並經由他與校長的介紹，又陸續接觸了多位受訪教師。

乙校：研究者於一九九八年十月中旬以書函的方式，徵詢該校參與教師中自願參與訪談者，該校某教師即回函表示同意訪談，於是研究者從該位老師作為研究的起點，經由該校老師介紹，研究者陸續認識了其他訪談的對象。而在研究期間，研究者曾親自拜訪校長，說明研究的目的，並徵求其同意以該校作為研究對象，校長則稱應該是彼此交流，不見得一定要從他那裡獲取資料，所以校長當時曾詢問研究者的研究心得，但為避免因研究者個人的看法而影響校長對訪談內容的保留，所以研究者對於其他案例實施的情況，大都點到為止，並未針對其他案例做評論。

三、訪問對象

本研究選定之訪問對象以實施多元智能的教師為主，研究者親自詢問其是否願意接受訪問，有些訪問對象則由已接受訪問的教師推薦而認識。研究者向受訪者保證訪談所得資料絕對保密，且事前徵求其同意研究者在訪談過程中錄音。受訪者均欣然答應研究者訪問及錄音，有的表示接受訪問可從中學習一些新的事物；有的表示為了使研究者能順利完成研究，總是要有人配合做研究。大體說來，在選擇研究對象的過程是相當順利的。

四、退出研究現場

至一九九九年十一月中，因為蒐集資料的工作即將告一個段落，研究者以電話或信函向受訪的教師們道謝，並告知研究者將結束資料蒐集工作。

五、資料整理與分析

本研究蒐集資料及研究的方向最主要可分為兩個階段，在第一階段，研究者先對個案學校的背景加以了解，之後對個案學校實施多元智能教學的緣起與多元智能課程發展、教學實施、教學評量等方面進行資料的蒐集，並進行初步分析與反省後，發現教師的專業發展活動以及教師的專業自主似乎在實施過程中，占有很重要的地位，因此，在第二階段的研究，以教師的專業成長、專業自主及實施的有利情境為蒐集資料的重點。

研究者在現場訪談、參與觀察、蒐集文件後，當天必須將訪談的錄音、觀察札記、文件資料加以整理分析，並將發現的問題記錄下

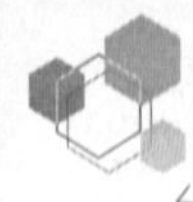

來，以作為下次進入現場蒐集資料之參考。

本研究將所蒐集的訪談紀錄、觀察紀錄轉錄成電腦文字檔案，研究者將訪談紀錄、觀察紀錄與文件資料閱讀數遍以後，參考訪談大綱，形成本研究的分類架構。接著將所有的資料予以編碼，編碼後若某一段資料包含許多編碼類別，則將該資料影印或列印數份，然後依資料編碼的類別剪下，分別按其編碼類別置於每一類的資料袋內。後來研究者發現，可利用電腦文書處理軟體資料複製的方法，將相同類別編碼的資料，複製到同一檔案中，而形成許多不同類別編碼的電腦檔案，之後將電腦檔案內同類別的資料予以比較、對照，以發現事件的連結與其結構，並透過負面個案選擇及差異個案選擇來證實事件間的關係與結構。接下來，研究者將所發現的架構，配合訪談、觀察、文件等資料來源，撰寫成研究結果。最後，尋找適當的理論以配合現有的資料，確信關係的發現，並加以解釋討論做成結論。在撰寫過程中，研究者仍不斷地調整分類的架構，部分資料有缺漏或須再確認，研究者則與受訪者經電話訪問再確認，以求資料的正確性。

第三節　結果分析與討論

壹、個案學校背景

就發展歷史而言，甲校成立至今已超過一百年，而乙校則是四十七年。甲校在校地方面遠較乙校廣闊，甲校平均每生占地六十二・一三平方公尺，乙校平均每生占地五・七五平方公尺。在人事結構方面，乙校在教師編制、女教師比例及學生數均較甲校高，而學校規模方面，兩校均屬於中型學校，每班平均人數，兩校皆為三十二人。甲校家長學歷多為中學以下，職業多為農、工，而乙校家長學歷多為高中以上，職業多為公、教、商、工。總之，甲校屬於鄉村型的中型學校，乙校屬於都會型的中型學校。茲將二校之背景摘要整理如表16-1。

表 16-1　甲校、乙校背景摘要表

	甲　　校	乙　　校
發展概況	創校迄今一百零二年	創校迄今四十七年
物理環境	占地 42000 平方公尺，該校有 20 間普通教室、5 間辦公室、特別教室 11 間（包括自然科、美勞科、書法教室、電腦教室）、青少年育樂營地、禮堂、教具室、圖書室、健康中心、教師休息室、廚房、植物教材園、籃球場、溜冰場等	占地 4700 平方公尺，有 26 間普通教室、3 間辦公室，特別教室 7 間（包括自然科、音樂科、體能教室、電腦教室、資源班教室）、教具室、圖書室、保健室、合作社、家長會辦公室、籃球場等
人事結構	．教師編制達 1.5 位教師，且有幹事、護士、廚工、工友等編制 ．男、女教師比約 1：2 ．學生數 676 人，班級數 21 班，每班平均人數 32 人	．教師編制達每班 1.8 位教師，且有幹事、護士、工友等編制 ．男、女教師比約 1：4 ．學生數 820 人，班級數 26 班，每班平均人數 32 人
組織氣氛	該校同事之間感情融洽，而主任和教師之間是工作伙伴的關係，並未有階級上的隔閡感	同事之間有革命感情、行政支援教學
家　　長	家長學歷多為中學以下，職業多為農、工	家長學歷多為高中以上，職業多為公、教、商、工

貳、實施過程與成效

一、妥善結合多項計畫共同運作

甲、乙二校皆能妥善結合多項計畫共同運作，這些計畫的精神和多元智能的精神，有部分相似之處，這些計畫和多元智能專案一起推行，整合了各方的資源，使多元智能專案得以更順利進行（文件 27、訪33）。

二、甲校在課程方面為單科多元智能統整，乙校為跨學科的多元智能統整方式

甲校的作法原先是預定要以某個主題為核心，擷取各學科材料，實施之後發現，在現有課程中，橫向科目之間難以根據主題進行統整，所以逐漸演變成以各個學科為主，以教科書的單元主題為依據，將教材做重新選擇、排序、分群的方式來進行統整。乙校的低年級教師所進行之多元智能課程的規畫，和現行一般學校的課程規畫大不相同，以多元智能為架構，將幾個學科融合為一個新的整體，以社會科的單元為編製主題依據，並以主題為中心，實施跨學科的整體性工作，企圖推展課程統整以利於多元智能教學。乙校在課程方面為跨學科的多元智能統整方式，而甲校為單科多元智能統整，可見乙校比甲校變動幅度大。

> 在做整個課程統整設計的時候，慢慢的老師會從合科走向分科，好像變成說這是老師自發性去做，就是老師覺得這樣比較容易去進行（訪7）。
>
> 社會科的內容（課程內容包括了「習俗與生活」、「為我們服務的人」，以及「我們的生活環境」三大單元）較為生活化，較易被孩子吸收。而且其餘各科內容能配合其三大主題有所增減。所以我們利用社會科的課程內容，選出三大主題來當作我們的教學主題（文件7）。

三、教學方式多元化但個別化不足

甲校在教學計畫方面，教師以多元智能為架構，以構思教學的活動。而乙校教師結合新、舊經驗來思考主題教學的實施，乙校教師原本就有將國語科做統整的經驗，加入多元智能方案後，以多元智能的架構設計教學計畫。本研究發現，教師在進行教學時會加入多元化的活動，如在語文課中，加入相關的音樂歌曲，或將現成的歌詞改變成符合主題的內容，或者運用視覺空間的活動來學習音樂科的內容。本研究也發現，在教學過程中，教師無法在課堂上完全依照學生個別差異來進行，只能盡量提供不同的教學方式，以讓學生接觸不同智能領域的活動，並引發學生的反應，教師獲得來自學生的訊息後，據以調整教學決定。

> 現在我做的方向可能比較偏向於在教學方式的多樣，希望這樣來讓不同學習風格的學生，在某一個部分他覺得這樣他比較能接受，我沒有朝向比較個別化的部分（訪21）。
>
> 主要是透過八個活動來教學，可以幫助老師了解學生在學習時，在哪一方面比較有感覺，哪一方面比較有反應（訪31）。

四、學校中同時存在著不同的多元智能課程與教學活動形態

本研究發現二校在多元智能課程與教學實施可從活動形態與參與成員兩個向度加以分類。在活動形態方面，可分為「利用多元智能進

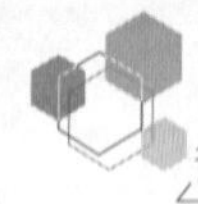

行課程統整」、「將多元智能的理念運用於教學方法上」、「多元智能理念的探究」等三方面，而參與成員方面，則可分為「個別教師」、「教師小組」、「全體教師」等三方面。從圖 16-1 可看出，每一所學校皆可能同時存在著不同類型的活動。

活動形態 ＼ 參與成員	個別教師	教師小組	全體教師
利用多元智能進行課程統整	乙校	甲校 乙校	甲校
將多元智能的理念運用於教學方法上	乙校	甲校 乙校	甲校
多元智能理念的探究	乙校	甲校 乙校	甲校 乙校

圖 16-1　多元智能課程與教學實施類型圖

五、評量方式多元，但不盡然完全符合學生的個別差異

二校所實施的評量方式，是朝向多元化評量的方式，亦即是方式上的多元，本研究發現教師運用的方式包括：紙筆測驗、實作評量、書面報告、表演、學生的觀察紀錄、學生學習成長檔、動態評量、平時評量等（文件 22、文件 25、文件 8）。雖是方式多元，二校的評量方式仍然保留傳統月考的紙筆測驗方式，並沒有針對多元智能的各領域來進行評量，只有少部分學生用其他方式來代替紙筆測驗。大部分的評量方式仍然較有利於語文及邏輯數學較強的學生，對於其他智能優勢的學生未必公平，雖然教師有針對少數學生的個別差異採取不同的評量方式，但並非全體學生、每種概念，都可以找到許多不同的評

量方式，可能原因是多元智能評量的工具難以訂定，以及過去尚未有實施多元智能評量的經驗。

> 在評量時，有些同學不喜歡寫，我就叫他用說的填一份心情問卷的東西，小朋友就把它錄成錄音帶，說得非常好，但是不喜歡寫，這樣可以讓學生用不同方式表現他所學到的……並不能說每一個概念都可以用音樂或數學等等來表現（訪 31）。

六、提升學生的學習動機及興趣

多元智能的教學多樣化且能與學生真實生活經驗相結合，而評量方式有趣且多變化，使得學生對上課產生期待的心理，引起學生學習的動機與興趣。學生的表現也超乎教師的預期，學生所產生這些正面訊息，讓教師感受到教學的喜悅，這和 Campbell（1990）的研究相同，他發現多元智能的教學使得學生對學校有積極的態度，學生的出席率提升了。

> 他們有關於情意、動機、興趣的成長演變，可能是最明顯讓人家感到最滿意的部分，上課的情緒有明顯的進步（訪 21）。
>
> 我覺得批改學習單改得很累沒有錯，但是也很高興，像我常改學習單改到覺得他們怎麼可以做出這麼好的東西，讓我覺得好意外的東西，這是超過我預期的（訪 17）。

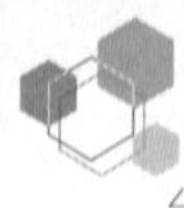

七、教師的成長與改變：教學設計更具系統化、尊重學生之特性

多元智能理論提供教師一個系統性的架構，可以很方便地組織和結構教材。而在組織教材或設計教學時，可以使老師對各項智能領域做均衡的設計，能顧及多元領域的教學活動，使不同學習方式的學生都能接受適合他的學習方式。在教學改進方面，教師會精心設計創造出不同的教學方式，而不是像以往對教學活動未做深入探討。此外，在多元的教學活動中，有助於老師觀察到學生的不同面貌，以及發現學生所專長的智能，同時也發現在班上學科學習較慢的學生仍有其擅長的地方（文件 8）。

> 以前可能用講述或者是比較傳統的方式，但是現在是希望能透過比較多樣化的方式，比方說透過音樂的方式或者肢體動作的方式，或是觀察的方式，來讓孩子了解這樣的概念，由不一樣或更多樣化的教學方式讓孩子學到所要學的概念（觀 880726）。

八、校內專業發展氣氛的建立

甲校教師曾受邀至他校進行經驗的分享，也有訪客蒞校做經驗交流（訪 9），甲校在暑假前安排教師參與多元智能的研習，而週三下午安排了研習課程或學年進行多元智能教學的研討，形成了學校本位進修。乙校在校長的帶領下，建立了成長團體，教師們彼此分享與討論，對於教師的成長很有幫助，也朝向以學校為本位的教師進修（觀 880817、訪 30）。同時乙校教師蒐集平時教學時所累積的學習單、通知單、教學設計等，出版一本成果專輯。從上可知，二校皆以經驗交流、校內研習、行動研究、成長團體、出版……等等方式，提升校內的專業發展氣氛。

九、家長雖對多元智能教學產生質疑，但也參與了學校的活動

本研究發現雖然部分家長對多元智能的教學產生質疑，但經溝通後，漸能接受此種理念。而家長也到校參與教學活動以及支援教學活動，例如，具有專長的家長蒞校指導學生，或者由家長帶領學生實地參觀，支援過關評量的活動。和哈佛零方案研究小組（Project Zero, 1999）之研究結果一致：多元智能理論之實施增進了家長的參與。

> 我們每個月會利用班級家長會、班級的班親會或其他場合來跟家長做溝通，希望家長能接受，可能要跟家長多溝通，現在很幸運的是我們的理念我們家長滿認同的（訪8）。

參、多元智能的教師專業發展與教師專業自主

一、形成學校本位專業發展的形態

二校的專業發展活動，在進行的場所來看，以學校內的場所為主，而教師專業發展之課程與內容尚能解決教師實際之需求，教師專業發展活動也由學校負責規畫與推動，大體而言，二校都已出現學校本位專業發展的形態。這些專業發展活動的功能是：教師之間可以相互激盪、發掘教師優勢智能、情緒支持、分擔工作、互補不足等，因

而形成校園內一股教師成長的智性文化。雖然如此，教師工作的孤立性與個人主義仍然部分存在，一些教師仍然畏懼公開自己的教學，讓其他同事觀摩，也有教師認為教學專業仍須再充實，因此，學校之教師專業發展仍應持續進行，以精進教師的專業能力。

二、教師具有評量、教學方式、課程設計、作業分量、教學單元順序、教學進度等教師專業自主

從教師專業自主的角度分析，二校教師具有評量、教學方式、課程設計、作業分量、教學單元順序、教學進度等自主。雖然甲、乙校的教師擁有多項教學自主，這些自主是教師專業的核心，也是實施多元智能課程與教學的有利條件。但教師在做這些決定時，仍然是會受到教務處與同學年教師的規範，如評量方式須由教師們共同討論，再向教務處核備。而部分老師也對自主產生疑慮，例如，因減少教科書內容，害怕學生學得少的疑慮。

肆、實施多元智能的有利情境與面臨問題

一、實施多元智能的有利情境

本研究發現，二校實施多元智能所營造的有利情境如下：具有共同的目標與願景、領導者的支持、學校行政支援、提供適切的資源、建構積極的教師專業發展、充分的教師專業自主、善用外力的倡導等。

㈠具有共同的目標與願景

學校具有清楚的目標與願景，可以激發教師朝向該目標前進，而學校也會透過各種場合以及各種支持性的方式，讓老師能夠認同目

標。本研究發現二校的行政人員都和教師共同參與研習與工作坊，如此容易塑造共同的目標，而教師也表示行政人員共同參與工作坊可提升對專案的支持度，使得行政人員和教師成為伙伴關係（訪 18）。這和 Leeper（1996）研究多元智能理論在班級的實施發現相同：若行政人員能夠接受相同的訓練，將更能支援教師的教學，行政人員和教師會成為伙伴的關係。

㈡領導者的支持

校長對於多元智能教學、課程統整負起促進者的角色，主動整合各學年以及各處室之資源，營造良好的學校氣氛。換言之，應對於教育革新具有關鍵的地位。此外，領導者必須給與教師情緒上的支持，以紓解教師在實施過程的壓力。

㈢學校行政支援

在學校行政方面，本著以服務代替領導的理念，提供教師教學所需的資源，並簡化繁瑣的行政程序，以彈性的作法，因應實施過程中各種可能的變數，讓教學之進行趨於順暢。

㈣提供適切的資源

學校必須提供教師必要的資源，以利於課程與教學的革新，例如，提供各項教學材料、視聽器材、經費補助、聘請相關的諮詢人員、新知與資訊的提供等等。

㈤建構積極的教師專業發展

傳統上，學校中的關係規範是個人的、競爭的交互作用模式、教學是孤立的專業，教師只有同輩（peer），沒有同事（collegaue），更缺少同事情誼（collegiality）。革新的學校要建立關懷的、信賴的和共同目的的關係規範，以及增加同事間的對話、討論、談論和協商，以發展合作精神（歐用生，1998）。本研究發現，個案學校教師已展現出溫暖的同事情誼，且能透過正式與非正式的場合，共同針對多元智能理論運用課題，加以研討、激盪，並充分發揮小組合作精神進行課程統整、教學設計、行動研究，使學校營造出積極進取的成長氣氛，如此對於教師專業發展有重要的影響。而教師能積極的進行專業發展，是推動多元智能教學重要的因素，教師透過同儕的互動研討、腦力激盪、同儕視導、小組合作、行動研究、反省性教學等措施，對了解與實踐多元智能理論有重要的影響。

㈥充分的教師專業自主

本研究發現教師在課程、教學進度、評量、教學方法上擁有相當的自主，學校行政單位也願意授權給教師，讓教師有更大的彈性來做改變，塑造了推行的積極條件。多元智能教學比目前的教學形態更多元化，而其課程領域更需要打破目前科目的安排，以達成多元化統整的目的，而教學評量方式須注重學生個別差異。基於以上，為能順利推展多元智能方案，賦與教師更大之專業自主權，鬆綁目前對教學不利的相關因素，如統一形式的定期考查、統一進度、統一課程等桎梏，多元智能方案才有實施的可能。

㈦善用外力的倡導

本研究之兩所個案學校均因參與教育部專案，因此有經費上的補助、工作坊的舉辦、指導教授的諮詢服務，所以擁有充足的外力支持，為多元智能方案提供有利的情境。各級教育主管機關，經常利用其豐富的資源，包括：經費、設備及人力等，倡導各種教學及課程的改革，學校把握此良機，將這種外力轉化成學校改變的動力，如此使方案更容易推展。

二、實施面臨的問題

在甲校方面，實施面臨的問題是，教師的異動頻繁造成付出許多的人力與時間成本，也使得教師的經驗不易累積與傳承。此外家長對教學品質產生懷疑，雖然家長肯定多元智能教學，使教學更活潑，學生更有學習意願，但也憂慮學生的基本能力能否提升。而實施多元智能教學，使教師的教學準備變得繁重，教師抱怨行政工作多，備課時間不足，課程分量太重，造成老師的壓力很大。同時，甲校的教師對教學及評量方式仍然生疏，顯見教師的能力仍應繼續加強。

在乙校方面，實施面臨的問題是，領導者推展課程改革的能力仍須再加強；實施多元智能教學，教師須投入許多時間進行課程統整、做教學活動設計、準備教材，因此，教師感到時間不足。此外，在缺乏實施前的正確專業態度之下，教師並未完全捨棄原有課程的內容、教材，卻又加入新的教材與作業，加重學生與老師的負擔。而課程標準規範教材的內容，且目前各科之間的主題不一定有所聯繫，所以使得教師欲將各科統整、連貫產生困難。

從上述探討，可發現教師在做課程設計以及教學評量時，感到專業能力不足的現象，這和張嘉育（1999）的研究發現相似。本研究發現教師有教學準備時間不足的情形，Leeper（1996）也認為計畫及蒐集資源的時間的多寡也是影響實施過程的重要因素。因此學校應檢討員額編制，減少教師行政工作負荷。此外透過教師之間的合作，減輕教師獨立進行的負擔，並合理地精簡課程與教材，讓教師能從容地進行教學工作。

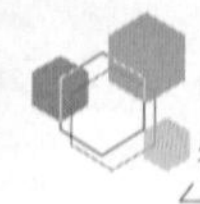

第四節　建議

本研究以兩所國小進行個案研究，以下先對與個案情境相似之國小教師、學校行政人員，試提出本研究之建議，最後，再提出對相關單位與未來研究的建議。

壹、對國小教師的建議

一、反省自己的多元智能形態

教師應了解自己的強勢智能與弱勢智能，並反省自己是否因為自己的強勢智能而偏好某項智能的活動，或者因為自己在某一領域是弱勢的，而忽略某類型的教學活動。Nicholson-Nelson（1998）認為教師在教學中最常使用的教學方法，通常是這位教師的優勢智能，教師必須能夠察覺自己經常使用何種教學方式。本研究建議教師可藉由協同教學或是專業成長彌補自己的弱勢智能，並運用自己的優勢智能協助同事成長或教學。

二、加強與教師同儕之間的專業發展

本研究發現教師同儕之間的互動，以及小組合作的方式進行課程設計，可以幫助教師表現出更好的專業能力，也可以使教師的情緒獲得支持。因此本研究建議，教師不妨走出教室，積極和學校同事互動，交換彼此對教育的看法，以及反省教學上的經驗，更積極的作法，應營造有系統、有組織的對話，諸如，讀書會、教學研討會、同儕視導等方式，將專業智能透過合作的力量，不斷地持續發展。

三、加強課程統整以利於有效的教學

本研究發現教師進行課程統整時，已將教材做刪減，但實際教學時，教師仍不敢完全拋棄刪減的舊有課程，仍然照常授課，造成教師趕課的壓力。因此本研究建議，教師應加強課程統整的觀念與統整設計的能力，擺脫原有心智習性，使教師能依目標重新篩選、增加或合併原有的課程，使教材更具時間的合理性，能在有限的教學時間內更有效地達成教學目標。

四、提供個別化的教育情境

多元智能理論對於教育最大的貢獻就是，每個人不必用相同的方法來學習知識及評量知識，因此教師必須去明瞭個別學生的心智，也就是說，教師必須了解學生的背景、優點、興趣、嗜好、焦慮、經驗及目標，任何的教育決定必須依據學生最新的情況而定，不是對學生存有刻板印象。所以進行個別化教育，必須先了解學生，在班級人數較多時，教師可以運用以下策略，來達成個別化教育的理想：㈠教師應盡可能蒐集特殊學生的資料，例如，他們是如何學習以及如何和老師、同學分享知識；㈡學生能給某一位老師教好幾年，師生可以更加了解對方；㈢能彈性地、妥適地安排教師與學生；㈣教師新接一個班級時，應盡可能提早認識所有學生；㈤讓年長的學生能夠和年幼的學生一起學習（Gardner,1999a）。

五、跨年級學徒制的應用

安排低年級的學生和高年級的學生共同學習，低年級可獲得高年級學長的指導，以彌補教師無法一一個別指導的缺憾，Gardner

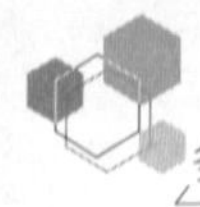

（1999a）認為此種措施可使個別化的教育更臻理想，而高年級學生擔任小老師的角色，指導低年級的學生，可使其更能理解所學知識。本研究並未發現二校進行跨年級的學徒制，建議未來的教學可運用此種方式，使個別化與促進理解的教育能更加落實。

六、開發學生優勢智能補救弱勢智能

教師應透過多樣化的教學，了解學生的優勢與弱勢智能，並藉由學生的優勢智能來補強其弱勢科目，教師也可協助學生發現其優勢智能，以建立其學習自信，帶動其弱勢智能領域的學習。

貳、對學校行政人員的建議

一、建立共同願景，營造有利的教學情境

本研究發現學校若建立共同的目標與願景，將有利於多元智能之實施。願景不僅是未來的圖像，也是發展的理想和目標，更是具體行動的方向與力量（吳明清，1997），因此學校在推行多元智能教學，應不斷營造教師之間談論、釐清願景的機會，使得願景更加清晰，教師們也會開始熱中於追求願景所帶來的好處，而教師的專業熱忱也因而被激發，帶來良性的循環，而營造出實施課程與教學的有利情境。

二、給與教師充分的專業自主

本研究發現教師擁有多項教學專業自主，因此使得多元智能理論，在學校行政賦與教師於課程、教學、評量相當的彈性空間之下，有了發揮的空間。因此本研究建議，學校若要實施多元智能教學，給與教師充分的專業自主是不可或缺的條件。

三、促進教師之間的教學合作

本研究建議學校應建立教學合作與專業探索的學校文化規範，且校長應鼓勵教師反省和改進自己的教學，並促進教師之間的教學合作，使教師不致沈淪於惰性的學校氣氛且不願積極發揮專業自主，而進一步使教學成為機械性呆板的工作。

四、給與教師必要的時間進行專業發展與教學準備

本研究發現教師對於進行課程統整、教學設計、教材準備的時間有不足的現象，造成老師的抱怨與壓力，此外也發現教師負擔過重的行政工作，使得教師的時間更感不足。因此本研究建議，學校要實施多元智能教學，應提供教師充足且必要的時間。具體作法，可增加人員之編制，減少教師行政負荷，降低教師授課總時數，使教師能有充裕的時間進行專業發展，謀求更高的教學品質。

五、各校建立教學資訊網站

本研究發現甲校教師受邀至他校做經驗分享，也有訪客至校內做經驗交流，而乙校則將實施多元智能教學一年半的成果編印成冊，以供各界參考。上述之作法，實有助於多元智能教學的推廣，但成效、速度與廣度仍然有限。在此資訊科技發達的時代，電腦網路已經深入每一個家庭，每一個學校，甚至每一間教室，若能善用科技，將可發揮無窮的力量。因此，本研究建議，各校應將多元智能教學推展的過程、課程設計、教學設計、學習單、評量檔案、教師教學心得、教學檢討……等等實務性資源，建置於網路教學資源網站，以利其他學校及教師參考，將可減少摸索的時間，並可藉由網路論壇進行討論，互

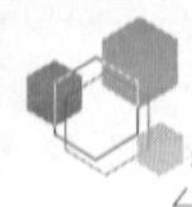

相激盪出更好的教學。

六、推動以學校為本位的多元智能教師專業發展活動

本研究發現教師透過學校本位形態的專業發展活動，對了解與實踐多元智能理論有正面的影響。因此，本研究建議學校應推動學校本位的專業發展活動，以多元智能教師專業發展建議模式（詳見本書第三章），分為預備階段、實施階段、強化階段與評鑑階段等四個階段漸次實施，而參與成員能依多元智能教師專業發展實施步驟善盡自己的職責與角色，相信多元智能教學能順利地推展。

參、對相關單位的建議

一、提供資源以倡導多元智能

本研究發現，二校因為接受教育部及大學教授的指導，獲得專業成長機會以及人力資源的協助，對多元智能理論的推行有正面的效果。因此本研究建議，擁有豐沛人力或經費資源之政府單位、大專院校與企業界，可以提供資源並倡導多元智能教學，惟不可過分干預，如此可促成教學革新的產生。

二、鬆綁課程標準的規範

課程標準規範了教科書的編制，但也成了教師進行課程統整的阻礙，影響主題教學設計的編製，本研究即發現教師受到課程標準的限制，放棄跨學科統整而採單科統整的現象。因此九年一貫制課程，以課程綱要取代課程標準，且賦與學校及教師彈性授課的時數，應該可以達到鬆綁課程標準規範，讓教師更能發揮專業自主權的目的。

三、研擬評量工具以評鑑多元智能教學成效

目前多元智能教學缺乏適當的評鑑工具，因此僅能表面上得知學生的動機提升、參與度增加，學生在各科中的學習成效應如何運用各項智能來評量，一般教師皆感到不知如何進行，因此本研究建議應結合專家學者與國小教師，共同研擬多元智能的評量工具與方式，來評估學生的學習成效。

肆、對未來研究的建議

本研究僅選取兩所學校進行個案研究，日後可選取不同階段學校（國中、高中、大學）、不同地區的樣本、資優或特殊兒童，以比較對其實施多元智能課程教學的異同，俾能了解多元智能實施之全貌，以提供師資培育機構、教育行政機關、學校與教師作為參考。

本研究主要以個案研究的方式，深入了解兩所國小的教師專業自主，但研究結果不具普遍的推論性。未來研究可配合實施量的研究或實驗法，以印證多元智能教學之效果。此外，進行多元智能教學的教室觀察，詳細了解教師實施多元智能教學時的教學計畫、教師思考、教學決定、師生互動等。

此外，可進行學習遷移的研究，探討在多元智能教學中，如何透過某一智能領域來學習另一智能領域，例如，如何透過音樂智能領域的學習，來增強數學智能領域的學習等。

參考文獻

一、中文部分

大坪教育基金會（2013）。**8 號夢想教室**。台北市：麥浩斯。

文元國小（2005a）。**多元智慧常規經營**。2005 年 4 月 11 日，取自 http://teachers.wyes.tn.edu.tw/anne63/多元智慧常規經營.htm

文元國小（2005b）。**多元智慧環境布置**。2005 年 4 月 11 日，取自 http://teachers.wyes.tn.edu.tw/anne63/多元智慧環境布置.htm

王文中、呂金燮、吳毓瑩、張郁雯、張淑慧（1999）。**教育測驗與評量──教室學習的觀點**。台北市：五南。

王為國（1999）。九年一貫制課程與多元智慧理論。**國教輔導，39**（2），3-7。

王為國（2000）。**國民小學應用多元智能理論的歷程分析與評估之研究**。國立台灣師範大學教育學系博士論文，未出版，台北市。

王為國（2002）。多元智能取向之教學評量，**國教天地，148**，94-104。

王為國（2005）。多元智能理論與實務。載於賴羿蓉、王為國（主編），**幼兒科學課程設計：多元智能與學習環取向**（頁 57-80）。台北市：高等教育。

王萬清（1999）。**多元智能創造思考教學**。高雄市：復文。

古美婷（譯），田耐青（審訂）（1999）。由多元智慧理論的觀點談教學評量：一些台灣的實例。**教師天地，99**，32-38。

玉里高中（2005）。**玉里高中多元智慧實驗網**。2005 年 7 月 25 日，取自 http://www.pylhs.hlc.edu.tw/multi/index.html

田耐青（1997）。二十世紀教學科技發展史。**教育研究雙月刊，35**，62-65。

田耐青（1997）。運用教學科技經營兒童的多元智能。載於國立花蓮師範學院主辦之**邁向二十一世紀教學科技學術研討會**，花蓮縣。

田耐青（1999）。**多元智慧理論**。台北市：世紀領袖教育。

田耐青（譯）（2002），H. F. Silver., R. W. Strong., & M. J. Perini 著。**統整多元智慧與學習風格：把每位學生帶上來**（So each may learn: Integrating learning styles and multiple intelligences）。台北市：遠流。

成虹飛、黃志順（1999）。從教師成長看課程改革的意義。**應用心理研究，1**，69-97。

江文慈（1998）。整合與超越：多元智力取向的評量。**測驗與輔導，143**，2952-2954。

余思靜（2003）。多元智慧的統整與學科領域教學。**台東大學教育學報，14**（下），1-22。

吳宗立（2001）。有效班級經營激發多元智慧。**研習資訊，18**（3），9-13。

吳明清（1997）。營造學習型教育專業社群：教師進修的政策目標與制度規畫。載於國立花蓮師範學院進修暨推廣部（主編），**進修推廣教育的挑戰與展望**（頁 1-14）。台北市：師大書苑。

吳明隆（2004）。**班級經營與教學新趨勢**。台北市：五南。

吳武典（2002）。幼兒多元智能的探尋。載於**多元智能教室、多元智能孩子——理論與實務**（頁 75-98）。台南市：世一文化。

吳清山（1990）。班級經營的基本概念。載於**班級經營**（頁 1-32）。台北市：心理。

吳毓瑩（1999）。卷宗評量。載於**教育測驗與評量——教室學習的觀點**（頁 237-257）。台北市：五南。

吳壁純（2000）。社會科高層次思考教學活動中的價值衝突與化解之道。**教育研究月刊，75**，53-65。

呂金燮（1999）。實作評量理論。載於**教育測驗與評量——教室學習的觀點**（頁 171-203）。台北市：五南。

李咏吟（1998）。**認知教學理論與策略**。台北市：心理。

李咏吟（1997）。應用微型教學以加強師資訓練效果。載於**教學原理**（頁 40-50）。台北市：遠流。

李心瑩（譯）（1997），H. Gardner 著。**再建多元智慧**（Intelligence reframed: Multiple intelligences for the 21st century）。台北市：遠流。

李世忠（1999）。**教學科技：評鑑與應用**。台北市：五南。

李坤崇（1999）。**多元化教學評量**。台北市：五南。

周祝瑛、張稚美（2000）。多元智慧在台灣地區中小學的實驗簡述。**北縣教育，37**，44-53。

周淑卿（1999）。論九年一貫課程的統整問題。載於中華民國課程與教學學會（主編），**九年一貫課程之展望**（頁 53-78）。台北市：揚智文化。

周淑惠、陳志如（1998）。幼兒園室內學習環境簡介：學習區。**國教世紀，176**，15-20。

林心茹（譯）（2005），Kornhaber, Fierros, & Veenema 著。**活用多元智慧**（Multiple intelligences: Best ideas from research and practice）。台北市：遠流。

林佩芝（譯）（1997），H. Gardner 著。**創造心靈**（Changing minds:

The art and science of changing our own and other people's minds）。台北市：牛頓。

林佩璇（譯）（2000），J. A. Beane 著。課程統整的理論。載於黃光雄（總校閱），**課程統整**（Curriculum integration）（頁 9-34）。台北市：學富。

林思伶（譯）（1999），R. Heinich., M. Molenda., & J. D. Russell 著。教學的科技。載於張霄亭（總校閱），**教學媒體與教學新科技**（Instructional media and the new technologies of instruction）（頁 641-683）。台北市：心理。

林進材（2000）。**教學理論與方法**。台北市：五南。

林鴻瑜（譯）（2001），M. Torrence 著。蒙特梭利教育現況。載於**幼兒教保模式**（Approaches to early childhood education）（第三版）（頁 9.1-9.48）。台北市：華騰。

邱連煌（1998）。多元智能學校的組織、課程與教學。載於台北市立師範學院（主編），**師範教育之課程與教學改革研討會專輯**（頁 27-48）。台北市：台北市立師範學院。

封四維（1999）。**多元智慧教學之實踐：一個教師的行動研究**。國立台灣師範大學教育學系碩士論文，未出版，台北市。

封四維（2004）。**教師發展標準取向課程之行動探究**。國立台灣師範大學教育學系博士論文，未出版，台北市。

施良方（1997）。**課程理論**。高雄市：麗文。

洪蘭（譯）（2001），J. LeDoux 著。**腦中有情——奧妙的理性與感性**（The emotional brain: The mysterious underpinnings of emotional life）。台北市：遠流。

洪蘭（審訂），李平（譯）（1997），T. Armstrong 著。經營多元智慧（Multiple intelligences in the classrom）。台北市：遠流。

孫德珍（1996）。美國契小學的教育模式與本土經驗分享。載於**幼兒教育的實踐與展望——世界幼教趨勢與台灣本土經驗**（頁154-200）。台北縣：光佑。

師資職前教育課程教育專業課程科目及學分對照表實施要點（2013年6月17日）。

徐世瑜（譯）（2003），D. M.Campbell & L. S. Harris著。**統整課程發展——協同合作取向**（Collaborative theme building—How teachers write integrated curriculum）。台北市：心理。

徐進堯（2005）。**試辦多元智能學習環境計畫簡介**。2005年4月9日，取自 http://www.dpes.hcc.edu.tw

張世忠（1999a）。多元智慧教學方法在師資教育科目之實行與應用。載於中華民國師範教育學會（主編），**教師專業成長——理想與實際**（頁215-241）。台北市：五南。

張世忠（1999b）。**教材教法之實踐——要領、方法、研究**。台北市：五南。

張春興（1991）。**張氏心理學辭典**。台北市：東華。

張春興（1994）。**教育心理學**。台北市：東華。

張國祥、韋輝樑（2001）。**菁莪樂育：多元智能與教師專業成長**。澳門：澳門電腦學會。

張景媛（1999）。**多元思考教學策略工作坊對國小教師數學教學影響的評估暨教學督導對教師教學歷程轉變之影響**。行政院國家科學委員會專題研究計畫成果報告。

張湘君、葛琦霞（2001）。**多元智慧輕鬆教**。台北市：天衛。

張稚美（1998）。終身學習與教師增權。**文教新潮，3**（4），30-38。

張稚美（2000）。學校實踐多元智慧論的方針和挑戰。**教師天地，106**，14-21。

張稚美（2001）。**談無所不在的「心智習性」**。2001 年 9 月 22 日，取自 http://www.tw.org/newwaves.html

張嘉育（1999）。九年一貫制課程的學校課程自主：一個學校本位課程發展的實例與啟示。載於中華民國課程與教學學會（主編），**九年一貫課程之展望**（頁 79-124）。台北市：揚智文化。

梁雲霞（譯）（2000），B. Campbell 著。**多元智慧和學生成就**（Multiple intelligences and student achievement）。台北市：遠流。

莊安祺（譯）（1998），H. Gardner 著。**7 種 IQ**（*Frames of mind*）。台北市：時報。

莊安祺（譯）（2007）。H. Gardner 著。**心智解構：發現你的天才**（*Frames of mind*）。台北市：時報。

莊明貞（1996）。國小社會科教學評量的改進途徑——從「真實性評量」實施談起。**教育資料與研究，13**，36-40。

莊雯心（2001）。**多元智能（MI）教學研究——光譜計畫在班級實施歷程分析**。台北市立師範學院國民教育研究所碩士論文，未出版，台北市。

郭俊賢、陳淑惠（譯）（1998），B. Campbell 著。**多元智慧的教與學**（Teaching & learning through multiple intelligences）。台北市：遠流。

郭俊賢、陳淑惠（譯）（2000），D. Lazear 著。**落實多元智慧教學評量**（Multiple intelligence approaches to assessment: Solving the assessment conundrum）。台北市：遠流。

郭為藩（1996）。**教育改革的省思**。台北市：天下文化。

陳佩正（譯）（2001），T. Hoerr 著。**多元智慧融入教學與領導**（Becoming a multiple intelligences school）。台北市：遠流。

陳杰琦（1998）。鑑別、培養與發展兒童的多元智力。**文教新潮，3**（5），6-17。

陳美玉（1997）。**教師專業——教學理念與實踐**。高雄市：麗文。

陳淑琴（2004）。**美猴王：車籠埔幼兒實驗學校主題課程紀實**。台北縣：光佑。

陳瓊森（譯）（1997），H. Gardner 著。**開啟多元智能新世紀**（Multiple intelligences: The theory in practice）。台北市：信誼。

陳瓊森、汪益（譯）（1995），H. Gardner 著。**超越教化的心靈**（The unschooled mind）。台北市：遠流。

單小琳（2002）。多元智慧學校教師專業成長檔雛型——以台灣永建國小為例。**文教新潮，7**（2），16-23。

曾志朗（1995）。序。載於陳瓊森、汪益（譯），**超越教化的心靈**（The unschooled mind）。台北市：遠流。

雅歌小學（1998）。**雅歌計畫**。新竹縣：雅歌小學。

雅歌小學（1999）。**雅歌小學簡介**。1999 年 11 月 14 日，取自 http://arco.ischool.net/

黃政傑（1993）。**課程設計**。台北市：東華。

黃美津（2003）。**幼兒語言能力的評量研究——以光譜計畫的語言領域為例**。國立屏東師範學院國民教育研究所碩士論文，未出版，屏東縣。

黃美瑛（2001）。**淺談多元智能的內涵和應用**。2001 年 9 月 28 日，取自 http://www.zhps.tp.edu.tw/kindergarten/newspaper89-3.htm

楊思偉（1996）。在職進修教育的趨勢與做法。**研習資訊，13**（6），

24-27。

楊龍立（1998）。建構教學的研究。**台北市立師範學院學報，29**，21-37。

葉連祺、林淑萍（2003）。布魯姆認知領域目標分類修訂版之探討。**教育研究月刊，105**，94-106。

董秀蘭（2003）。多元智慧論與社會學習領域教學：啟示、轉訛與應用實例。**中等教育，54**（4），46-53。

賈馥茗（1997）。**教育的文化使命**。台北市：五南。

劉冷琴（2002）。多元智慧論 vs. 蒙特梭利教育。**蒙特梭利，43**，10-13。

歐用生（1998）。二十一世紀的學校與課程改革——台灣學校教育改革的展望。載於歐用生、楊慧文（著），**新世紀的課程改革——兩岸觀點**（頁 1-20）。台北市：五南。

歐用生（1999）。新法令需有新土壤——評九年一貫課程的配套措施。**國民教育，39**（6），2-9。

蔡崇建、高翠霞（2002）。Gardner 自然智能理念析論與概念建構之探究。**初等教育學刊，11**，251-274。

鄭博真（2000a）。**多元智能統整課程與教學**。高雄市：復文。

鄭博真（2000b）。多元智能論在補救教學的應用與實施模式之探討。載於高雄師範大學教育學系主辦之「**補救教學方案**」**研討會論文集**（頁 129-146），高雄縣。

鄭博真（主編）（2004）。**多元智能與圖畫書教學**。台北縣：群英。

魯燕萍（譯）（2000），H. Gardner 著。**學習的紀律**（The disciplined mind）。台北市：台灣商務。

盧素碧（2004）。單元教學。載於簡楚瑛（主編），**幼教課程模式**

——理論取向與實務經驗（頁 7-54）。台北市：心理。

戴文青（2001）。幼兒單元活動設計。載於**幼兒活動課程設計——理論與實務**（頁 395-480）。台北市：偉華。

簡紅珠（1998）。多元智能理論對課程與教學的啟示。**教師天地，93**，23-27。

簡楚瑛（2005）。**幼兒教育課程模式**。台北市：心理。

簡楚瑛、張孝筠（2004）。蒙特梭利課程模式。載於簡楚瑛（主編），**幼教課程模式——理論取向與實務經驗**（頁 379-433）。台北市：心理。

羅吉台、席行蕙（譯）（2001），T. Armstrong 著。**多元智慧豐富人生**（7 kinds of smart: Identifying and developing your multiple intelligences）。台北市：遠流。

譚天（譯）（1997），H. Gardner 著。**領導大師風雲錄**（Leading minds）。台北市：遠流。

蘇愛秋（2004）。學習角與大學習區。載於簡楚瑛（主編），**幼教課程模式——理論取向與實務經驗**（頁 55-120）。台北市：心理。

饒見維（1996）。**教師專業發展——理論與實務**。台北市：五南。

饒見維（1997）。學校本位的教師專業發展活動在我國之實踐途徑。載於國立花蓮師範學院進修暨推廣部（主編），**進修推廣教育的挑戰與展望**（頁 77-105）。台北市：師大書苑。

饒見維（1999）。九年一貫課程與教師專業發展之配套實施策略。載於中華民國教材研究發展學會（主編），**邁向課程新紀元——九年一貫制課程研討會論文集**（頁 305-323）。台北縣：中華民國教材研究發展學會。

二、西文部分

Armstrong, T. (2002). *Multiple intelligences of reading and writing: Making the words come alive*. VA: ASCD.

Armstrong, T. (2000). *Multiple intelligences in the classroom*. VA: ASCD.

Armstrong, T. (1994). *Multiple intelligences in the classroom*. VA: ASCD.

Armstrong, T. (1998). *Awakening genius in classroom*. VA: ASCD.

Baney, M. E. (1998). *An examination of the process of implementing multiple intelligences theory into classroom practice: A team approach*. Unpublished doctoral dissertation, Temple University, Philadelphia, PA.

Baum, S., Viens, J., & Slatin, B. (2005). *Multiple intelligences in the elementary classroom: Pathways to thoughtful practice*. New York: Teachers College Press.

Beltzman, J. (1994). *A case study describing the application of Howard Gardner's theory of multiple intelligences as applied to the teaching of multiple of learning disabled students*. Walden University. Ph.D. AAC9536766.

Berninger, V. W., & Richards, T. L. (2002). *Brain literacy for educators and psychologists*. Boston: Academic Press.

Bloom, B. S. (1956). *Taxonomy of educational objectives, Handbook I: The cognitive domain*. New York: David McKay.

Blythe, T., & Gardner, H. (1990). A school for all intelligences. *Educational Leadership, 47*(7), 33-37.

Bolanos, P. J. (1994). From theory to practice: Indianapolis' Key School applies Howard Gardner's multiple intelligences theory to classroom. In R. Fogarty & J. Bellanca (Eds.), *Multiple intelligences: A collection* (pp. 207-211). IL: IRI/Skylight.

Bruner, J. S. (1960). *The process of education*. New York: Vintage Books.

Campbell, L. (1997). Variations on a theme: How teachers interpret MI theory. *Education Leadership, 55*(1), 14-18.

Campbell, L., Campbell, B., & Dickinson, D. (1996). *Teaching & learning through multiple intelligences*. MA: Allyn & Bacon.

Campbell, L. (1990). The research results of a multiple intelligences classroom. *On the Beam*, *6*(1), 7.

Carson, D. (1995). *Diversity in the classroom: Multiple intelligences and mathematical problem-solving*. Unpublished doctoral dissertation, The University of Alabama, Tuscaloosa, AL.

CAST (2004). *New technologies that are changing our concept of media*. Retrieved February 23, 2004, form http: // www.cast.org/ udl/ index. cfm? I=548

Checkley, K. (1997). The first seven and eighth: A conversation with Howard Gardner. *Education Leadership*, *55*(1), 10.

Chen, J. Q., Krechevsky, M., Viens, J., & Isberg, E. (1998). *Building on children's strengths: The experience of Project Spectrum*. NY: Teacher college press.

Chen, J. Q., & Gardner, H. (1997). Alternative assessment from a multiple intelligences perspective. In B. Torff (Ed.), *Multiple intelligences and assessment* (pp. 27-54). IL: IRI/Skylight.

Chen, J.Q., Isberg, E., & Krechevsky, M. (1998). *Project Spectrum: Early*

learning activities. NY: Teacher College Press.

Ciaccio, J. (2004). *Totally positive teaching: A five-stage approach to emergizing students and teachers*. VA: ASCD.

Cluck, M., & Hess, D. (2003). *Improving student motivation through the use of the multiple intelligences*. Chicago, IL: Xaint Xavier University (ERIC Document Reproduction Service No.ED479864).

Craver, K. W. (1999). *Using internet primary sources to teach critical thinking skills in history*. CT: Greenwood Publishing Group.

Cromwell, R. R., & Croskery, B. (1994). *Building a new paradigm: A staff development program that is seeking to reach each children's potential through knowing and using the seven intelligences*. Paper presented at the annual meeting of the American Association of Colleges for Teacher Education, Chicago, IL (ERIC Document Reproduction Service No. ED367600).

Dai, D. (2001). 多元智力理論：背景、意義、問題. Retrieved September 2, 2001, form http://www.tw.org/newwaves/53/1-10.html

Darling-Hammond, L. (1997). *The right to learn: A blueprint for creating schools that work*. CA: Jossey-Bass.

Donovan, M. S., Bransford, J. D., & Pellegrino, J. W. (1999). *How people learn: Brain, mind, experience, and school*. Washington, D.C. : National Research Council.

Eisner, E. W. (1995). Educational reform and the ecology of schooling. In A. C. Ornstein & L. S. Behar (Eds.), *Contemporary issues in curriculum* (pp. 390-402). MA: Allyn & Bacon.

Erlauer, L. (2003). *Brain-compatible classroom: Using what we know about learning to improve teaching*. VA: ASCD.

Feldman, D. H. (1998). How spectrum began. In J. Q. Chen., M. Krechevsky., J. Viens., & E. Isberg (Eds.), *Building on children's strengths: The experience of Project Spectrum*. NY: Teacher College Press.

Fisher, E. M. (1997). *A cross case survey of research based on Howard Gardner's theory of multiple intelligences*. Unpublished doctoral dissertation, University of South Carolina, Columbia, SC.

Fogarty, R., & Stoehr, J. (1995). *Integrating curricula with multiple intelligences: Teams, themes, and threads*. IL: IRI/SkyLight.

Gardner, H. (1973a). *The arts and human development*. NY: Basic Books.

Gardner, H. (1973b). *The quest for mind: Jean Piaget, Claude Levi-Strauss, and the structuralist movement*. NY: Knopf.

Gardner, H. (1975). *The shattered mind*. NY: Knopf.

Gardner, H. (1978). *Developmental psychology: An introduction*. Boston: Little Brown.

Gardner, H. (1980). *Artful scribbles: The significance of children's drawings*. NY: Basic Books.

Gardner, H. (1982). *Art, mind, and brain: A cognitive approach to creativity*. NY: Basic Books.

Gardner, H. (1983). *Frames of mind: The theory of multiple intelligences*. NY: Basic Books.

Gardner, H. (1985). *The mind's new science: A history of the cognitive revolution*. NY: Basic Books.

Gardner, H. (1989). *To open minds: Chinese clues to the dilemma of contemporary education*. NY: Basic Books.

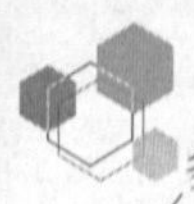

Gardner, H. (1990). *Art education and human development*. LA: The Getty Center for Education in the Arts.

Gardner, H. (1991). *The unschooled mind: How children think and how schools should teach*. New York: Basic Books.

Gardner, H. (1993a). *Creating minds: An anatomy of creativity seen through the lives of Freud, Einstein, Picasso, Stravinsky, Eliot, Graham, and Gandhi*. NY: Basic Books.

Gardner, H. (1993b). *Multiple intelligences: The theory in practice*. NY: Basic Books.

Gardner, H. (1995). Reflections on multiple intelligences: Myths and messages. *Phi Delta Kappan*, *77*(3), 200-209.

Gardner, H. (1997). *Extraordinary minds: Portraits of exceptional individuals and an examination of our extraordinariness*. NY: Basic Books.

Gardner, H. (1999a). *Intelligence reframed: Multiple intelligences for the 21st century*. New York: Basic Books.

Gardner, H. (1999b). *The disciplined mind: What all students should understand*. New York: Simon & Schuster.

Gardner, H. (2004). *Changing minds: The art and science of changing our own and other people's minds*. MA: Harvard Business School Press.

Gardner, H.（2005). *One way of making a social scientist*. Retrieved October 21, 2005, form http://www.howardgardner.com/bio/bio.html

Gardner, H. (2007). *Five minds for the future*. MA: Harvard Business School Press.

Gardner, H., Csikszentmihalyi, M., & Damon, W. (2001). *Good work:*

When excellence and ethics meet. New York: Basic Books.

Gardner, H., Kornhaber, M., & Wake, W. (1996). *Intelligence: Multiple perspectives*. TX: Harcourt Brace.

Gazzaniga, M. S., Ivry, R. B., & Mangun, G. R. (2002). *Cognitive neuroscience: The biology of the mind (2nd ed)*. NY: W. W. Norton & Company.

Goetz, J. P., & LeCompte, M. D. (1984). *Ethnography and qualitative design in educational research*. NY: Academic Press.

Gribble, J. (1998). Gardner's intelligences and literary education. *Education Philosophy and Theory*, *30*(1), 85-89.

Gustafsson, Jan-Eric. & Undheim, J. O. (1996). Individual differences in cognitive functions. In D. C. Berliner & R. C. Calfee (Eds.), *Handbook of educational psychology* (pp.186-242). NY: Simon & Schuster Macmillan.

Highland, S., McNally, P., & Peart, M. (1999). *Improving student behavior through the use of the multiple intelligences*. Chicago, IL: Xaint Xavier University (ERIC Document Reproduction Service No. ED434774).

Hirsh, R. A. (2004). *Early childhood curriculum: Incorporating multiple intelligences, developmentally appropriate practice, and play*. Boston: Allyn & Bacon.

Hoerr, T. (1996). Collegiality: Everyone learns. In S. Boggerman., T. Hoerr & C. Wallach (Eds.), *Succeeding with multiple intelligences: Teaching through the personal intelligences* (pp. 229-231). MO: Faculty of the New City School.

Hoerr, T. (2004).How MI informs teaching at New City School. *Teachers*

College Record, 106(1), 40-48.

Jasmine, J. (1996). *Teaching with multiple intelligences*. CA: Teacher Created Materials.

Kagan, S., & Kagan, M. (1998). *Multiple intelligences: The complete MI book*. CA: Kagan Cooperative Learning.

Kanter, A. K.（1994). *Arts in our schools: Arts-based school reform that applies the concepts of interdisciplinary study and active learning to teach to the multiple intelligences*. University of Northern Colorado. MA. AAC1354296.

Key Learning Community (2005a). *Key mission*. Retrieved June 29, 2005, form http://www.616.ips.k12.in.us/default.aspx

Key Learning Community (2005b). *Key Learning Community−Theory to reality*. Retrieved June 29, 2005, form http://www.616.ips.k12.in.us/Downloads/Downloads-GetFile.aspx? id=2975

Key Learning Community (2005c). *Key assessment*. Retrieved June 29, 2005, form http://www.616.ips.k12.in.us/Theories/Assessment/default.aspx#descriptors

Key School Community (1998). *The Key Learning Community:Developmental performance descriptors as criteria for authentic assessment*. IN: Key School Community.

Key School (1998). *The focus of the Key School will be to identify and build upon the strengths of each child*. Retrieved August 8, 1998, form http://www.ips.k12.in.us/mskey/

Kincheloe, J. L. (1999). The foundations of a democratic educational psychology. In J. L. Kincheloe., S. R. Sternberg., & L. E. Villaverde (Eds.),

Rethinking intelligence: Confronting psychology assumptions about teaching and learning (pp.1-26). London: Routledge.

Klein, P. D. (2003). Rethinking the multiplicity of cognitive resources and curricular representations: Alternatives to 'learning styles' and 'multiple intelligences'. *Journal of Curriculum Studies*, *35*(1), 45-81.

Kornhaber, M. L. (2004). Multiple intelligences: From the ivory tower to dusty classroom－ but why? *Teacher College Record, 106*(1), 67-76.

Kornhaber, M., Fierros, E., & Veenema, S. (2004). *Multiple intelligences: Best ideas from research and practice*. Boston: Allyn and Bacon.

Krechevsky, M. (1998). *Project Spectrum: Preschool assessment handbook.* NY: Teacher College Press.

Lazear, D. (2004). *Higher-order thinking the multiple intelligences*. IL: Zephyr Press.

Lazear, D. (1999). *Eight ways of teaching* (3rd ed.). IL: IRI/Skylight.

Leeper, J. E. (1996). *Early steps toward the assimilation of the theory of multiple intelligences into classroom practice: Four case studies*. Unpublished doctoral dissertation, Temple University, Philadelphia, PA.

Mazziotta, T. (2004). *Increasing human potential a description of program.* Santa Fe Institutes Consortium.

McKenzie, W. (2005). *Multiple intelligences and instructional technology.* OR: ISTE.

McKenzie,W. (2002). Media selection: Mapping technologies to intelligences. *Virginia Society for Technology in Education*, *17*(1), 6-13.

Montessori, M. (1964). *The Montessori method.* New York: Schocken.

Montessori, M. (1995). *The absorbent mind.* New York: Henry Holt.

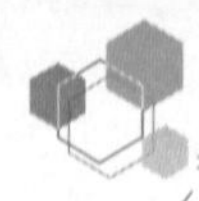

New City School. (1999). *Classrooms*. Retrieved December 11, 1999, form http://www.newcityschool.org/classrooms.htm

Nicholson-Nelson, K. (1998). *Developing students' multiple intelligences*. MO: Scholastic Professional Books.

Phipps, P. A. (1997). *Multiple intelligences in the early childhood classroom*. OH: SRA/McGraw-Hill.

Project Spectrum (2001). *Project Spectrum*. Retrieved April 8, 2001, form http://pzweb.harvard.edu/Reseaech/Spectrum.htm

Project Zero (1999). *Project SUMIT: School using multiple intelligence theory*. Retrieved May 2, 1999, form http://pzweb.harvard.edu/SUMIT/OUTCOMES.htm

Radford, J. D. (1994). *The impact of multiple intelligences theory and flow theory in the school lives of thirteen children*. Unpublished doctoral dissertation, Indiana University, Bloomington, IN.

Raffin, D. S. (1996). *Brain-compatible learning and instruction: Bloom's taxonomy, multiple intelligences, cooperative learning, integrated instruction*. Unpublished doctoral dissertation, Arizona State University, Tempe, AZ.

Roesh, D. E. (1997). *An ethnographic qualitative study of the perspectives of English teachers on the use of multiple intelligences theory in the high school classroom*. Unpublished doctoral dissertation, Saint Louis University, St. Louis, MO.

Rose, D., & Meyer, A. (2002). *Teaching every student in the digital age: Universal design for learning*. VA: Association for Supervision and Curriculum Development.

Rosenthal, M. L. (1998). *The impact of teaching to Gardner's theory of multiple intelligences on student self-esteem*. Unpublished doctoral dissertation, Saint Louis University, St. Louis, MO.

Saint Xavier University (2004). *LessonLab and Saint Xavier University*. Retrieved October 27, 2004, from http://www.skylightedu.com/sxu/index.cfm

Shaffer, D. R. (1999). *Developmental psychology: Childhood and adolescence* (5th ed). CA: Brooks/Cole Pub.

Slavin, R. E. (2000). *Educational psychology: Theory and practice* (6th ed.). MA: Allyn & Bacon.

Stefankis, E. H. (2002). *Multiple intelligences and portfolios: A windows into the learner's mind*. NH: Heinemann.

Sternberg, R. J. (1994). Commentary reforming school: Comments on multiple intelligences: The theory in practice. *Teacher College Record*, *95* (4), 562-569.

Sternberg, R. J. (2002). Individual differences in cognitive development. In V. Goswami(Ed.), *Blackwell handbook of childhood cognitive development* (pp. 601-619). MA: Blackwell.

Teele, S. (1994). *The relationship of multiple intelligences to the instructional process*. University of California. Ph.D. AAC9501918.

Teele, S. (2004). *Overcoming barricades to reading: A multiple intelligences approach*. CA: Corwin Press.

Torff, B. (1997). Introduction: The multiple intellugences. In B. Torff (Ed.), *Multiple intelligences and assessment* (pp. vii-x). IL: IRI/Skylight.

Vangilder, J. S. C. (1995). *A study of multiple intelligence as implemented by a Missouri school*. Unpublished doctoral dissertation, University of Arkansas, Fayetteville, AR.

Vardin, P A. (2003). Montessori and Gardner's theory of multiple intelligences. *Montessori Life*, *15*(1), 40-43.

Veenema, S., & Gardner, H. (1996). Multimedia and multiple intelligences. *The American Prospect*, *29*, 69-75.

Walters, J. (1992). *Application of multiple intelligences: Research in alternative assessment*. Proceedings of the Second National Research Symposium on Limited English Proficient Student Issues: Focus on Evaluation and Measurement. Retrieved May 2, 1999, form http://www.ncbe.gwu.edu/ncbepubs/symposia/vol1/application.html

Williams, W., Blythe, T., White, N., Li. J., Sternberg, R., & Gardner, H. (1996). *Practical intelligence for school*. Boston: Allyn & Bacon.

索　引

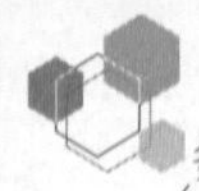

國家圖書館出版品預行編目資料

多元智能教育理論與實務／王為國著 .--初版.--
臺北市：心理, 2006（民 95）
面； 公分.--（課程教學系列；41304）
參考書目：面
含索引

ISBN 978-957-702-890-7（平裝）

1. 教學法

521.4 95005406

課程教學系列 41304

多元智能教育理論與實務

作　　者：王為國
執行編輯：林怡倩
總 編 輯：林敬堯
發 行 人：洪有義
出 版 者：心理出版社股份有限公司
地　　址：231 新北市新店區光明街 288 號 7 樓
電　　話：(02) 29150566
傳　　真：(02) 29152928
郵撥帳號：19293172　心理出版社股份有限公司
網　　址：www.psy.com.tw
電子信箱：psychoco@ms15.hinet.net
駐美代表：Lisa Wu（lisawu99@optonline.net）
排 版 者：龍虎電腦排版股份有限公司
印 刷 者：龍虎電腦排版股份有限公司
初版一刷：2006 年 4 月
初版三刷：2015 年 3 月
I S B N：978-957-702-890-7
定　　價：新台幣 300 元